高职旅游类专业模块化教学改革的创新与实践

王　方　编著

天津出版传媒集团

天津人民出版社

图书在版编目（CIP）数据

高职旅游类专业模块化教学改革的创新与实践 / 王
方编著. -- 天津：天津人民出版社，2024. 10.

ISBN 978-7-201-20872-5

Ⅰ. F590-05

中国国家版本馆 CIP 数据核字第 2024LT7317 号

高职旅游类专业模块化教学改革的创新与实践
GAOZHI LÜYOULEI ZHUANYE MOKUAIHUA JIAOXUE GAIGE DE CHUANGXIN YU SHIJIAN

出　　版　天津人民出版社

出 版 人　刘锦泉

地　　址　天津市和平区西康路 35 号康岳大厦

邮政编码　300051

邮购电话　（022）23332469

电子信箱　reader@tjrmcbs.com

责任编辑　岳　勇

特约编辑　俞鸿彧

封面设计　石　儿

印　　刷　杭州高腾印务有限公司

经　　销　新华书店

开　　本　710 毫米×1000 毫米　1/16

印　　张　17.75

字　　数　260 千字

版次印次　2024 年 10 月第 1 版　2024 年 10 月第 1 次印刷

定　　价　78.00 元

编委会

主　编：王　方

主　任：杜兰晓

副主任：（按姓氏音序排列）

郝　民　郎富平　李绍中　林春逸　刘　泓

马　萍　万力维　尉京菁　邢广陆　张　骏

张开江　张　蕾　张宗国　朱璋龙

成　员：（按姓氏音序排列）

陈　璐　陈　爽　陈添珍　陈　蔚　程　傲

傅　晓　郭贵荣　郭　峻　何燕萍　洪光英

黄中黎　贾玉芳　冷香艳　李　晓　李章鹏

刘莎莎　刘婉昆　秦世涛　王　英　吴贤贤

谢　梅　徐　莉　叶　榕　张明洪　张　嗣

张　素

目 录

第二部分 智慧景区开发与管理专业模块化教学改革实践

第一部分

旅游类专业模块化教学改革的创新设计

第一章　模块化教学的基本概况、起源与发展历程

　　模块化教学是一种将课程体系按照特定标准进行模块分解和模块重组的教学体系，以形成能力培养环节连贯递升、教学内容主题序化排列的多层次教学模块系统。模块化教学起源于西方的能力本位教育（Competency Based Education，以下简称为 CBE）和模块式技能培训（Modules of Employable Skills，以下简称为 MES）两个理论流派，并在推广、发展的过程中衍生出不同国家各具特色的应用模式。自引入我国后，模块化教学随着我国职业教育改革的历史进程，其理论和实践正从外延式发展转向质量提升的内涵式发展。

第一节　模块化的概念、内涵与本质

一、模块化的概念界定

　　模块（Module）是按照特定逻辑统一设计的通用独立单元。每个模块能够独立实现一定的功能，并且模块之间可以按照需求进行灵活组合和替换，形成具有不同功能和属性的多元系统。20 世纪 60 年代，西蒙（Simon）提出了近可分解性（Near Decomposability）这一概念，为模块化理论的诞生奠定了基础。西蒙认为现实中大多数的复杂系统都具有层级结构，而层级结构的系统内部，各子系统之间的交互强度通常低于子系统内部的交互强度。因此，子系统内的交互可以从子系统间的交互中分离，形成一个个独立的模块。产品最先体现出了近可分解性这一特征，比如计算机往往由显示器、存

储器、硬盘等部件构成，一个部件的重装或重置无需改变整台计算机的组成（子系统间弱联系），但每一个部件都自成一体并发挥特定的显示、处理等功能（子系统内部强联系）。因此，模块化（Modularity）最初指产品设计的一种原则，在不同的物理部件之间采用标准化的界面，保持产品稳定的整体构架的同时，分解出一些结构和功能独立的标准单元模块，然后依照产品的制造需求进行模块的组合。这种设计支持在不更改产品其他物理部件的基础上，通过部件的替换形成新的产品，实现柔性生产。产品部件在模块化架构中弹性的耦合为产品的创新提供了极大的便利。

模块化作为一种新的设计理念，顺应了产品结构功能复杂化以及消费多样化的趋势，并逐渐渗透到产品的开发生产、企业的管理经营乃至价值链的整个过程。这推动了对模块化概念的研究从产品实体角度转向更宽阔的领域，研究对象从具体模块转移为系统整体。哈佛大学教授鲍德温（Baldwin）和克拉克（Clark）认为模块化是一种有效组织复杂产品和过程的战略，除了作用于实物产品，还可用于大量摸不着、看不见的虚拟人造品，如编程的规则、法律等。任何一个模块都是复杂系统的子系统。模块化正是运用每个独立设计并能够发挥整体作用的子系统来构筑产品或业务的过程。在不损害系统整体功能和效率的前提下，模块化的最佳状态要做到模块内联系最大化、模块间联系最小化。这进一步延续和发展了西蒙的近可分解性概念。朗格洛瓦（Langlois）将模块化视作管理复杂事务的一整套规则，将复杂的系统分解为相互独立的部分，各部分在结构内部可通过标准界面进行联系。青木昌彦和安藤晴彦则认为模块化就是将那些能够被独立设计与生产的具有半自律性的子系统按照某种规则相互拆解或组合的过程，并将拆解的过程定义为"模块的分解"，将组合的过程定义为"模块的集合"。

这些研究进一步将模块化从特定的领域抽离而出，而成为一种具有普适性的方法论。从广义上讲，模块化是将一个复杂系统进行模块分解与模块集中的动态整合过程，整个过程存在需要共同遵守一定的规则和标准。模块化秉承着系统观点，是研究系统的构成形式，是使用解构和重构方法，建立模块体系，并运用部分组织系统的全过程。

二、模块化的内涵

模块化理论作为西蒙的分解复杂系统思想的体现,其应用范围理论上应该可以延伸到任何一个有系统存在的领域。模块化的内涵由此得到了丰富。

第一,模块化的目标是高效地优化系统的结构。将一个系统进行模块化处理,首先可以简化系统的构成模式,将原本复杂的系统合理地分解。其次,模块化赋予系统规范化、组合式的构成模式,实现了系统整体构架的柔性化,能够灵活调整以适应不同的需求,获得更好的综合效益。比如一项产品开发过程的模块化可以精炼开发流程,从而达到缩短新产品开发周期的目的;现代企业进行组织结构模块化改革,权力下放、部门精简、加强部门之间的横向沟通,就有利于明确各个部门之间的职责分工,也有利于应对市场需要进行实时的组织结构调整,提高管理效率。

第二,模块化的对象是系统。模块化的系统可以是以物理状态的存在作为组成要素的实体系统(如职能部门、生物体),也可以是虚拟或抽象的概念(如代码包、知识)。一个系统能否实现模块化,关键在于其是否具备系统可分解性。所谓的系统可分解性,指的是系统不仅能够被有效地拆分为多个独立部件,而且还允许这些部件在分解与重新组合的过程中,仍保持系统原有的功能完整性。系统的可分解性越强,其模块化实现的潜力与程度便越高。

第三,模块化的主要方法是系统中模块间的分解与组合。模块间的分解与组合规则描述了系统内模块彼此之间的关系,也就是整个系统的结构。正如西蒙的近可分解性思想,系统的分解将形成彼此独立、内部联系强于外部联系的模块体系。模块之间可能存在一定的交互或集成,但更紧密的交互和集成发轫于模块内部。此外,模块作为半自律的子系统,其本身也可以再进行分解和组合。因此,可以将系统看作一个大模块,或者将模块看作小的系统。在多层级系统中往往会出现模块层次嵌套,如个人组成团队、团队组成部门、部门组成组织。

第四,模块化是一个动态过程。实行了模块化处理后的系统并不是一成不变的,模块的可替代性导致了系统的可重组性。模块之间可以按照需求进行灵活组合和替换。不同组合形式的动态变换会生成具有不同功能和属性的多元系统。比如在学分制大学选课系统中,凭借部分课程学分的可替代性,选课组合可进行灵活重组,形成个性化的学习路径。此外,具有新技术或创新能力的模块也可以进入系统替代原有模块,从而使得系统具备良好的可升级性和可扩展性。比如,当一个在线学习平台需要优化用户管理功能时,仅需对用户管理模块进行升级,而无需重新设计整个平台。

三、模块化的本质

系统观念揭示了模块化的本质是多层级系统中模块的分解和重组。这一过程自上而下地展开,模块化可以被看作一种解决复杂问题的解构方法。它将庞大而复杂的系统划分为多层次系统,其中更高层次的模块由多级较低层次模块构成,从而大大降低了问题的复杂性,提高了解决问题的效率。自下而上看,模块化则是复杂系统的构成方法。设计者可以通过精心设计和组合各个模块,构建出稳定且柔性的复杂系统。这种重组过程不仅充分发挥了每个模块的优势,还通过模块之间的协同作用,实现了系统整体性能的提升。基于日新月异的现实需求和与时俱进的技术方法,解构和重构的动态过程为模块化系统的优化提供了可能。模块化作为一种全新的思考、处理复杂问题或系统的方式,可以在经济、管理、文艺、教育等各个领域发挥作用,这使得模块化概念扩展到多个学科并形成丰富的衍生思想与理论。

第二节 模块化教学的概念与内涵

一、模块化教学的概念

随着模块化概念的发展,教育者洞察到模块化理论在培养学生复杂的综合能力上的价值。他们开始将模块化引入教学改革中,按照模块化的构想和原则来重构教学内容。对于模块化教学概念的界定主要聚焦在高等教育和职业教育领域,学者从不同角度定义模块化教学,呈现对模块化教学的范围领域、模块化教学的实行方法的两类基本范式的强调。

（一）模块化教学的范围领域

部分研究者在定义模块化教学时推演了教学系统的模块化构成形态，集中探讨了"教学领域什么需要模块化"的问题。王素玉和刘桦将模块化教学定义为一种将课程结构、教学内容按照多元目标进行系统划分的教学方法。它旨在把一个复杂、相互交叉的课程结构分成若干个基本教学模块，把相互渗透的教学内容组成一系列相关的知识模块，把原属整体的课程结构与教学内容以具体功能和应用为目标按模块单元形式表现出来，形成一个模块有机衔接又相对独立的教学组合。在定义模块化教学的过程中，部分研究指出模块化教学的范围需要进一步扩大。单纯以模块化形式重构课程结构只是模块化教学的表象，模块化的思维应该贯穿教与学的始终。其中，陈一明认为模块化教学是一种新型课程观，它围绕课程内容重组这一主线，包含课程内容模块化、教学过程模块化、课程考核模块化和课程评价模块化。贾清水脱离教学活动的结构框架，从更宏观的视角将模块化教学视作一种教学体系，主要分为课程体系模块化、课程内容模块化和教学实施模块化三个层面。他提出要在人才培养方案编制层面上的顶层设计环节、课程开发视域下的内容设计环节和课程实施过程中的教学创新环节贯彻落实模块化设计。除了依据模块划分理念对教学体系进行重组，模块化的新型教师团队也被认为是模块化教学概念的重要部分。模块化教学是课程整合理念下课程组教师共同开发序化课程的教学模式。每位教师根据所长，负责相应的任务模块，分工协作实现模块化教学模式的全面实施。

（二）模块化教学的实行规则

部分定义突出了模块化教学的内部逻辑，即"教学领域如何进行模块化"，阐明了模块拆分依照的特定规则，以及模块之间的联系。汪英、李海玲等指出模块化教学是由国际劳工组织研究开发出来的一种以现场教学为主，以技能培训为核心的教学模式。它以真实的岗位职业为标准，将岗位职业要求细分成一系列单项技能，以技能的具体内容为载体划定独立的学习模块并确定模块的内容，将岗位职业要求贯彻到教学过程的每个环节。同样，谭晨对于模块化教学的定义也将岗位职业能力作为模块化教学的实行规则。她认为模块化教学应分析劳动力市场需求,明确岗位综合职业能力,依据岗位职业能力划分教学模块,综合运用多种教学方法进行课堂教学。此外,李宁宁认为模块化教学是依托于某一门课程,按照课程内容之间的逻辑关系组合成某一教学模块的过程。赵晗舒提出模块化教学是根据企业需求、教材要求及学生基础水平,以能力目标为基础拆分模块,将学生能力培养贯彻于课程内容划分、教学模块整合及配备教学资源之中的过程。

(三)本书的模块化教学概念

根据上述研究成果,模块化教学的概念需要阐明模块化教学的适用范围和实行准则。因此,本书首先对基本概念予以界定。

教学模块是指一个在内容及时间上自成一体、可进行灵活组合和叠加的基本教学单位(课程组、项目组或学习单元等)。这些基本教学单位是围绕特定能力培养的相关教学活动的有机组合。模块具备定量(内容)和定性(学分)属性,因此具有教学内容的非重复性和可重组性,能够支持模块互换及学分互认。

本书采用"模块化教学是一种教学体系"的界定,并综合国内外学者对于模块组合、拆分规则的观点,将模块化教学定义为:基于岗位需求、职业能力目标和学生基础,在特定专业内将课程体系按照一定标准进行模块分解和模块重组的教学体系,以形成能力培养环节连贯递升、教学内容主题序化排列的多层次教学模块系统。教学模块围绕某一主题或者问题,集中开展理论知识、实践经验、操作技能和活动方式的同步一体化教学。

二、模块化教学的内涵

(一)模块化教学的教学观念

在教学观念上,模块化教学以素质为核心、以能力为本位。传统教学观以知识为中心,课程体系围绕知识体系而建立。模块化教学则用能力形成替代了知识灌输,它以实现具体能力和素质为培养目标,相应地,课程体系围绕核心能力体系进行重构,重在知识和技能的实际灵活应用。因此,模块化教学更符合"成果导向""目标导向"的教育理念,运用逆向思维,聚焦学生最终的学习成果和实际表现,根据这些成果的培养过程设计教学过程,在职业活动情境中开展教学活动。总的来说,在模块化教学中,知识是能力培养过程中的主动建构,而非一种单向传递的、固定的内容;学习是知识、技能和行为方式的形成过程,而非结果的复制;课程是一种行动体系,而非学科体系。

(二)模块化教学的体系结构

在体系结构上,模块化教学是对松散、庞杂的课程体系的革新。传统教学的体系结构设置分散,课程线性排列,课程与课程之间的关系并不明确。不同的课程与知识、技能的对应关系复杂且糅合。即使有基础课、专业课等常规分类,不同分类也常常呈现自成体系、各自为政的现象。模块化教学的体系结构却能够保持系统性和独立性的有机统一。以最基础的模块化体系结构为例,统一性表现为不同教学模块的排列有一条清晰的主线。一般来说,主线可能是工作任务、场景或职业能力等,将不同模块统合在一起,层层递进,环环相扣。独立性则表现在各模块的完整性上。每个模块都是一个完善的教学单位,有自己明确的起点、终点,以不同主题为中心组织理论和实践内容。它们各自包含的知识能力与教学活动是相互独立的,呈现相互平行的状态。

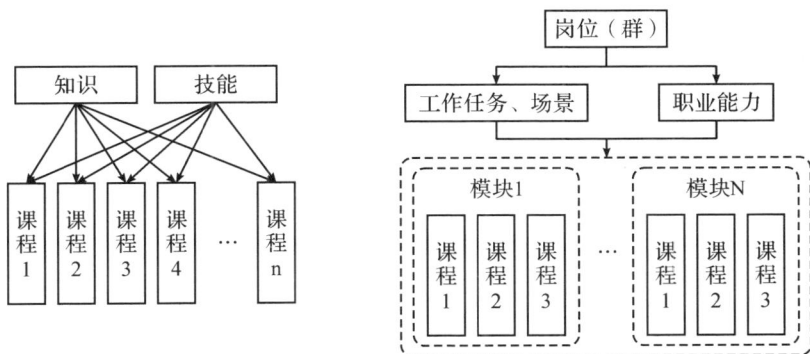

图1-1　传统课程体系结构(左)与模块化教学的课程体系结构(右)的对比

(三)模块化教学的教学内容

在教学内容上,模块化教学是对原专业教学内容的综合化处理。模块课程体系消解了原有教学模式中理论知识、实践经验、操作技能等教学内容相互分离的结构，摒弃了先理论后实践的教学内容顺序，让学习者在能力培养的应用过程中同步把握理论知识与发展实践技能。因此，在实际教学过程中运用模块化教学时，最重要的是将教学内容进行合理性、实用性的综合化处理。综合化处理实质是结合新知识、新技术、新工艺等对原专业知识与技能进行再加工的过程。为保证综合整理工作的科学性、合理性，逻辑线索和编排方式的确定通常需要充分考查市场动态，进行职业分析，调查当前专业就业企业的岗位需求和职业能力。以国家课程教学大纲为依据，以现实活动（包括社会活动和职业活动）为线索，以特定专业主要专业课逻辑为抓手，将活动涉及的认知过程、素质基础、能力养成以一个个教学专题的编排方式整合在一个个模块中。

（四）模块化教学的教学方式

在教学方式上，模块化教学秉持着以学生为中心的教学理念，着重突出学生在能力培养过程中的主体地位。它鼓励学生以自主构建的方式展开学习，主动探索主题领域，发现并剖析问题，制定解决方案，独立解决问题。在此过程中，教师扮演着引导者和支持者的角色，他们为课程设计了丰富多样的教学资源，并创设出贴近实际的学习情境，以便在关键时刻与学生进行有效的沟通与互动。相较于传统教学侧重于授法的特点，模块化教学因为注重学生综合能力的培养，广泛采用了案例教学法、讨论式教学法、情境教学法、合作学习、项目化学习和探究性学习等符合认知规律和情感认同规律的先进教学方法。特别是在专业课程的教学中，模块化教学强调采用"教师边讲解边演示，学生边操作边理解"的教学模式，这种手脑并用的"双边教学法"不仅有助于提高学生的理解和操作能力，还能有效促进师生之间的双向互动，从而提升整体的教学效果。

第三节　模块化教学的起源

模块化教学一般被认为起源于 CBE 和 MES 两大理论流派。CBE 是 20 世纪 60 年代起在北美实行的课程模式，它以知行能力为依据确定模块，以从事某种职业应当具备的认知能力和活动能力为模块划分的依据,因此可称作"能力模块"。MES 是国际劳工组织在 20 世纪 70 年代开创的理论,它是以岗位任务为依据确定模块,以从事某种职业实际岗位工作的完成程序为主线,因此可视为"任务模块"。这两种理论流派均内嵌了模块式教学法的核心特性,并采用了相似的课程开发策略,从实际的工作过程中深入剖析职业能力及岗位工作任务,进而构建出模块化的课程方案、教学计划与教学大纲。这些模块具有高度灵活性,可以根据需要进行组合与调整。在教学过程中,两者都坚持以学生为中心的教学理念,重点培养学生的自主学习能力与自我评估能力,从而促进学生全面发展。

一、CBE 理论流派

(一)CBE 理论的起源

CBE 是一种以职业能力为核心,系统性地构建教育目标、设计教学内容、选择教学方法、实施教学过程,并科学评估教学效果的教育理论与实践模式。CBE 起源于美国在第二次世界大战期间的军事需要。为了满足战争中迅速且高效地训练士兵与技术人员等人力资源的迫切需求,美国军方将所期望的各项能力精确细化为具体的行为目标,并将这些目标组合成独立的训练单元。针对每个单元,军方设计了相应的操作练习方式,并通过评估系统获取反馈信息,以持续优化训练效果。正因为这种起源,CBE 有时也被称为 CBET,其中的"T"即代表"训练(Training)"。该理念曾随着二战的结束一度衰退,但在 20 世纪 60 年代,美国的课程改革运动为它注入了新的活力。课程改革运动倡导以能力本位教育替代知识本位的师范教育,它强调对学习者在成为合格教师之前须具备的具体能力和素质进行深入分析,并以此作为大学设计教师培养课程模块的基础。70 年代,美国休斯敦大学的教育心理学家布鲁姆(Bloom)提出的掌握性学习模式(Mastery Learning Model)完善了 CBE 教学体系。随后,CBE 传播至加拿大,并在那里得到进一步发展,形成了以职业能力课程开发(Developing a Curriculum,以下简称为 DACUM)为核心的课程开发模式。经过教育工作者的创造性发展,CBE 逐渐演化为一种比较系统的教育思想体系和教学方法体系,并渗透了教育领域和职业培训。

(二)CBE 理论的核心特征

CBE 以培养学生的职业能力为根本目的,其核心特征是将职业能力的培养作为教育的出发点和归宿。在这一理论流派中,能力是一个核心概念,具有其特定的含义。它并不等同于心理学领域的能力(Ability)概念,也不应被狭义地理解为操作技能或动手能力。实际上,CBE 所强调的能力,是一种全面综合的职业能力体系,它涵盖了受教育者的技术技能、行为表现以及知识储备等多个方面,是这些要素的综合体现,也是个体在职业环境中展现出的综合素质和适应能力。这个复合概念包括四个方面:①知识(Knowledge):与职业岗位密切相关的知识领域;②态度(Attitude):包含动机、动力等的情感领域;③经验(Experience):活动领域;④反馈(Feedback):评价和评估领域。这四个方面的能力综合起来构成一种专项能力,以一个学习模块的形式表现出来。如:由 6～30 项专项能力构成一种综合能力,再由 8～12 项综合能力构成一种职业能力。在 CBE 理论中,能力是可教、可评、可测的。能力不仅仅代表知识和技能水平,也不仅仅意味着学习成果,而是需要学生在特定背景下有效应用现有知识和技能,通过对学生学习表现的评估来衡量与验证。

(三)CBE 理论的课程开发模式

CBE 的课程开发模式是通过 DACUM 过程实现的。DACUM 是一种创新的职业分析方法,旨在精确识别和确定特定职业所必需的核心职责、任务和能力。该方法严格遵循行业企业对被培训者的实际需求,将职业能力体系作为课程开发的根本出发点。为确保 DACUM 过程的有效实施,CBE 课程开发需要进行一系列深入且系统的分析。从宏观经济政策和劳动力市场研究开始,详尽调查和分析行业企业的人才需求现状以及各岗位的典型工作任务设置,为学校教育专业的设置和人才培养规格的确定提供坚实依据。在此基础上,利用 DACUM 表进行职业能力分析。首先,识别并列出职业能力所需的综合能力;其次,进一步分解每项综合能力,明确其由哪些专项能力构成。根据这些专项能力,有针对性地构建相应的课程模块,制定每个模块的教学内容和教学方法。模块根据职业横向岗位设置及纵向能力发展将由易到难地排序,确保与能力要求紧密对接。

二、MES 理论流派

(一)MES 理论的起源

MES 是以从事职业的实际岗位任务为核心划分模块的教学模式,它依据完成岗位任务的具体工作流程为学习者制定培训内容,包括不同工作环节涉及的理论基础及操作方法。MES 理论的起源可追溯到 20 世纪 70 年代,由于资本主义世界经济进入滞胀期,社会失业率持续走高。一方面,在岗员工的技能提升和转型培训需求增加;另一方面,大量失业人员需要接受职业培训以重新就业。国际劳工组织(International Labour Organization)为了解决这一难题,在收集和研究世界发达国家各种先进培训方法的基础上,开发出来了以技能培训为核心的课程开发模式,即 MES 课程开发模式,帮助劳动者在短期内提高劳动技能,促进就业。而后,经过 1978 年在雅加达举行的亚洲地区职业培训系统设计研讨会,国际劳工组织正式发布了 MES 实践指导手册,进一步服务发展中国家提高劳动力数量与质量,推动了 MES 模式在全球的实施过程。

(二)MES 理论的核心特征

MES 最显著的特点在于其以工作流程为核心,将任务要素逐级分解,围绕具体工作任务搭建模块化的教学框架。每个模块都紧密围绕工作任务所需的知识与技能进行深入分析,为教学内容的选择和组织提供精细化的指导。在这种模式下,每项工作任务都被视为一个独立的教学模块,教学模块由多个学习单元组成,每个学习单元包含单项的知识和技能。学习者在完成一个单元的学习后,便能掌握社会生产活动中所需的一项实用技能。这种模块化的设计使得教学内容可以根据受训者的需求进行灵活组合,从而满足不同学习者的个性化需求。因此,即使在学习者完成一个模块后选择不再继续下一个模块的学习,他们也能达到某种程度的就业岗位需求。

MES 正是以此为基础,创新性地构建了一种培训周期短、体系灵活且精细的职业教育培训模式。

(三)MES 理论的课程开发模式

根据国际劳工组织,MES 的课程开发遵循"职业分析"－"工作标准和规范确定"－"MES 开发"－"MES 实施"－"反馈和评估"五个环节。这一流程始于对市场需求的敏锐洞察。在第一阶段,分析人员会全面研究目标职业的工作环境、工作内容、工作要求和从业人员的资格条件等各个方面。这样的分析为理解职业的内在逻辑和外在需求提供了坚实的基础。随后,课程开发的重点会转向具体业务所涉及的各个岗位及其工作任务。在模块化教学的设计框架下,每个工作任务都会被精心映射到相应的技能训练模块上。这种映射关系确保了教学内容与实际工作需求的紧密对接,课程与工作体系的完全匹配。与 CBE 中的模块排列理念相契合,工作任务的安排遵循了由易到难、由简到繁的递进原则,为学习者成为行业专家奠定了坚实的基础。此外,由于 MES 聚焦工作任务组织教学内容的特性,它的教学实施以现场教学为主。因此在 MES 课程实施环节还涉及学习站(Learning Station)的开发与完善,旨在为受训者提供一个软硬件要素齐全,可以进行职业任务模拟和实际操练的学习环境。在课程实施过程中,MES 还注重对学习过程和学员反馈的信息采集。这些信息不仅用于修改和更新学习材料,还为教师提供了有效介入和个性化指导的依据。通过这种反馈循环,MES 实现了灵活组合与精细控制的有效结合。

第四节 模块化教学的发展历程

一、模块化教学的国外发展历程

模块化教学在国外的应用最早可追溯到 1869 年哈佛大学的选修课,在选修课基础上产生的学分制被认为是模块化教学的雏形。伴随着 CBE 和 MES 理论的提出和发展,从 20 世纪 80 年代开始,国外许多学校逐渐采用了模块化教学这一新的课程理念,并形成了不同的应用模式。

(一)基于学位制度改革的德国应用模式

德国的模块化教学应用源于欧洲高等教育体系改革,并贯穿了高等教育育人的全过程。1999 年 6 月 19 日,欧洲 29 个国家共同签署《博洛尼亚宣言》(Bologna Declaration),旨在推动欧洲高等教育体系的一体化进程。宣言明确提出了至 2010 年在欧洲范围内建立统一的学士/硕士学位制度的目标,并引入了欧洲学分计算和转移系统,以确保学生在不同国家之间的学业能够无缝衔接。在波洛格纳进程的推动下,德国高等教育体系进行改革,引入了学士和硕士学位制度,还对学分、课程和学制进行了相应的调整。

模块化教学在这一改革过程中扮演了重要角色。以德国应用科学大学为例,该校围绕各专业的总体培养目标,构建了由基础课、专业基础课、专业课以及跨学科课程等模块组成的课程体系,并为每个模块都配备了相应的课程和负责人。这种模块化教学模式有效地解决了过去高等专科学校中存在的课程设置分散、理论与实践脱节、素质教育与专业教学冲突及学生自主学习能力不足等问题。同时,德国的模块化教学改革还通过一些措施提高了整个学习过程的灵活度,如国内外不同高校间学习成绩的互认、学习地点的迁移。

(二)依托培训包制度的澳大利亚应用模式

澳大利亚的模块化教学主要形式为培训包(Training Packages,简称 TP)。澳大利亚从 1997 年开始使用培训包,由澳大利亚国家培训局(Australian National Training Authority,简称 ANTA)委托行业内的权威机构开发,以促进提升全国范围内职业教育与培训的统一性和规范性。培训包是全澳大利亚一切公立和私立的注册培训机构,包括技术与继续教育学院开展职业教育和培训的依据。培训包内容丰富,详尽地阐述了国家能力标准、国家资格以及鉴定指南,并配备了相应的学习方法指导、鉴定材料和教学辅助材料。其中,国家能力标准作为培训包的核心要素,明确界定了完成特定职业任务所需的技能、知识及工作态度等标准。通过遵循这些标准,培训机构能够有针对性地开展教学工作,使学员有机会通过明确的评价原则和认证要求获得国家资格证书，从而具备从事相关职业工作的资格。

培训包的设计充分彰显了模块化教学的特色。每个培训包都明确了能力领域，每个能力领域下又包含若干能力单元。所有的能力领域、能力单元都有相应的知识代码，遵循一定的标准格式。开发者一般根据能力单元的要求，分析特定资格的能力构成，开发相应的专业课程，有针对性地设计教学内容，并结合学习者的特点和实际需求调整培训模块。如今，澳大利亚还在不断完善培训包制度，自2023年起，澳大利亚政府宣布，就业和劳资关系部（Department of Employment and Workplace Relations）将进行独立的培训包审查，以确保提供更符合标准的、优质的职业教育与培训产品。

（三）采用国际联盟开发形式的越南应用模式

越南的模块化教学呈现系统化的国际合作开发模式。为了提高劳动力水平，教育和培训学生应对社会问题，越南的许多大学已经开始了社会教育课程的开发实践。但这些探索通常集中在单个机构层面而不是国家系统层面。因此，越南在2012年参与了一项国际合作项目，社会工作教育增强项目（Social Work Education Enhancement Program，以下简称为SWEEP），以培养训练有素的社会工作者。该项目由美国圣何塞州立大学、越南八所大学和越南两所政府机构共同发起，目标之一就是开发适应不断变化的知识和需求的相关课程。

基于国际联盟的社会工作教育课程开发采用自上而下的模式，遵循"政府—大学研究员—普通教师"的流程。首先，由政府部门协定创建越南社会工作教育领域学生的共同核心能力和课程标准。而后，八所合作大学选派的研究员各选择一门课程，基于CBE模型初步制定并共享课程大纲，作为后续其他课程开发的模板。最后，由每所大学的教师延续这一思路，根据自身情况在各专业内部开发适合的主题模块。在这个过程中，SWEEP的国际成员则扮演着积极的专业顾问角色，提供理论培训、工作坊研讨等支持。这种自上而下的开发模式有利于国家范围内社会工作课程开发的系统化和标准化。

二、模块化教学的国内发展历程

(一)模块化教学起步阶段

模块化教学在国内的发展起源于 20 世纪 80 年代。1985 年颁布的《中共中央关于教育体制改革的决定》在论述中等教育的结构调整时,强调了发展职业技术教育的核心思想。《决定》对职业技术教育体系有明确阐释,提出"逐步建立起一个从初级到高级、行业配套、结构合理又能与普通教育相互沟通的职业技术教育体系",并引发了一系列的实践探索。同年,"天津高级职业技术培训中心"在我国劳动部与国际劳工的共同组织下得以成立,该中心主要从事模块式职业技能培训模式相关资料的翻译和出版工作,编写教材数百种,推动了模块化教学在国内广泛应用。1987 年,我国劳动部从国外引进了多名劳动技能培训专家,并与国内的技术培训中心合作,在上海和一些大型的技术培训中心创建了模块型技能培训班。这一举措标志着模块化教学正式被引入我国,并开始在教育领域发挥作用。

(二)模块化教学快速发展阶段

21 世纪以来,教育部关于职业教育的文件开始彰显个性化学习和弹性学习制度的改革趋向,如《关于全面推进素质教育、深化中等职业教育教学改革的意见》中的"可以实行按专业大类招生,学习一段时间后根据学生个人愿望和条件以及就业需要再确定专业方向"和"使学生能够根据社会需要和个人兴趣、条件选择课程和学习时间"。2002 年和 2005 年,国务院召开两次全国职业教育工作会议,针对当时职业教育存在的问题,提出探索有中国特色的职业教育发展之路。模块化教学作为一种体系灵活的教学体系,其在我国职业教育改革中的价值得到进一步凸显。我国学者开始结合国外先进的模块化教学理论,探索适合我国职业教育的本土化课程模式。蒋乃平在综合 MES 和 CBE 课程理论模块化的特点的基础上,提出了以综合职业能力的形成为目标的"宽基础、活模块"课程模式,其中"宽基础"阶段的内容集合了一群相关职业所必备的知识和技能,而"活模块"阶段的内容针对某一特定职业所必备的知识和技能,而且以技能为主。该模式以一群相关职业或几个相关职业群为集合,根据职业群的实际需求和职业学校的培养目标,灵活选择和组织教学内容。自此以后,模块式的课程结构研究成为职业教育领域的研究热点之一。

围绕模块化教学概念,部分学者率先展开了理论研究,从模块化教学的概念界定与辨析,到教学模块的设计要求、教材的组织与选择,再到课程体系的开发与评价方法进行了详尽的阐释。如王伟对模块化教学的起源和优点进行了深入分析,论证了模块化教学的可行性,也指出了模块化教学实施的瓶颈在于配备课程模块的教学实训设备、教学师资和教学评估办法。另一部分学者将模块化教学理念应用于各类教学实践中,以期探索出一套体现本土特色、适应现实需求的模块化课程的实施模式。如粟娟和尹华光基于"绿色环球21"旅游标准体系重构了旅游管理专业的课程体系,包括培养学生专业兴趣的修养课模块、培养复合型人才的素质课模块和培养精英式专家的技能课模块。除了整个课程体系的开发,学者也探讨了相应的教学配套资源,如活页式教材开发、实践平台设计等。这些研究不仅丰富了我国职业教育的理论体系,也为职业教育的模块化教学实践提供了有力的支持。

(三)模块化教学内涵发展阶段

近年来,职业教育相关政策文件也正式将模块化教学视作职业教育教学改革的重要方法之一。2019年6月,由教育部印发的《全国职业院校教师教学创新团队建设方案》提出国家级职业院校教师教学创新团队的建设任务包含构建对接职业标准的课程体系和创新团队协作的模块化教学模式,目的在于打破学科教学的传统模式,教师分工协作进行模块化教学,不断提升教学质量效果。2021年,文体旅游领域中旅游餐饮方向的"智慧景区开发与管理"等8个高职专科专业被遴选为第二批国家级职业院校教师教学创新团队的专业范围,推动一批开设了旅游类专业的高职院校积极探索并实施系统化、本土化的模块化教学改革,凝炼成具有专业特色且可复制、可应用的典型成果,在本校及协作共同体所在区域乃至全国职业院校的旅游类人才培养中进行推广与应用。

这一时期的模块化教学发展开始由外延式发展转向质量提升的内涵式发展,更加追求模块化教学的适用性与效果,对模块化教学的探讨也更聚焦具体的适用场景,以优化模块化教学的结构。如李政依照模块组合的中心化和结构化两个维度,提出了模块组合的四种基本模式,生涯导向模式、良构问题导向模式、非良构问题导向模式与兴趣导向模式,分别适用于学校职业教育、专业性强的职业培训、生活和休闲技能培训、在岗学习/专业性弱的职业培训,为一线模块化课程的开发提供基本的结构思路。与此同时,模块化教学和其他学习理论、教学方法(如知识图谱、项目式学习等)、职业教育特色制度和模式("1+X"证书制度,"岗课赛证"融通模式)的协同愈加深入,进一步推广了模块化教学在职业教育领域的理论发展与实际应用。

第二章　高职旅游类专业模块化教学改革的现状与困境

对于旅游专业而言,模块化教学改革的意义主要体现在:一是适应性强,旅游行业变化快速,模块化教学能够快速调整课程内容,及时反映行业最新需求和发展趋势;二是实践性强,通过模块化设计,教学过程可以更加注重实践操作,强化学生的实践技能和职业素养培养;三是可以实现个性化教学,模块化教学支持更加个性化的学习路径选择,学生可以根据自己的兴趣和职业规划选择不同的学习模块;四是提高教学效率,模块化教学有助于优化资源配置,提高教学效率和质量,使教育投入产出比得到改善。总之,模块化教学改革对于提升中国高职旅游专业教育的质量、满足旅游行业对高素质技能人才的需求具有重要的现实意义和深远的战略影响。本章通过分析高职旅游类专业模块化教学改革现状,剖析高职旅游类专业模块化教学改革遭遇的一系列现实困境与难题。

第一节　高职旅游类专业模块化教学改革的现状

中国高等职业教育在国家经济社会发展中扮演着重要角色,它以其贴近市场、重视技能培养的特点,成为促进就业、服务产业升级的关键力量。特别是随着国家对旅游业的重视和旅游市场的快速发展,高职旅游专业教育也迎来了发展的黄金期。模块化教学改革作为提升教育质量、适应行业发展需求的重要举措,对高等职业教育尤其是旅游专业的发展具有重大意义。旅游业作为国民经济的重要组成部分,在中国经济发展中占据了越来越重要的位置。随着国内外旅游市场的扩大和旅游消费需求的日益多样化,对旅游专业人才的需求也呈现快速增长的趋势。高职旅游专业教育应运而生,成为培养旅游管理、服务与营销等方面专业技能人才的重要基地。随着时间的推移,高职旅游类专业的课程设置和教学内容也不断更新,以适应行业的发展变化。

一、课程体系改革现状

模块化教学作为一种先进的教育模式,对高等职业教育尤其是旅游专业课程体系的改革产生了深远的影响。它将课程分解为若干个独立且相互关联的学习单元或模块,旨在提高教学效率、增强学习的灵活性和个性化。以下是模块化教学对旅游专业课程体系改革影响的详细分析。

(一)课程内容的调整

模块化教学强调课程内容的实用性和针对性,使之更加贴近旅游行业的实际需求。这意味着课程内容会更频繁地更新,以反映旅游行业的最新趋势和技术进步。通过模块化设计,旅游专业课程更注重知识和技能的平衡,不仅包括旅游管理、市场营销等理论知识,也强调导游、酒店管理等实际操作技能的培养。模块化教学促进了旅游专业与其他学科的整合,激发了智慧景区、旅游英语、导游等课程,为学生提供了更广阔的知识视野和学习资源。

(二)课程结构的调整

在模块化教学中,每个学习模块既是独立的单元,又与其他模块相互关联,形成了一个灵活且系统的课程结构。这种结构既方便学生根据兴趣和需求进行选择,也保证了学习的系统性和完整性。模块化课程结构通常具有明确的层次性和递进性,从基础知识到专业技能,再到综合应用,逐步提升学生的能力。同时,引入更多的选修模块,为学生提供个性化的学习路径选择,满足不同学生的学习需求和职业规划。

(三)教学方法的调整

模块化教学促使教学方法更加多样化,包括案例分析、项目驱动、小组讨论、实习实训等,增强了学习的互动性和实践性。在模块化教学中,学生的自主性和主动性得到了强化,学习过程更加注重学生的主体地位和个性化需求。现代信息技术,特别是在线学习平台和虚拟现实(Virtual Reality,以下简称为 VR)技术,被广泛应用于模块化教学中,为学生提供了丰富的学习资源和虚拟实践环境。

总的来说,模块化教学对旅游专业课程体系改革产生了积极的影响,使课程内容更加丰富、更新速度更快、更加符合行业需求;课程结构更加灵活、系统、具有个性化学习路径;教学方法更加多样化、强调实践和学生主体性。这些改革不仅提升了教学质量和效率,也为学生的个性化发展和终身学习奠定了坚实的基础。

二、师资培训与发展现状

模块化教学作为一种现代教学理念,在高等职业教育中的广泛应用,对教师的专业发展提出了新的要求。这种教学模式不仅改变了传统的教学内容和结构,也对教师的教学方法、技能和态度提出了更高的要求。针对这些要求,高职院校采取了一系列的培训措施以提升教师的专业能力。

(一)教师专业发展的要求

模块化教学要求教师具备最新的行业知识和技能,以确保教学内容的时效性和实用性。第一,教师需要不断学习和研究,以跟上旅游行业的快速发展。第二,教师需要掌握多样化的教学方法,包括项目式学习、案例教学、协作学习等,以适应模块化教学的需要。第三,信息技术的应用也是模块化教学的重要组成部分,所以教师需要具备使用教育技术的能力,包括在线教学平台、多媒体教学工具等。第四,模块化教学强调学生自主学习和个性化发展,所以教师需要具备有效的学生指导能力和多元化评价能力。

(二)培训措施

在专业知识和技能培训方面,模块化教学通过组织教师参加行业研讨会、短期培训班、企业实习等方式,更新教师的专业知识和技能。通过举办教学方法工作坊,邀请教育专家分享创新教学方法,提供实践操作的机会,增强教师的教学设计能力。定期开设信息技术应用培训课程,帮助教师掌握最新的教育技术工具和平台,提升在线教学和多媒体教学的能力。

鼓励教师之间的交流与合作,通过教学观摩、同行评议等形式,促进教师的自我反思和持续改进。

(三)培训效果

通过培训,教师的专业知识和技能得到了显著提升,更能有效地应对旅游专业教学的挑战。创新的教学方法和技术的应用,使得教学更加生动有趣,提高了学生的学习兴趣和参与度,从而提升了教学质量。培训不仅提升了教师的专业技能,也促使教师更新教育观念,更加重视学生的主体地位和个性化发展。

总之,模块化教学对高职旅游类专业教师的专业发展提出了新的要求,高职院校通过实施多元化的培训措施,有效提升了教师的专业能力,为模块化教学的成功实施奠定了坚实的基础。这种持续的专业发展和培训机制,不仅有利于教师个人的成长,也对提高整个高职教育体系的教学质量和效率产生了积极影响。

三、实践教学与资源配置

实践教学在高职旅游类专业模块化教学中占据着核心地位,它是连接理论知识与行业应用、培养学生职业技能的重要桥梁。模块化教学的实施,尤其在旅游专业中,需要充分的资源配置来支撑,包括实训基地、教学设施、行业合作等,这些资源的配置直接影响到模块化教学的效果和质量。

(一)实践教学的角色

实践教学为学生提供了操作实训的机会,使他们能够将理论知识转化为实际操作技能,尤其是旅游专业中的导游技巧、旅游产品设计、酒店管理等关键技能。通过实际工作环境的模拟或实习,学生能够提前适应未来的职业角色,理解行业文化和工作流程,增强其职业适应性和就业竞争力。通过实践教学培养学生的团队协作能力、解决问题能力和创新意识,这些都是旅游专业人才所必需的综合素质。

（二）资源配置的支撑作用

高质量的实训基地是实施模块化教学的物质基础。学校通过建立校内实训基地，模拟旅游服务环境，与企业合作，利用实际工作环境作为实习基地，为学生提供真实的学习体验。

先进的教学设施和技术，如多媒体教室、VR 技术等，为学生提供更加生动和真实的学习场景，提高教学效果。教师是实施模块化教学的关键。投资于教师的培训，特别是有关实践教学方法和行业最新动态的培训，能够显著提升教学质量。与旅游行业企业的紧密合作为实践教学提供了丰富资源，包括实习岗位、行业讲座、最新市场信息等，这些都是模块化教学成功实施的重要保障。

实践教学是高职旅游专业模块化教学的核心，它通过将理论与实际操作相结合，培养学生的专业技能和综合素质。而资源配置则为实践教学提供了必要的物质和技术支持，包括实训基地、教学设施、师资力量和行业合作等方面。只有充分利用这些资源，高职院校才能有效实施模块化教学，培养符合旅游行业需求的高素质技能人才。

第二节　高职旅游类专业模块化教学改革的困境

高职旅游类专业模块化教学改革旨在通过模块化课程设计和实践教学，提升学生的专业技能和实际工作能力。尽管这种教学模式为旅游专业教育带来了创新的可能，但在实际推进过程中也遇到了不少困境和难题，主要体现在课程体系构建、师资力量匹配方面。

一、课程体系构建困境

模块化教学作为一种教育改革措施，旨在通过将课程内容分解为若干个模块，提升教学的灵活性和学生的学习效率。然而在实际操作中，高职旅游类专业课程设置与模块化教学理念的契合度可能存在一定的偏差，主要表现在课程结构不合理、模块划分不科学等问题上。

(一)课程结构不合理

课程结构的不合理主要体现在两个方面。一是理论与实践比例失衡。在一些高职旅游类专业中,理论课程与实践课程比例可能不够合理,比如学校偏重理论知识的讲授,而忽视了实践技能的培养,就与模块化教学强调的"学以致用"的原则不符。二是课程内容重复或脱节。由于课程设置不够系统化,相同或相近的内容可能在不同模块中重复出现,或者各模块之间缺乏必要的联系,造成知识点的割裂。

(二)模块划分不科学

模块划分的不科学主要体现在三个方面。一是在模块化教学实施过程中,部分课程的模块划分可能过于宽泛或界定不清,导致教学目标模糊,学生难以掌握重点。二是缺乏灵活性和选择性。模块化教学应该是灵活、可选的,但在实际课程设置中,学生可选择的模块可能有限,难以满足不同学生的个性化学习需求。三是忽视模块间的衔接。有效的模块化教学需要考虑模块之间的逻辑关系和衔接方式,如果模块间缺乏有效衔接,会影响学习的连贯性和系统性。

二、师资力量匹配困境

在高职旅游类专业中,实施模块化教学改革是一个复杂且有挑战性的过程,它不仅要求对课程内容进行重新组织和规划,还要求教师具备相应的专业素质和教学能力,对教师队伍提出了新的挑战和要求。在这一改革过程中,师资力量的匹配困境主要表现在以下几个方面。

(一)教师对模块化教学的理解和接受程度

模块化教学作为一种新的教学模式,要求教师对其核心理念、教学目标和实施策略有深入的理解。教师的理解程度直接影响到模块化教学的设计和实施质量。然而由于教育观念、教学经验等因素的差异,教师对模块化教学理念的理解可能存在一定的偏差。教师对模块化教学的接受程度受到多种因素影响,包括个人对教学改革的态度、对新教学模式的认同度及实施新模式的自信度等。一些教师可能因为缺乏对模块化教学效果的信心,或因为担心增加工作量而犹豫是否接受。

(二)专业知识与技能的更新

随着旅游行业的快速发展和技术的不断进步,旅游专业的知识体系和技能要求也在不断变化。模块化教学需要教师具备最新的行业知识和技能,以便将这些内容融入课程。部分教师掌握知识和技能的速度存在滞后,因此难以满足模块化教学的需求。

(三)教学方法与策略的转变

模块化教学强调学生中心、以结果为导向,注重培养学生的实际操作能力和问题解决能力。这要求教师掌握项目式学习、案例分析、协作学习等现代教学方法。然而,传统的教学模式培训出的教师更多侧重于知识的讲授,可能缺乏实施这些新教学方法的经验和技巧。

(四)信息技术应用能力

现代信息技术,特别是在线教学平台、VR、增强现实(Augmented Reality,以下简称为 AR)等技术的应用,对模块化教学具有重要支撑作用。这不仅要求教师具备相应的技术应用能力,还要求他们能够将技术有效地融入教学。但现实中,教师的信息技术应用能力参差不齐,部分教师可能难以满足这一要求。

(五)学生指导与评价

模块化教学强调对学生自主学习的指导以及多元化、过程性的评价方法。因此教师需要根据学生的个性和学习进度,提供个性化的指导,并采用多样的评价方式,这对教师管理和评价学生的能力提出了更高要求。

三、实训条件制约困境

对于高职旅游类专业而言,模块化教学法是一种以学生为中心,侧重于技能和实践能力培养的教学方式。高职旅游类专业模块化教学改革旨在通过更加灵活、实践性强的教学模式,提高学生的职业技能和就业竞争力。然而此类教学改革在实施过程中,常常面临由实训条件限制带来的一系列困境:

(一)资源不足

高职旅游类专业需要模拟真实的旅游业工作环境,如酒店管理、旅游服务和导游实践等。如果实训基地的环境单一或者与真实工作环境相去甚远,将影响学生在实践中学习和应用理论知识。相比于理论教学,模块化教学更侧重于实践操作,这就需要足够的实训基地来保证学生的实际操作。同时,在一些地区或学校,高质量的实训基地数量不足,无法满足所有学生的实践需要。

(二)设备陈旧

旅游行业随着科技的进步而不断变化,包括电子支付系统、在线预订系统等技术在内的现代化设备和软件应用,对提升学生的职业技能至关重要。高质量的实验设备通常成本较高,一些学校可能因为资金限制而无法购置足够的或最新的实验设备,这就使得学生无法接触到行业内的先进技术,无法适应当前行业的需求,将严重影响他们的就业竞争力。

(三)实践与实际脱节

一些实训基地的实践环境与实际工作环境差异较大。部分实训基地可能只能提供基础的实训环境,但缺乏将学生置于真实或者复杂工作情境中的能力,使得学生无法充分体验和理解实际工作中可能遇到的问题和挑战。

(四)维护和更新成本高

实训基地的建设和维护、实验设备的购置和更新都需要大量资金支持。许多高职院校特别是地方院校,面临财政拨款有限、外部资金难以引入的困境,难以保证实训条件的持续改善和更新。对于预算有限的学校来说,这是一个长期的挑战。

(五)安全性问题

实验设备的使用安全是极其重要的,尤其是在需要使用到特殊设备或智能化的实训中。缺乏有效的设备使用培训和安全保障措施可能会造成安全事故,影响教学质量和学生的身心健康。

四、评价体系滞后困境

现行的教学评价体系的滞后性在很大程度上限制了模块化教学改革的有效实施。这些制约因素主要包括:

一是评价方式的单一性。现行教学评价多依赖于传统的笔试和闭卷考试,这种评价方式强调知识的记忆和复现,而不是能力的培养和实际应用。在模块化教学中,学生需要通过参与实践活动、完成项目任务等方式学习和应用知识。因此,传统的评价方式无法全面评价学生在模块化学习过程中的表现,尤其是在创新思维、实践操作等方面的能力展现。

二是缺乏对学习过程的评价。模块化教学强调学习过程中的主动探索和实践经验的积累。然而现行的评价体系往往忽略了对学习过程的评价,主要关注学习的最终结果。这种结果导向的评价体系忽视了学习态度、团队合作、问题解决过程等对个人职业发展同样重要的能力指标,从而制约了模块化教学追求的全面能力的培养。

三是反馈机制的不足。及时有效的反馈对于学习过程至关重要,特别是在模块化教学中,学生需要根据反馈调整学习策略,改进学习方法。然而现行的教学评价往往在学期末或模块结束时进行,缺乏过程中的即时反馈,不能让学生及时了解自己的学习状况和改进空间。

四是评价主体的单一化。在传统的教学评价体系中,教师是唯一的评价主体,学生的自我评价、同伴评价等多元化评价被边缘化。模块化教学中,学生的自我管理能力、团队协作能力等软技能同样重要。缺少多元化评价主体参与的评价结果无法全面反映学生的学习效果和能力提升。

第三章　高职旅游类专业模块化教学改革的理念与思路

随着社会发展和科技进步,以及产业结构的不断调整,社会对劳动者的技能和素质提出了更高的要求。特别是在旅游行业,由于其综合性强、涉及面广、与国际紧密接轨等特点,对人才的需求更是多元化和高标准的。因此,"以就业为导向",培养适应生产、建设、服务、管理一线岗位需要的高素质应用技能型人才成为职业教育的主要任务。同时,《"十四五"旅游业发展规划》提出要"促进旅游职业教育高质量发展,健全继续教育机制"。在此背景下,高等职业教育中的旅游类专业肩负起了培养具备专业素养和创新能力的旅游人才的重任。然而传统的教育教学方式已难以满足产业发展的新需求,亟须通过教学模式的创新来提升教育质量,培养能够适应新时代旅游业发展需求的复合型人才。

为此,实施旅游大类专业的模块化教学改革,成为推动旅游职业教育发展的有效途径。模块化教学改革不仅关注知识和技能的更新,更是一种深刻的教育理念和实践的革新。这种改革要求教育机构与教师转变观念,从学生的需求出发,注重个性化发展和自主学习能力的培养,以实现更加精准地适应行业发展的教育目标。

第一节　高职旅游类专业模块化教学改革的理念

近年来,职业教育尤其是高等职业教育已成为我国社会关注的热点,面临大有作为的发展机遇。随着社会的发展、科学技术的不断进步和产业结构的调整,社会各行业对劳动者的素质和能力提出了许多新的更高的要求。

因此，以就业为导向，以培养适应生产、建设、服务、管理一线岗位需要的高素质应用技能型人才为目标的职业教育面临着新的机遇和挑战。

《"十四五"旅游业发展规划》中提出，要"促进旅游职业教育高质量发展，健全继续教育机制"。而旅游类专业综合性非常强，汇集多元的专业知识。旅游新业态的发展更是要求培养具有旅游、酒店、民宿、烹饪、新媒体使用等知识的完备的复合型旅游人才。作为为我国产业结构中第三产业龙头的旅游行业输送人才的主要基地，高职旅游教育现有的旅游类专业的传统教育教学方式已经滞后于旅游产业的发展和市场的需要，无法很好地体现旅游业界的新资讯、新形态和新技能，也无法满足旅游新业态快速发展对数字人才的需求。

在当前信息化背景下，实施旅游类专业的模块化教学改革，进一步完善旅游职业教育体系，是旅游职业教育改革的突破口。这种教学模式能够进一步发挥教师在教学工作中的主导作用，将旅游相关知识从单向传播变为双向互动，更好地调动学生的学习积极性。

模块式教学是一种以现场教学为主、以技能培训为核心的教学模式。该模式将培养目标中各技能等级的应知、应会部分按其性质划分为不同层次的模块，并有序地实施逐块达标的教学活动。当前旅游类高职院校推行模块式教学法时，需要在教学内容、方法和考核标准上与行业需求和行业考核标准紧密结合，摆脱传统教学模式，更加突出旅游类职业技术教育的特点，进一步提高学生的知识水平和实践能力。

典型工作任务驱动的高职动态模块化课程教学模式打破了学科课程体系的束缚。它从旅游行业实际工作岗位群的典型工作任务出发，根据完成实际工作任务所需的知识技能，将学习过程、工作过程与学生的个性能力发展联系起来。为适应高职年龄段学生的社会价值观和直观思维特征，激发学生自主学习兴趣，设计动态教学模块并安排教学活动，真实再现职业情景下的真实行动领域，为学生提供了零距离体验真实职业环境和工作过程的学习机会。这有利于学生主动构建自己的知识能力体系，是一种全新的职业教育课程体系设置思维和实施模式。这种课程模式最显著的特征是教学过程与工作过程紧密相连，融合了理论模块和动态实践模块，为学生提供真实的工作情景体验。模块化课程教学模式的主要教学特征见图3-1。

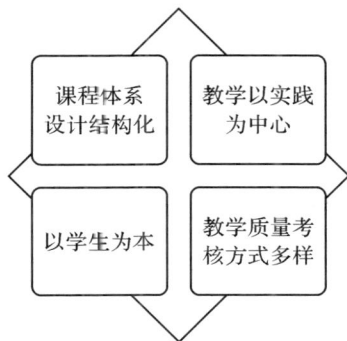

图 3-1　模块化课程教学模式的主要教学特征

第一，课程设置与旅游类专业工作岗位的实际需要紧密衔接，教学目标明确。模块课程体系设计结构化，课程体系严格按工作过程结构对课程及其之间的逻辑关系做整体规划，以获取学习能力和工作能力的知识结构关系组织模块课程内容，建立"能力型"课程体系。单门课程设计上先从职业具体岗位工作要求出发，把学习的内容分解成一个个具体的工作任务，然后通过分析完成此项工作任务需要的知识和技能，按其性质划分不同层次来确定单门课程模块内容。每个课程模块内容有具体可考核的知识、技能、态度三层级的教学目标，充分体现"全面发展"的教学理念，强调教学目标中三者在教学过程中相互促进、相辅相成的辩证关系。

第二，教学以旅游类实践为中心，突出实践在教学中的重要作用。充分体现高职"学中做、做中学""工学结合"的教学理念，强调知识的实践性，通过实践建构知识，形成能力。

第三，学生是课堂的"主人"，强调以学生为本。教学过程中始终把学生放在中心位置，学生不只是获得理论知识，更多的是获得学习能力和实践能力，学生在教学场所将理论知识与实际操作紧密结合，主动完成学习任务，达到学习目标，做到"知行合一""手脑并用"，由学习"被动接受者"变为"主动参与者""积极行动者"。教师不再是课堂主导者和控制者，而是教学过程的参与者和引导者，引领学生学习，要负责教材内容的处理、课程研究、教材的编写、培养计划的制订和实训室的建设。

第四，教学质量考核方式多样。在传统课程体系下，教学质量考核以理论知识为主。然而,模块化教学的考核方式,在理论知识考核的基础上,需要根据不同的模块采用不同的考核方式,检验不同模块的实践能力。

一、以学生为中心的模块化教学理念

以学生为中心的教学理念主张从学生的需求出发,关注学生的个性化发展和自主学习能力的培养。在模块化教学中,这一理念具体体现在以下五个方面(图 3-2)。

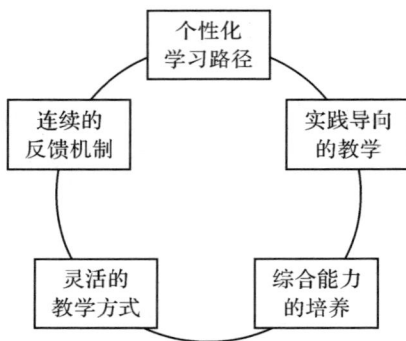

图 3-2　以学生为中心的模块化教学理念

(一)个性化学习路径

由于每个学生都是独特的,具有不同的背景、兴趣和目标。传统的"一刀切"式教学模式往往无法满足每个学生的个体需求,而模块化教学则提供了一种创新的解决方案。模块化教学的核心思想是允许学生从一系列预先设计好的课程模块中进行选择,这些模块涵盖了不同领域的知识和技能,学生可以根据自己的兴趣和职业规划,自由选择想要学习的模块,形成一条属于自己的学习路径。这种灵活性使学生能够更加主动地参与到学习过程中,因为他们能够控制自己的学习方向和进度。通过个性化学习路径,学生可以更深入地探索自己感兴趣的领域,而不是被迫遵循统一的教学大纲。这种自主选择的过程不仅有助于激发学生的学习动力,还能培养他们独立思考和决策的能力。当学生感到学习与个人目标紧密相连时,他们更有可能投入更多的时间和精力去掌握所需的知识和技能。此外,个性化学习路径还有助于提高学习的相关性和实用性。学生可以选择与未来职业发展紧密相关的模块,这样他们在完成学业后能更好地适应职场的需求。同时,由于学习内容与个人兴趣相匹配·学生在学习过程中的积极性和满意度也会显著提高。

(二)实践导向的教学

实践导向的教学是现代教育理念中的一种重要趋势,特别是在职业教育领域。这种教学方法强调将学生从传统的课堂环境带到更加贴近旅游类实际工作的场景中,以便他们能够直接应用所学的知识和技能。通过与企业的紧密合作,学校能够为学生提供丰富的实践机会,这些机会通常包括实习、项目工作、模拟任务等。在实践导向的教学中,学生不仅能够学习到理论知识,还能够获得实际操作经验。这种教学模式通常分为两种:第一种是实际工作情境,学校与行业企业建立合作伙伴关系,共同设计课程和实践活动。企业可以提供实际的工作场景,供学生进行实习或项目研究。通过在企业的实际工作环境中学习,学生能够更好地理解理论知识在实际中的应用。这种亲身体验有助于学生将抽象概念与现实世界联系起来。第二种是模拟任务场景,在无法提供真实工作环境的情况下,学校可以使用模拟任务来复制工作场景。这可以包括角色扮演、VR 模拟、案例研究等。学生参与任务,解决实际问题,这不仅能够提高他们的技能,还能够增强团队合作和问题解决能力。

实践导向的教学有许多优点。首先,它增强了学习的实用性和有效性,因为学生能够直接应用所学知识。其次,这种教学方式有助于学生发展职业技能,如批判性思维、决策能力和沟通能力。此外,它还促进了学生的职业认同感和就业准备度,因为他们在学习过程中接触到了行业实际。

(三)综合能力的培养

模块化教学作为一种灵活且高效的教学方式,不仅强调专业知识和技能的传授,还注重培养学生的软技能,如沟通能力、团队协作、解决问题等关键能力。这种全方位的职业能力培养对于学生未来的职业发展和适应不断变化的工作要求至关重要。在模块化教学中,学校鼓励跨学科的课程设计,使学生能够在不同的模块中学习到多领域的知识和技能。这种跨学科的学习有助于学生建立综合性的知识体系,促进不同领域之间的思维整合。同时,模块化教学中的项目,例如旅游产品的开发,通常需要团队合作完成。学生在团队中分工合作,共同解决问题,这有助于培养他们的协作精神和领导能力。团队合作也能够提高学生的社交技巧和人际关系处理能力。

(四)灵活的教学方式

灵活的教学方式在现代教育中扮演着至关重要的角色,尤其是在培养学生的主动学习能力、创新思维和解决问题的能力方面。模块化教学通过采用案例式、翻转课堂等多种教学方法,为学生创造了一个富有互动性和趣味性的学习环境。案例式教学是通过分析真实或虚构的案例,让学生在解决问题的过程中学习和理解相关知识。这种方法能够使学生在类比和反思中掌握理论,并提高他们的逻辑思考和决策能力。通过讨论和分析案例,学生能够更好地理解抽象概念,并将其应用于实际情境中。翻转课堂是一种将传统教学模式颠倒的方法,学生在课前通过阅读材料、观看视频等方式预习课程内容,然后在课堂上进行讨论、实践和提问。这种教学方式鼓励学生在课堂之外自主学习,并在课堂上与教师和同学互动交流。翻转课堂不仅提高了学生的自学能力,还使课堂时间更加高效和有针对性。此外,在模块化教学中,小组讨论和互动是常见的教学活动。学生在小组中分享观点、讨论问题,这不仅促进了他们之间的思想碰撞,还提高了他们的表达和批判性思维能力。教师可以引导学生进行深入的讨论,帮助他们形成独立的见解和解决问题的策略。

(五)连续的反馈机制

连续的反馈机制是教育过程中的一个关键环节,它对于学生的学习进度和自我提升具有重要影响。在模块化教学中,建立一个有效的反馈和评价机制可以帮助学生及时了解自己的学习状况,从而促使他们持续改进和自我提升。反馈应该在学生完成任务或表现后尽快提供,并且具体明确地指出学生在哪些方面做得好、在哪些地方需要改进,以便他们能够迅速认识到自己的优点和不足。及时的反馈有助于学生清晰地理解自己的学习状况,并制定出针对性的改进计划。同时,反馈机制应该是双向的,不仅包括教师对学生的指导,还应该鼓励学生提出自己的疑问和意见。这种双向沟通有助于建立良好的师生关系,也能够让学生更积极地参与到学习过程中。

二、协同发展与系统推进的改革思路

协同发展和系统推进是模块化教学改革的另一核心理念,它强调整个教育体系的有机整合和动态优化。具体来说,有以下五个方面(图3-3)。

图 3-3　协同发展与系统推进的模块化教学改革思路

(一)教学资源的整合是确保教育质量和效果的关键因素之一

在模块化教学中,校企合作,并利用在线资源和远程教育平台,可以形成一个丰富多元的教学资源库。这样的资源整合不仅为学生提供了广泛的学习材料,还能够提高教学的实效性和适应性。学校与旅游企业建立合作关系,可以将旅游企业的资源、技术和实际案例引入教学模块。这种合作可以为学生提供实际的工作场景,使他们能够更好地理解理论知识在实际中的应用。同时,旅游企业可以参与课程的设计和更新,确保教学内容与行业需求保持一致。学校则可以利用互联网上的大量教育资源,如开放课程、教学视频、专业文章等,丰富教学内容。在线资源的优势在于其多样性和可访问性,学生可以根据自己的需求和兴趣选择合适的学习材料。此外,教师可以利用这些旅游资源来改进教学方法,提高教学质量。远程教育平台则为学生提供了灵活的学习方式,不受时间和地点的限制。通过这些平台,学生可以参与在线课程、实时讲座和虚拟实验等。这种灵活性特别适合那些需要兼顾工作和学习的学生。在教学中,数字化教学工具,如学习管理系统、互动白板、模拟软件等,可以提高教学的互动性和趣味性。这些工具不仅方便教师管理教学过程,还能够帮助学生更好地理解和掌握知识。

(二)课程体系的优化是确保教育质量和适应性的重要环节

在模块化教学中,根据行业需求和学生发展需要不断调整和优化课程体系,可以确保教学内容具有时效性和前瞻性。学校需要与行业紧密合作,定期进行市场需求分析,了解行业的最新趋势和技术发展。这有助于确定哪些技能和知识是学生在未来职业生涯中所必需的,从而调整课程内容以满足这些需求。同时,学生的反馈是优化课程体系的重要参考。学校应该鼓励学生提供对课程的意见和建议,了解他们的学习体验和需求。通过分析学生反馈,学校可以发现课程的不足之处,并作出相应的改进。

(三)教师团队的建设是确保教学质量和学生学习效果的关键因素之一

在模块化教学中,构建由学校教师和旅游企业专家组成的教学团队,可以有效地实现理论教学与实践经验的有机结合。第一,教师团队应该具有多样化的背景,囊括来自不同学科、行业和文化的教师。这样的多元化可以帮助学生从不同角度理解知识,促进他们的全面发展。其中,行业专家参与教学过程,可以为学生提供实际工作中的经验和技能。这些专家不仅可以分享他们的知识和经验,还可以帮助学生建立职业网络,为他们的未来的职业生涯提供支持。第二,学校应该为教师提供持续的专业发展机会,使他们能够更新自己的知识和教学方法。这包括参加旅游研讨会、工作坊、行业会议等,以及进行教育研究和创新实践。第三,建立有效的反馈和评估机制,可以帮助教师了解自己的教学效果和学生的学习状况。这包括学生评价、同行评审和教学观察等。通过这些机制,教师可以不断改进自己的教学方法和策略。

(四)制度机制的创新是确保模块化教学改革的基本保障

通过制定相应的管理规范和操作流程,学校可以确保教学活动的有序进行,并达到预期的教学效果。第一,制定清晰的管理规范,包括教学目标、教学内容、教学方法、评估标准等方面的规定。这些规范为教师和学生提供了明确的指导,有助于保持教学活动的一致性和连贯性。第二,设计详细的操作流程,包括课程开发、教学实施、学生评估、反馈收集等各个环节。这些流程可以帮助教师和学生了解各自的职责和任务,确保教学活动按计划进行。第三,建立质量控制机制,对教学活动进行监督和评价。这包括定期的教学观察、学生评估结果的分析、教学资源的更新等。通过质量控制,学校可以及时发现问题并采取改进措施,确保教学质量。第四,在制度机制中引入灵活性,允许根据教学实践和学生需求进行调整。这意味着在实施过程中,可以根据反馈和评估结果对教学计划和方法进行修改,以改善教学效果。

(五)利益相关者的协同是模块化教学改革顺利推进的必要条件

在模块化教学的框架下,实现学校、企业、政府等利益相关者之间的有效沟通与合作,对于推动教育改革至关重要。为了达到这一目标,需要构建一个高效的沟通机制,这包括定期举行会议、成立专门的工作小组、指定联络人等措施,以确保所有参与方能够及时地交流信息和观点。这样的沟通不仅有助于深化相互之间的理解,减少误会,还能促进各方的紧密合作。此外,通过签订合作协议或备忘录,可以明确界定各方的责任、权利和义务,为合作提供了坚实的法律和道德基础,从而保障各方在合作过程中的权益得到充分保护。同时,鼓励各方共享资源,如知识、技术、资金和人力资源,这不仅提高了教育改革的效率和成效,还避免了资源的重复投入和浪费。在学校、政府、企业三方中,政府需要提供必要的政策支持和引导,包括制定有利于教育改革的政策、提供财政支持以及优化法规环境等;对于企业,则是鼓励其积极参与教育改革,提出实际需求和反馈。因为企业作为教育服务的最终受益者,其需求和反馈对于确保教育内容的实用性和适应性具有不可替代的作用。

三、小结

综上所述,高等职业教育中的旅游类专业正面临着前所未有的改革机遇与挑战。模块化教学改革作为一项系统工程,它不仅仅关注教学内容和形式的更新,更是一种深刻的教育理念和实践的革新。这一改革要求学校与教师坚定不移地以学生为中心,不断探索和实践适合学生发展的教育模式。这包括对课程内容进行重新设计,确保其与时俱进,符合行业的最新需求;对教学方法的创新,采用案例分析、实地考察、模拟运营等多样化的教学手段,以提高学生的实际操作能力和问题解决能力。

同时,模块化教学改革强调协同发展,需要整合来自学校、企业、政府和社会各界的资源,系统推进教学改革。这种整合不仅限于资源共享,还包括知识、技术、资金和人力资源的互补与融合。例如,学校可以与企业合作,共同开发适应市场需求的课程模块,或者邀请业界专家参与教学,使学生能够直接接触行业前沿的知识和技术。

在实施模块化教学的过程中,评价反馈机制的建立也至关重要。这不仅包括对学生学习成果的评价,也包括对教学过程和教学质量的监控与反馈。通过定期收集学生、教师和行业的反馈,学校能够及时调整教学内容和方法,确保教学活动能够真正满足学生的学习需求和市场的发展需求。

最终,通过模块化教学改革,高职旅游类专业的教育将能够培养出既有扎实专业素养,又具备创新能力和国际视野的旅游人才。这些人才不仅能够适应新时代旅游业的发展需求,还能够引领行业创新,推动旅游业的可持续发展。因此,模块化教学改革是高职旅游教育发展的必由之路,它要求学校从教学内容到教学方法,从资源建设到评价反馈,都要以学生为中心,注重实践应用,追求教学效果的最优化。通过系统思考和协同合作,学校能够推动模块化教学在高职旅游教育中的广泛应用和深入发展,为旅游业的繁荣做出贡献。

第二节　高职旅游类专业模块化教学改革的思路

在高职旅游类专业模块化教学中,改革的思路有以下七个方面(图 3-4)。

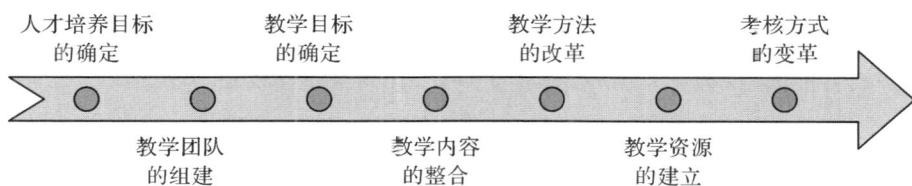

图 3-4　模块化教学改革技术路径图

一、明确专业人才培养目标

在高职旅游类专业进行模块化教学改革的过程中,首先需要深入思考的是究竟要培养什么样的旅游人才,以及如何有效地进行培养。这一过程要求教育者从行业需求出发,明确学生毕业后将要面对的实际工作岗位,并对这些职业情景进行细致而有效的分析。基于这样的分析,课程教学设计应当遵循实用性原则,将职业素养作为培养的基石。这意味着,除了专业知识的学习,还要重视学生的职业道德、团队合作能力、沟通技巧等软技能的培养。同时,课程设计要以典型的工作任务为驱动力,让学生在模拟或真实的职业环境中学习和实践,从而掌握不同岗位所需的实际工作技能。为了实现这一目标,高职院校可以采取产学研结合的路径,这包括:与企业紧密合作,共同开发课程模块,确保教学内容与企业的实际需求紧密对接;邀请业界专家参与教学,为学生提供实战经验的分享;安排学生参与实习和实训,让他们在真实的工作环境中锻炼和提升自己。

二、组建专业教师教学团队

在高职旅游大类专业的模块化教学改革中,组建一个高效的教学团队是实现改革目标的基础。传统的教学团队往往是基于课程设置,由校内教师组成,这种模式存在一些问题。例如:团队成员的能力和知识结构往往同质化严重,缺乏多样性和互补性;校内教师可能长期脱离实际生产环境,对新兴业态和新技术的掌握不够深入,影响教学内容的时效性和实用性。虽然可以派遣高校的教师赴旅游企业锻炼,但是短期的锻炼并不能使他们完全掌握旅游行业的前沿状况。而行业专家常年置身于行业第一线,对于旅游行业的情况较为了解;企业教师对于教学、学生的培养等认知也与校内教师不一样。因此可根据旅游行业发展的全流程，以岗位技能需求为导向，整合校内课程任课教师，聘请行业企业专家，共同组建模块化教学团队。

三、开展人才需求调研与论证

进行市场调研和专家论证，制定新的具有可行性的教学目标。模块化教学是以行动导向、以任务驱动为主的一种教学模式，需要重新对课程的教学目标进行设定。而市场调研是了解旅游行业最新动态和人才需求的重要手段。专业教师深入国内外旅游行业，通过实地考察、问卷调查、深度访谈等方式，收集关于不同旅游企业的具体工作程序和情景的信息。这些信息将帮助教师团队了解旅游行业对人才的综合职业能力要求，从而为制定教学目标提供实证基础。而召开专家座谈会是获取行业内部专家意见和建议的有效途径。座谈会应邀请旅游行业的经营者、旅游行政管理部门的管理者、前线服务人员等多方人士参与，通过多轮讨论集思广益，确保课程的设计思路和教学目标既符合行业标准，又具有可操作性和针对性。在制定教学目标时，模块化课程标准需要融合最新的教学理念和人才培养需求。这包括对课程的基本理念、课程目标、课程实施建议、学习基本要求等方面进行全面而详细的阐述。课程标准不应是一成不变的，而是需要根据行业发展和技术变革定期进行修改和完善，以确保教学内容和目标满足人才培养的要求。

四、重塑专业知识与能力素养体系

传统的教学模式大多侧重于理论知识的传授，忽视了知识在实际操作中的应用。学生虽然接触了大量的专业知识，但在行业实践中，有些知识很少或根本不被使用。这种脱离实际的教学方式不仅浪费了学生和教师的时间，也影响了学生实践能力的培养。模块化教学是根据旅游行业的实际工作岗位和工作流程，重新组织和设计课程内容，整合教学内容，打破原有的学科知识体系。这意味着将原有学科体系中的知识点按照实际工作需求进行筛选、整合和重组，形成以实际工作任务为核心的学习项目。同时，改革后的课程以实际工作中常见的问题、处理技巧和原则为中心，通过模拟的或真实的工作情境,让学生在实践中学习和掌握相关知识。项目遵循由浅入深、由单一到综合的原则,逐步提升学习的难度和综合性,有助于学生循序渐进地提高自己的职业技能和解决问题的能力。模块化改革的内容包括案例分析、项目驱动、实习实训等形式,加强学生的实际操作训练,确保他们能够熟练掌握旅游行业所需的各项技能。通过这样的模块化教学改革,旅游专业的教学将更加贴近行业实际,更有效地培养学生的职业能力,使他们能够迅速适应并在旅游行业中发挥重要作用。

五、创新日常教学管理与教学方法

改革课程教学方法,多种方法并用。改革课程教学方法是提高教学效果、激发学生学习兴趣的重要环节。传统的以理论讲授为主的教学模式已经无法满足学生对于实践操作的需求,而且这种模式也不利于培养学生的创新思维和解决问题的能力。因此,模块化课程教学方法采用灵活多样的授课形式。情景模拟法通过模拟旅游行业的真实工作场景,让学生在创设的工作环境中学习,增强学生的实际操作能力和问题解决能力。案例分析法选取旅游行业中的真实案例,让学生分析和讨论,培养学生的临场应变能力和决策能力。角色扮演法是学生通过扮演不同的角色,如导游、酒店经理、客户服务人员等,进行角色扮演练习,加深对行业角色职责和工作流程的理解。思维导图法利用思维导图帮助学生整理和归纳知识点,提高学生的思维组织能力和创新思维能力。视频展示法使用视频资料展示旅游目的地、服务流程等内容,增加学习的直观性和趣味性。通过上述多样化的教学方法,模块化教学能够更好地适应学生的学习习惯和需求,激发学生的学习热情,提高他们的动手操作能力和综合素质,为旅游行业的人才培养提供有力支持。

六、校企深度共建教学资源

校企合作共建教学资源。通过校企双方的紧密合作,可以充分利用企业的实际经验和最新技术,结合校内教师的教学专长,共同开发与行业岗位技能需求紧密对接的教学资源。对于新加入的教学内容,根据课程标准,编写配套的教材,这些教材应包含相应的教学资源二维码,方便学生获取更多的学习资料,形成立体化的教学资源体系。针对难懂的原理、难理解的过程,制作相应的动画资源。针对重要的操作环节,开发仿真交互式软件,让学生能够在线上进行反复练习,提高学习效率和操作技能。依托智慧职教平台,搭建课程框架,上传各类教学资源,如教学视频、企业技术视频、动画、习题、学习文档、电子教材等,建设旅游专业的在线开放课程。该在线开放课程不仅为校内学生提供了课前预习和课后复习的资源支持,而且教师还能在课堂上采用线上线下混合式教学,提高教学互动性和灵活性。此外,在线开放课程不仅服务于校内学生,也可以为旅游相关企业员工提供专业知识的培训,帮助企业提升员工的专业技能和业务水平。因此,校企合作共建的教学资源能够为学生提供丰富、多样化的学习材料,增强学生的学习体验,提高学习的主动性和效果。而且这种合作模式有助于学校和企业的资源共享,促进教育与行业的深度融合,培养出更符合市场需求的高素质旅游专业人才。

七、课程实施多元化增值性考核评价

创新课程考核方式,采用灵活、多元化的考核方法。在当今社会,教育的目标不仅仅是传授知识,更重要的是培养学生的综合素质和能力。因此,课程考核方式的改革显得尤为重要。传统的闭卷考试方式往往只能考核学生对知识的记忆程度和理解程度,而无法全面反映学生的实际操作能力、解决问题的能力、团队合作精神等重要素质。模块化教学改革的考核方式是将过程性考核与期末考核相结合,以全面评价学生的学习效果。过程性考核主要关注学生在学习过程中的表现,包括课堂参与度、作业完成情况、实验操作能力等方面。通过对学生学习过程的观察和记录,教师可以更加客观地了解学生的学习状况,及时发现问题并给予指导。期末考核除了传统的笔试和口试,可以采用多元评价形式,例如采用项目作业、实操演练、案例分析、模拟操作等实践性强的考核形式,以检验学生的实际操作能力和应用知识解决问题的能力。同时,引入教师评价、小组评价等多种评价形式,以全面评价学生的技能。教师评价主要关注学生在课堂上的表现,包括学生的提问、发言、讨论等方面。通过教师评价，教师可以了解学生的思考深度和广度，为学生提供更有针对性的指导。小组评价则主要关注学生在团队合作中的表现，包括学生的主动性、团队合作精神、负责意识、协作能力、协调能力、完成任务的及时性和准确性等方面。通过小组评价，学生可以学会在团队中发挥自己的优势，提高自己的沟通和协作能力。模块化教学改革的考核方式通过以上改革措施，可以更好地培养学生的综合素质和能力，使他们在未来的学习和工作中更加游刃有余。同时，这也有助于激发学生的学习兴趣和积极性，提高课程的教学效果。

第四章　高职旅游类专业模块化教学改革的路径与举措

从 2019 年《国家职业教育改革实施方案》颁布开始,模块化教学改革在理论和实践方面均有了长足的发展,在高职旅游类专业中已逐步推广进行,各院校各专业根据自身的特色和优势形成适合自己发展的模块化教学改革路径。高职旅游类专业间教学内容既有共通性,也有个性化特色,国家职业教育教师教学创新团队文体旅游协作共同体的 10 余所院校,综合共同智慧,探索旅游类专业模块化教学改革的路径与举措。从不同的逻辑起点出发,当前各旅游类院校的模块化教学改革可大体分为三类:一是课程模块化,如海南经贸职业技术学院旅游管理专业;二是能力模块化,如山东理工职业学院研学旅行管理与服务专业;三是项目模块化,如浙江旅游职业学院智慧景区开发与管理专业。

第一节　旅游管理专业模块化教学改革的"海南经贸"探索与实践

海南经贸职业技术学院旅游管理专业融合 MES 和 CBE 两种模式,从课程出发划分课程模块层次,逐级细分能力和方向,形成课程模块化的改革路径。并由群通用能力模块、专业通用能力模块和专业核心能力模块构成,由岗位模块灵活补位,构建旅游管理专业课程模块体系。

一、专业人才培养目标

在推动旅游高质量发展的背景下,在文旅深度融合及"互联网＋"的推动下,旅游人才的培养需要针对教育方式、教育内容等方面存在的问题,重新构建新型旅游人才培养模式。旅游管理专业的人才培养目标应该是培养"国际化""数智化""创新型"和"复合型"的旅游人才。

"两化两型"人才培养模式,即按照"国际化""数智化""创新型""复合型"要求,旨在培养旅游管理领域具备国际视野、数智化能力、创新思维和综合素养的高素质专业人才,以适应日益变化的旅游产业环境。"国际化"强调对学生的国际视野和跨文化沟通能力的培养,使他们能够适应全球化的背景和国际化的社会环境;"数智化"着重学生在信息技术和数字化环境中的适应能力,使其能够灵活应对数字化工具和技术的应用;"创新型"强调对学生的创新思维和问题解决能力的培养,使他们能够在负责的环境中提出新颖的观点和解决方案;"复合型"意味着培养学生具备多方面的综合素养,不仅在专业领域有深厚的知识,还能够跨岗位任职,具备综合应对复杂问题的能力。

二、模块化教学改革的思路与目标

由于旅游行业岗位及其任务的边界比较模糊,岗位一线工作人员面对的工作情景越来越复杂,对于员工的职业能力要求也越来越高,仅仅根据岗位任务划分课程模块已经难以满足课程开发的需求。为提高旅游管理专业课程模块化改革质量,需要综合考虑岗位任务和职业能力,因此我校旅游管理专业群尝试融合 MES 和 CBE 两种模式,进行专业课模块化改革,即将所有课程划分为大模块、中模块和小模块。其中,大模块涵盖旅游管理、烹饪工艺与营养、酒店管理与数字化运营及市场营销群通用能力模块(共享课程);中模块细分为专业基础模块(中模块 A)、专业核心能力模块(中模块 B)和专业拓展模块(中模块 C),并按照学习阶段逐步进阶;岗位模块结合地方特色的模块则侧重于当地旅游服务和产品形式,以满足市场需求(中模块 D)。课程由专任教师、企业高级导师和学界专家共同授课,确保教学内容紧贴岗位需求和行业动态。具体模块化课程架构体系,详见图 4-1。

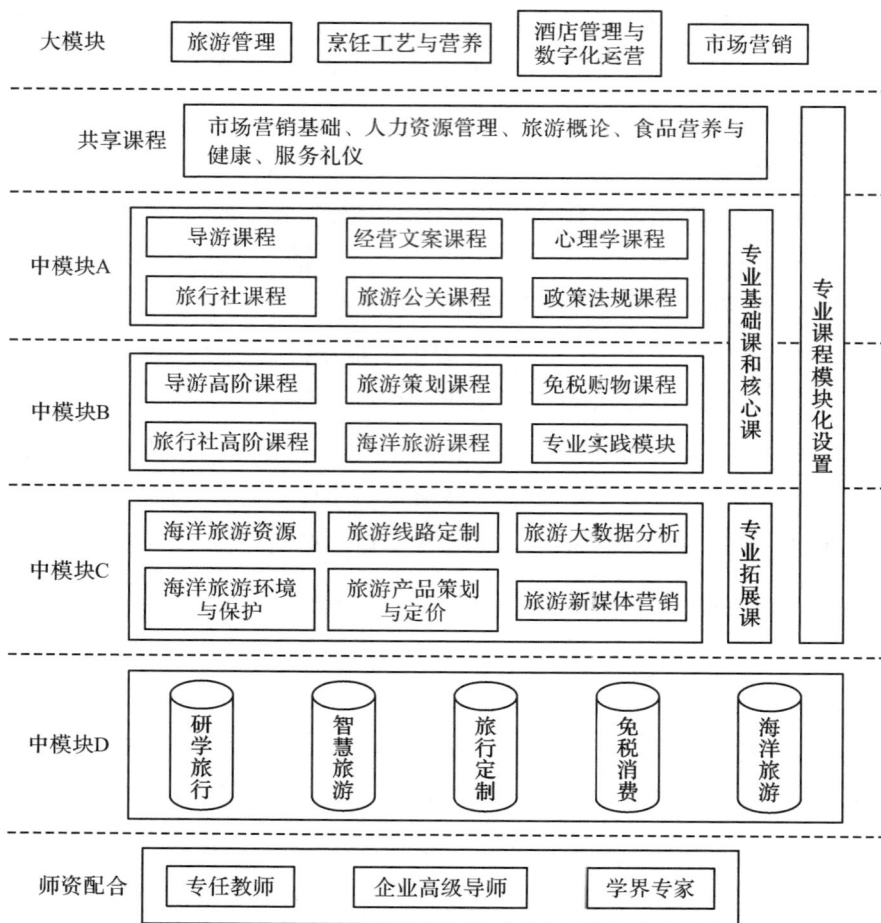

图 4-1 海南经贸职业技术学院旅游管理专业模块化课程

三、模块化教学改革的对策与路径

(一)精准对接市场需求,明确人才培养目标

深入开展人才需求调研,把握市场动态和行业发展趋势,为模块化教学改革提供数据支撑。结合市场需求和学校实际情况,明确人才培养目标,确保人才培养方案与市场需求相匹配,创新人才培养模式,制定符合市场需求的模块化人才培养方案。注重实践教学环节,加强校企合作,为学生提供更多实践机会和实训平台,提升学生实践能力和职业素养。

(二)优化模块化教学计划

明确并细化教学计划。制定清晰、具体的教学目标是模块化教学成功的关键。对每个模块进行精细化的设计和规划,确保其具有明确的目标和内容。根据人才培养目标,制定模块化教学计划,将教学内容划分为若干个模块,每个模块聚焦特定的知识和技能。合理安排模块之间的顺序和衔接,确保教学内容的连贯性和系统性,同时根据市场需求灵活调整模块内容。

强化资源建设和教师培训。提供充足的教学资源并确保教师具备实施模块化教学的能力是实施模块化教学的基石。培训和持续的支持可以帮助教师更好地适应新的教学模式。

建立有效的评价体系和反馈机制。模块化教学需要与之相适应的评价体系,应注重学生的全面发展和实际能力的提升。同时,持续的监控和反馈机制有助于及时调整教学计划,确保其有效实施。

(三)构建模块化课程教学资源集群

一是对接职业标准,一体化设计课程群。专业群以从事旅游领域应当具备的认知能力、活动能力、学习能力、执行能力为主线,一体化设计层次递进的模块化课程群和难度梯度跳跃合理的课程教学模块,基于"宽基础、活模块"思想,建设模块化专业核心课程群,并根据岗位技能需求进行动态迭代,使学生的专业基础能力、专业实践能力、专业创新能力形成呼应融通的有机整体。

二是坚持技能导向,模块化重构课程教学单元。专业群以提升学生职业能力为中心,遵循成果导向原理,精准定位模块化课程教学单元的培养目标和框架结构,模块化重构课程教学单元和教学内容。依照任务标准或岗位规范,将课程开发成内容相对独立、边界清晰但又环环相扣的多个教学模块,形成逻辑体系完整、支撑关系明确、推导关系严密的课程模块组合。

三是坚持需求引领,颗粒化建设教学资源集群。专业群以满足学生碎片化学习需求为宗旨,以协同化、实战化、动态化的思路,与企业联合开发适应专业需要的颗粒化理论教学资源和企业全真实战项目资源,重视颗粒化资源的分类集成和有效链接,切实发挥教学资源在技术技能人才培养中的基础性作用，达到学习者自主学习个性化、高效化、便捷化的目标。

据此，我们建立了由群通用能力模块、专业通用能力模块和专业核心能力模块构成，由岗位模块灵活补位的旅游管理专业课程模块体系（图 4-2）。

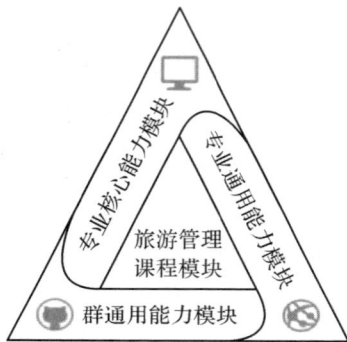

图 4-2　旅游管理课程模块图

对应人才培养方案，具体能力模块所支撑的课程见表 4-1。

表 4-1　旅游管理专业能力与课程对应表

能力模块		模块化进阶性课程安排	教学形式
群通用能力模块		市场营销基础、人力资源管理、旅游概论、食品营养与健康、服务礼仪	团队授课＋双师教学＋真实项目演
专业通用能力模块		旅游学概论、旅游政策与法规、旅游服务礼仪	
专业核心能力模块	模块一：旅游服务与客户关系技能	导游基础知识、旅游服务心理学、旅游公共关系	
	模块二：旅游产品策划与创新模块	旅游线路定制、旅游策划实务、南海海洋旅游资源	
	模块三：旅游电子商务与新媒体模块	旅游电子商务、旅游新媒体营销、旅游市场营销	
	模块四：旅游数据分析与运营管理模块	旅游大数据分析与应用、旅行社经营管理、旅游人力资源管理、旅游目的地管理、旅游经营文案实操	
	模块五：国际旅游与协同创新模块	旅游客源市场、旅游英语、旅游资源学、旅游美学	
岗位模块		研学旅行策划与管理、免税消费与品牌文化、旅行管家服务	

(四)重组模块化教师教学创新团队

教师教学团队作为保证教育教学质量水平的决定性因素,是对课程体系、教学内容和教学方法进行模块化重构的中坚力量。旅游管理专业群在国家教师教学创新团队建设基础上,根据模块化教学模式实施的需要,对教师进行细分和重构,实现专业教师和企业技术骨干角色的有机对接,实现校际协同、校企协同,全面提升教学团队的人才培养能力。

一是"双向聘用",实现教学团队从"单一结构"向"专兼融合"转变。专业群跨界组建校企双元、互聘互用的模块化课程群教学团队,在培育校内课程群负责人的同时,聘请旅游领域有影响力的专家、学者或具有高水平实战经验的企业精英作为专家,共同引领课程群建设,形成由行业专家、校内教师和企业人士组成的专兼融合的教师教学创新团队。

二是"双向培养",实现教师能力提升从"单一通道"向"跨界融合"转变。专业群致力于构建多渠道、多元化的教师能力培养路径,提升专兼职教师的教学能力、实践能力和技术服务能力。一方面鼓励专业教师深入企业一线指导学生实战,培养一批"上得了课堂,下得了企业"的"双师型"教师;另一方面鼓励企业兼职教师走进学校课堂,提高专业教学能力和课程开发能力,共同开展模块化教学模式改革,培养一批"带得了项目,讲得了案例"的兼职教师,真正实现"学业"与"职业"的无缝衔接、"专业"与"产业"的精准匹配、"教师"与"师傅"的协同创新,有效提升教学团队的模块化教学改革能力和人才培养水平。

(五)教学改革与创新

教学改革与创新是推动模块化教学改革不断向前发展的动力源泉。为了实现教学改革的目标,需要采取多种措施:一是探索新的教学模式和教学方法,例如案例教学、项目式教学、翻转课堂等,激发学生的学习兴趣和主动性;二是加强实践教学环节,通过校企合作、校内实训等方式,为学生提供更多的实践机会和实践平台;三是推动课程内容的更新和优化,将最新的知识和技术融入教学中,提高教学的时效性和前瞻性;四是建立教学创新机制和评价机制,鼓励教师进行教学创新和尝试。

（六）以实训基地为依托，构建模块化实践教学体系

充分利用校企共建的实训基地，构建模块化实践教学体系。根据不同专业模块的特点，制定相应的实践教学目标、内容和评价标准。通过实践教学，学生可以将理论知识应用于实践中，加深对知识的理解和掌握。同时，实践教学还可以培养学生的创新精神和实践能力，提高他们的综合素质。通过共建实训基地、技能工作室等方式，加强产学研合作。同时，可以开展订单培养、现代学徒制等人才培养模式改革，提高人才培养的针对性和适应性。通过深度融合的校企合作，可以实现共同发展、互利共赢的目标。在加强校企合作深度融合的过程中，应注重将企业的实际需求融入模块化教学中。企业可以根据自身业务需求和未来发展方向提出对人才的需求标准和培养方向。学校则可以根据企业需求调整教学计划和课程内容设置，确保学生所学知识与企业需求相匹配。同时，企业可以提供实习岗位和项目经验丰富的导师资源，帮助学生更好地理解和掌握模块化教学内容。

四、模块化教学改革的保障措施

模块化教学改革是一项系统工程，海南经贸职业技术学院高度重视模块化教学改革，从制度配备、教师配备、教学场地配备、教务配备四大方面落实建设，并通过教学诊改不断推进模块化教学改革。

（一）教师配备保障

一是注重教师培训与发展。针对模块化教学的理念、教学方法和评估手段，为教师提供系统性的培训。定期组织教师研修、工作坊或学术交流活动，分享模块化教学的经验和策略。鼓励教师参与国内外相关学术会议，以拓宽视野，了解最新的教育动态。

二是注重教师团队建设。通过不断的摸索和创新，海南经贸职业技术学院创新性地构建了"模块统分、德技并修、育训互补、保障先行"的团队建设范式，打造"五阶五维"教师培养模式，组建由不同专业背景和教学经验的

教师组成的模块化教学团队。鼓励教师跨学科合作，共同开发模块化教学内容和资源。建立教师合作机制，如定期的团队会议、合作项目等，促进教师间的交流与协作。

三是注重教师激励与评价。制定奖励政策，激励教师积极参与模块化教学改革，如评选优秀模块、优秀教师等。建立科学的教师评价体系，将模块化教学的实施情况与教师的绩效评价相结合。提供适当的晋升机会和职业发展规划，使教师能够看到在模块化教学改革中的成长空间。

四是注重校企合作。与行业领先的企业合作，为教师提供实地考察、实践锻炼的机会，以增强教师的实践经验。邀请企业专家参与模块化教学，与教师共同研讨行业动态、技术发展对教学的影响。团队邀请海南省旅游教指委成员及中国免税品（集团）有限责任公司、海南亚特兰蒂斯商旅发展有限公司、海南槟榔谷黎苗文化旅游发展有限公司等企业代表，修订了专业人才培养方案，重构了课程体系。通过校企合作项目，促进教师与企业之间的交流与合作，提高教师的实际操作能力。

五是注重教学资源整合。鼓励教师整合校内外教学资源，为模块化教学提供丰富的素材和案例。支持教师开发具有特色的教材、课件和教辅材料，以满足模块化教学的需求。建立教学资源共享平台，促进教师之间的资源共享和合作开发。

（二）教学场地配备保障

一是保证硬件设施，提供足够的教学场地和先进的多媒体教学设备，以满足模块化教学的需求。二是保证软件资源，购买或开发适合模块化教学的软件，包括在线课程平台、教学管理系统等。三是保证实验室建设，根据模块化教学的需要，建设各类专业实验室，为学生提供实践操作的机会。

（三）教务配套服务保障

一是完善课程管理措施。建立完善的课程管理体系，包括课程规划、教材选定、教学进度安排等，以确保模块化教学的顺利实施。二是完善学生支持服务。为学生提供学习辅导、心理咨询等服务，帮助学生适应新的教学模式，解决学习中遇到的问题。三是完善考试与评估体系。建立多元化的评估体系,以检验模块化教学的效果,包括课堂表现、作业完成情况、考试成绩等方面。

(四)教学质量诊改保障

一是落实定期评估,定期对模块化教学的实施情况进行评估,收集学生和教师的反馈,发现问题并及时改进。二是落实质量监控,建立教学质量监控体系,对教学过程进行全程跟踪,确保教学质量达标。三是落实反馈机制,鼓励师生提出对模块化教学的意见和建议,持续优化教学模式。

第二节　旅游管理专业模块化教学改革的"无锡商职"探索与实践

无锡商业职业技术学院旅游管理专业从职业能力分析入手,划分基于岗位需求的不同领域,并根据领域对应核心课程模块内容,通过从岗位需求到岗位技能再到课程内容的分解与对应,形成"多师同堂"的协同模块化教学模式。同时构建课程内部的模块化教学,体系与课程相互融通,推动旅游管理专业高素质技术技能人才的培养。

一、专业人才培养目标

随着大数据、人工智能、数字经济的蓬勃发展,文旅产业转型升级、旅游服务业态不断发展,旅游消费要素的国际化、标准化、信息化水平显著提高。新文旅需求迎来产业发展新路径,对高素质复合型旅游技术技能人才的需求也日益凸显。

旅游管理专业紧密对接产业,立足地方、服务全国,面向旅行社、旅游景区、旅游酒店、研学旅游企业、旅游定制、旅游策划、OTA 运营与管理等,培养具有国际视野、服务意识、创新精神,具有较强的管理能力、分析能力、决策能力和实务操作能力,具有协作意识、敬业精神、创新意识和数字素养,能够从事导游服务、旅游企业运营管理、旅游产品策划、旅游线路设计、研学旅行课程设计、研学旅行产品开发、线上线下销售运营、旅游信息技术应用、大数据分析等岗位群工作的旅游管理专业高素质技术技能人才。

二、模块化教学改革的思路与目标

为满足企业对旅游人才复合化、多元化的要求,旅游管理专业创新团队把基于岗位工作能力体系的结构式模块化教学作为教学改革的重要内容,秉持"理实结合、专思融合、专创耦合"的理念,对接国家旅游管理专业教学标准、旅游类"1+X"证书标准、国家导游员标准、旅游领队标准等,按照"专业通识能力模块筑基、专业基础能力模块赋能、专业核心能力模块增能、专业拓展模块扩能"的思路构建模块化课程体系,形成了适应文旅融合、产业转型升级要求,满足复合型高素质技术技能型人才的培养和"1+X"课证融通的模块化课程体系,实施吻合企业生产周期要求的"淡旺季工学交替"顶岗实习模式。

在此基础上,通过校内外结合、多层次全方位的认知实习、专业实习和顶岗实习,形成一个"分层实践,梯次提升"的实践课程体系。开设第二课堂,坚持素质教育与专业教育相结合。推行"1+X"证书制度,实现专业课程内容与职业标准对接,使学生具备满足岗位群工作任务需要的基础知识和基础技能,提升职业发展能力和就业能力,全面推进学生职业素质和专业技能的培养,实现高层次技术技能人才的培养目标。

三、模块化教学改革的对策与路径

旅游产业作为国民经济增长的新动力、新引擎,在促进经济转型升级、提质增效、满足人民美好生活需要方面,发挥了重要作用。无锡商业职业技术学院旅游管理专业依托长三角地区旅游产业集群优势,以职业教育教师教学创新团队建设为契机,推动课程体系重构,创新模块化教学模式和方法,开展了系统研究与实践。

(一)立足职业岗位,构筑人才培养方案

以市场需求为导向,从职业能力分析入手,以培养高素质技术技能型人才为目标,在对工作岗位、工作任务、工作过程、岗位技能分析的基础上,确

定知识、能力和素质培养目标和要求,创新并实践高职教育教学规律的人才培养模式。围绕人才培养模式,统筹建设校内外实习实训基地、课程体系、教学团队。在人才培养方案设计过程中,强化创新意识、强化参与意识、强化动手能力,实现课程内容与职业标准对接、教学过程与生产过程对接、专业与产业对接、学历证书与职业资格证书对接、职业教育与终身学习对接。

人才培养方案制定的具体做法,坚持以服务为宗旨、以就业为导向,走产学研结合之路。办学理念先进,培养目标和规格定位准确,校企合作、工学结合紧密,课程体系和教学内容满足专业技术领域和职业岗位(群)任职要求,着力提高学生的实践能力、创新能力、就业能力、创业能力,培养产业转型升级和企业技术创新需要的高素质技术技能型人才。

(二)依据职业能力,重构模块化课程体系

按照"产出导向"的人才培养体系进行系统设计与开发,通过专业调研和对工作任务与职业能力的梳理分析,确定本专业课程设置。

课程体系"课证融通"。校企合作开发专业教学标准,在岗位能力、培养目标、课程设置、毕业要求等方面融入岗位资格证书要求和"X"证书培养要求,构建岗位智能模块,开发相应课程模块,开展校企互认的技能等级证书试点,为学生提供多样化的考证选择。

课程结构"专思同频"。为培养学生的职业认同,强化学生的职业担当,引导学生形成热爱岗位、乐于服务、勇于担责的职业精神,全面开展课程思政改革,实现江苏省课程思政示范课 1 门、市级思政典型案例及获奖 3 项、校级课程思政示范课 14 门、校级课程思政团队 2 个、校课程思政教学名师 5 人的成绩。

专业资源"开放共享"。发挥校企协同优势,企业深度参与课程改革和专业教学资源库建设,按照模块化教学要求,依托超星学习平台、智慧职教、中国大学 MOOC 等平台,建成旅游管理优质教学资源库和课程平台的网络教学空间,教师对网络教学空间的使用率 100%。校企共建"十四五"江苏省在线开放课程 2 门,承担国家资源库子库建设项目 3 个,完成国家专业教学标准制(修)订 5 个,国家规划教材 3 部、江苏省高校重点教材 3 部,无锡市精品课程 4 门。

(三)多元协作,优化模块化教学团队

为顺利推进模块化教学改革,组建跨界复合型"双师"团队,校企在人员互兼互聘、师资培育、技术开发、资源建设等方面开展深度合作,以产业学院、教师工作站、技能大师工作室为依托开展校企多元协作;通过"一师一企"计划,鼓励教师深入企业挂职锻炼。

在旅游管理专业模块化教学改革实践中,根据岗位技能模块划分为"讲解服务技能模块""营销策划技能模块""智慧管理模块",依据教师专长,结合在线教学平台和实践教学体系,探索"多师同堂"的协同模块化教学模式(图4-3)。多元协同授课,实现了师资力量的多元互补、教学过程的开放互动和教学效果的整合互益。

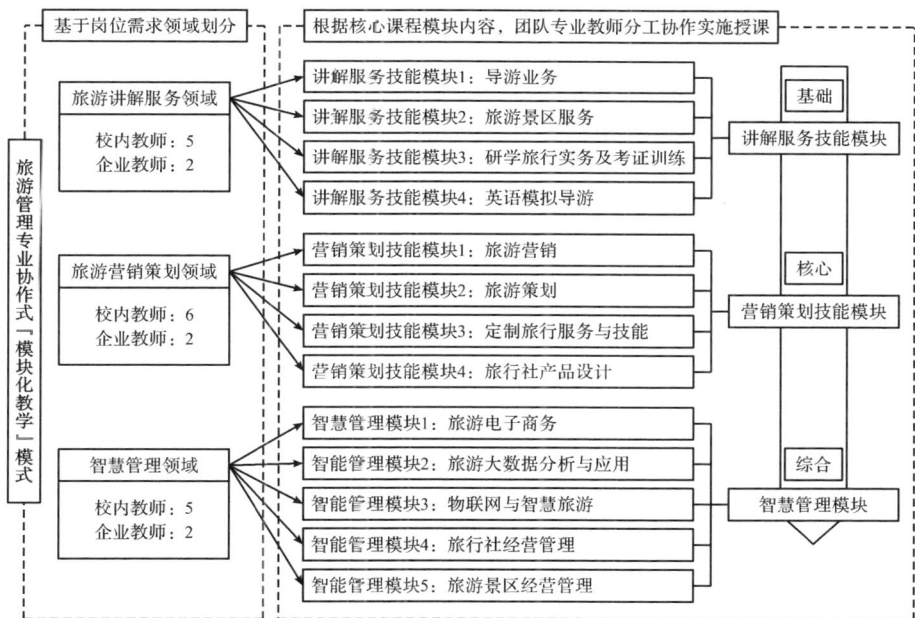

图4-3　无锡商业职业技术学院旅游管理专业协作式"模块化教学"模式

(四)模块化教学模式的创新

多师协作,教学模式创新。以《导游业务》课程为例:首先,分析岗位工作任务和职业能力,进行课程模块化教学整体设计。其次,跨专业、企业遴

选课程师资,校内跨专业聘请思政教师讲授导游人员职责和职业素质;聘请电子商务专业教师讲授新媒体背景下的导游服务;校外聘请企业专家担任导游服务流程和讲解技巧的教学。再次,教学团队集体备课,研讨协作教学中可能出现的问题,找出解决方案。如教师不同授课风格问题,可通过协作备课或集体备课解决;不同模块由不同教师讲授可能出现教学内容前后不衔接,可以通过穿插"角色扮演、活动、案例分析"等接续课程解决;针对不同教师评价标准上的差异,采用统一评价量表进行多主体多元增值评价(图4-4)。

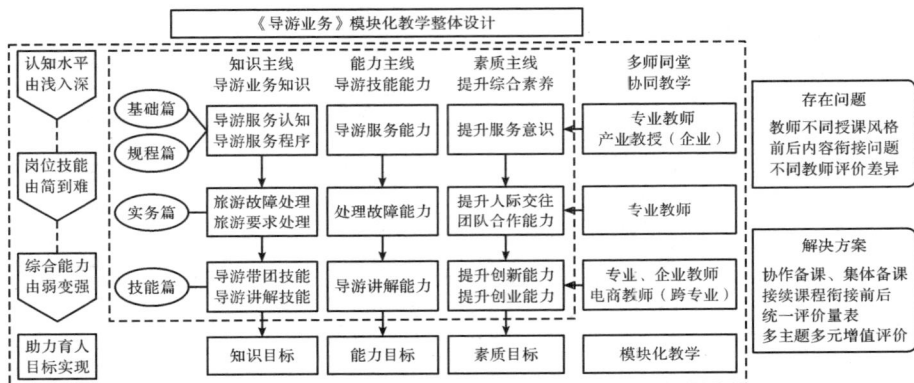

图4-4　《导游业务》课程"协作式授课"整体设计

多元融合,教学方法创新。随着教学环境的改变和对旅游复合型人才的需要,为更好地实现模块化教学和思政育人目标,创新团队积极探索实践多种教学方法,如以旅游工作任务为主导,让学生在完成任务的过程中发现问题、解决问题,并从中获得知识和技能的行动导向教学;引用旅游服务正反案例,让学生在反复思考、讨论和争辩中实现价值认同的案例互动教学;设定职场情景,让学生在角色互换的过程中感受"民间大使"的情境式教学;邀请旅游企业导师现身说法,让学生体会优秀职业人如何坚守职业品格,赢得信任,或通过专业实践让学生去体会和解决职场问题的体验式教学法。

多维融合,教学评价创新。强化过程评价,基于课程平台进行大数据采集分析,全程记录和跟踪教师的教和学生的学全过程,数据量化评价;打造多元多维学习评价体系,由教师、学生、企业导师构成评价主体,构建"岗课赛证"评价指标体系,多主体多维度实施综合评价,促进学生进步和发展,平台系统记录学生学习过程,以学生学习行为数据为基础建立个人成长档案,通过过程性、结果性、探索增值性评价覆盖全过程,充分发挥教师学生、企业导师、行业专家的评价作用,注重学生成长过程和结果,实现学生成长的可视化、多元化、数据化,切实开展综合评价。

四、模块化教学改革的保障措施

(一)专兼结合、跨界复合的教师团队为模块化教学改革提供了师资保障

旅游管理专业稳定骨干成员 20 人,其中专业教师 18 人,企业教师 2 人,中青年骨干教师占 70%,双师教师比例达 100%。团队成员跨界复合,融汇了思想政治教育、管理基础教育的通识类课程教师,新业态、新模式、新应用的专业类教师和旅游行业企业一线的专家,团队学历、职称、年龄结构合理。企业教师占教学团队总人数的 10%,涵盖旅行社、旅游景区和旅游电商企业,囊括金牌导游、旅游策划师、大数据分析专家,将行业高水平的专业技能和先进管理经验融入教学,极大地提升了专业人才培养水平。另外,团队教师中有江苏省“青蓝工程”骨干教师、“江苏省教学名师”,“无锡市最美教师”、无锡市“五一劳动奖”获得者,校“师德标兵”、优秀共产党员、“我心目中的好老师”、“头羊计划”培养对象等优秀典型,有力保障了模块化教学改革的实施。

(二)校内外实训基地为模块化教学实施提供了充足的场地保障

旅游管理专业现有数字文旅与智慧旅游创新实训中心(下设智慧旅游实训室、模拟导游实训室等)、旅游业务实训室、旅游职业素质与美育实训室等校内实训基地;先后与江苏康辉国际旅行社有限公司、无锡春秋国际旅行社有限公司、无锡灵山文化旅游集团有限公司、浙江海都国际旅行社有限公司等旅游机构,5A 级景区,五星级国际酒店合作共建 6 个校内生产性实训基地;从世界 500 强旅游企业、国内龙头旅游企业、知名旅行社、5A 级旅游景区中遴选校外实习基地。教学场地和校内外实训基地共同保障了模块化教学的实施。

(三)科学的教学管理体系为深化模块化教学改革提供了制度保障

建立教学质量提升机制。通过开展新生素质调查、建立毕业生质量跟踪调查机制,健全教学质量检查与教学信息反馈系统以加强对模块化教学质量的监控,提升教学质量。在新生报到时,就把专业教学计划介绍给他们,开展新生素质测评,制定学生职业规划,加强对学生的素质教育,培养创新能力,重视个性发展,实行因材施教。

建立旅游管理与服务专业指导委员会和校企共同育人机制。邀请本地行业专家、企业专家、一线骨干和优秀校友组成专业指导委员会,共同参与人才培养方案的设计、论证、课程设置、教材开发,指导教师、学生的实习(实训)实践,并定期到校开展讲座或兼职上课,形成校企协同育人的合作办学机制,有效确保人才培养方案的科学性,保障人才培养质量的提高。

建立教学质量诊断整改机制。选拔校内具有丰富的教育、教学、管理经验的骨干人员,聘请行业企业、职业教育和质量管理等校外专家,组建学院诊断专家队伍,并在学院成立工作领导小组,配合学校内部质量保证体系诊断与改进工作小组。构建专业建设和教学质量诊断与改进机制,强化和完善专业教学质量监控管理制度,确保系统性和有效性。全面提升课堂教学、教学评价、实习实训、毕业设计等多个环节的质量标准建设,加强专业调研、人才培养方案更新和各类资源建设。通过组织教学实施,严密监控教学过程,科学评价教学质量,并持续改进和优化,确保人才培养规格和质量达到预期目标。

第三节　导游专业模块化教学改革的 "江西旅商"探索与实践

江西旅游商贸职业学院导游专业将模块化教学改革与"岗课赛证"结合起来,让专业课程内容与岗位技能体系共生共长,针对岗位核心能力重组核心课程,并将不同模块的课程与导游专业相应的比赛和证书对接,以赛带训,以赛促教,使教学内容与岗位标准对接,形成知识素养、能力素养、岗位技术相耦合的课程体系。

一、专业人才培养目标

基于新一轮专业简介和专业教学标准,导游专业人才培养目标定位为:培养理想信念坚定,德、智、体、美、劳全面发展,具有一定的科学文化水平、良好的人文素养、职业道德和创新意识、精益求精的工匠精神、较强的就业能力和可持续发展的能力,掌握本专业知识和技术技能,面向商业服务业、休闲观光活动业等文化休闲服务行业的导游员、讲解员、旅行管家、旅行策划师、旅游定制师、研学导师、智慧导览设计师等岗位群,能够从事讲解陪同、咨询服务、旅行服务、策划定制、研学指导等工作的高素质技术技能人才。

二、模块化教学改革的思路与目标

(一)岗位集群情况

导游专业学生工作后大多在服务行业的第一线,主要从事专业性较强的技能工作和服务管理工作,该专业岗位群详见表 4-2。

表 4-2 导游专业岗位群表

就业范围	初始岗位群(毕业 1—2 年内)	发展岗位群(毕业 2 年后)
旅游景区	景区导游	导游部主管/经理
旅行社	导游、计调、领队、研学者导师、旅游定制师	导游部、计调部、领队部、策划部主管/经理

(二)模块化改革理念和重点

依据旅游新业态发展趋势和特征,对接现代文旅产业转型的需求,聚焦旅游产业发展,在人才培养模式、课程体系、教学资源与教学方法、产教融合等方面进行全面深化改革。重点以数字化教学为载体,结合导游专业知识体系内容,按照导游岗位中的景点讲解员、全陪导游、地陪导游、领队四种职业角色,调研其主要工作流程和典型工作环节,并据此对导游专业课程进行模块化设计与重构,打破各科课程单一教学和实训模式,打通课程壁垒,按岗位流程模块化教学,进行"接站－行程讲解－入住酒店－景区讲解－送站"全流程教学与实训,实现单一的实训环节串联、衔接和闭环管理评价,形成导游工作全过程、全方位实训体系,以工作环节来进行模块化教学,促进师资素质技能提升,最大化发挥教师的能力。

三、模块化教学改革的对策与路径

(一)人才需求调研

通过对行业企业调研,从岗位类型变化－人才培养的类型定位、岗位层次变化－人才培养的层次定位、岗位人数变化－人才培养的规模定位三个维度进行分析,导游专业对应景点讲解员、全陪导游员、地陪导游员、领队、计调、旅游定制师、研学旅行指导师 7 个岗位(群),根据其发展趋势,其人才培养的数量目标、培养规格和层次见表 4-3 和表 4-4。

表 4-3　导游人才培养数量目标

工作岗位	职业角色名称	人才培养数量目标
景点讲解员	景点讲解员	10%
旅行社导游	全陪导游员	5%
	地陪导游员	35%
旅行社领队	领队	10%
旅行社计调	计调	5%
	旅游定制师	15%
旅行社研学旅行指导师	研学旅行指导师	20%

表 4-4　导游人才培养规格和层次表

工作岗位	职业角色名称	行动场名称	证书	颁证机构	等级
景点讲解员	景点讲解员	景点讲解服务	无	无	无
旅行社导游	全陪导游员	全陪导游带团	导游员资格证书	文化和旅游部	初级

续表

工作岗位	职业角色名称	行动场名称	证书	颁证机构	等级
旅行社导游	地陪导游员	地陪导游带团	导游员资格证书	文化和旅游部	初级
旅行社领队	领队	出境团队服务	1. 中文导游员资格证书 2. 英语导游员资格证书 3. 大学英语四、六级证书	文化和旅游部 教育部高等教育司	初级
旅行社计调	计调	计调操作	旅行策划职业技能等级证书	中国旅游协会	初级 中级
旅行社计调	旅游定制师	旅游定制服务	定制旅游管家服务职业技能等级证书	携程旅游网络技术（上海）有限公司	初级 中级
旅行社研学旅行指导师	研学旅行指导师	研学旅行指导	1. 研学旅行课程设计与实施职业技能等级证书 2. 研学旅行策划与管理职业技能等级证书	1. 北京中凯国际研学旅行股份有限公司 2. 亲子猫（北京）国际教育科技有限公司	初级 中级

（二）人才培养方案的制定

对接文旅产业发展和旅游消费需求变化，以校企合作人才培养模式为抓手，依托导游专业虚拟仿真实训平台，构建岗技贯通、数字赋能的导游专业课程体系，对知识结构和能力结构进行迭代升级，开展"学历证书＋导游岗位群职业技能等级证书"试点工作，培养"岗技贯通、技能迭代"复合型导游人才。以课程为中心，使岗技融通、技能交互，实现知识结构和专业技能同步升级。根据导游专业就业主要岗位要求，设置人才培养方案，由通识课、基础课、平台课、模块课构成。在模块课程中融入"全国导游资格""研学旅行策划与管理""定制旅游管家"等证书，满足学生就业技能需求。

（三）教学计划的实施与保障

学校、行业、企业共同商定人才培养方案，同时也对教学实施运行情况进行监督和考核。专业老师和企业导师，负责具体方案的实施和日常教学管理，形成产教融合、内外结合、上下联动的教学管理组织；构建产教融合的教师考核制度和导游专业人才质量考核标准。将行业企业的用人标准转化为学校的导游专业人才质量考核标准,制定导游专业教学质量评价标准,引导教学重点从知识培养转变为技能培养,从理论教学转变为实践教学,通过过程考核和结果考核相结合的方式来评价学生的学习质量,激发教师提升教学质量。

（四）课程体系的重组

按照旅游企业岗位需求设计课程体系,深化"岗课赛证"融通,根据以岗建课、以证引课、以赛促课的思路。按景点讲解员、导游、领队、计调、旅游定制师、研学旅行指导师等岗位技能要求设计课程,使教学内容与岗位标准对接,构建知识素养、能力素养、岗位技术相耦合的课程体系(图4-5)。

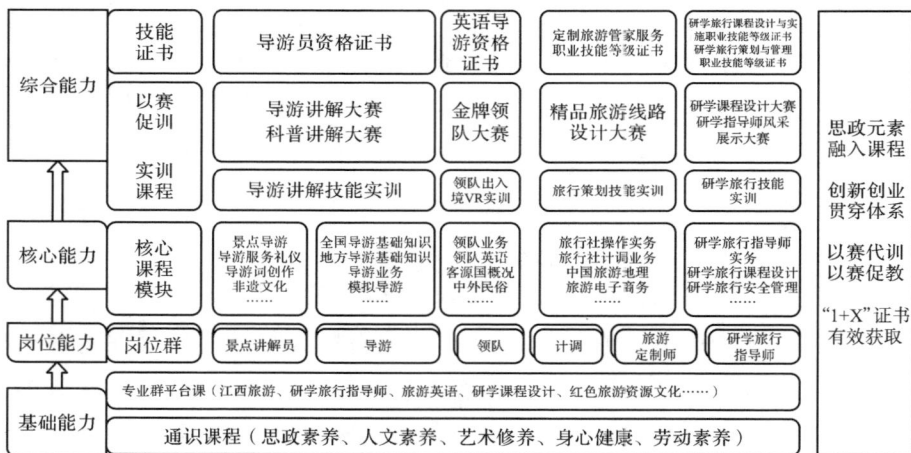

图 4-5 "岗技贯通、技能迭代"复合型导游人才培养课程体系(重组后)

（五）师资队伍的建设

导游专业以导游业务、模拟导游等课程的教师为主体,构成专业核心课程教学组,重点开发导游专业虚拟仿真实训教学平台和数字化教学资源。以旅游管理、研学、教育、心理、艺术、文学等学科为骨干,重点开发旅游定制师和研学旅行指导师等新业态课程。师资团队进行课程标准制定、实训技能考核、教学模式改革等方面的实践。不断提升师资团队教学创新能力。

(六)教学改革与创新

以导游专业虚拟仿真实训平台为重点,推进导游专业实现数字化教学改革与创新。以"聚焦岗位,育训并举"为引领,紧密对接岗位需求,通过数字赋能,开发覆盖教学内容全体系的虚拟仿真实训资源,创新高职导游专业"VR赋能,岗技贯通"实训教学模式。

一是开发虚拟仿真实训资源,创设导游岗位工作全场景。开展"模块化、递进式"《导游业务》课程内容。运用VR技术搭建300多个虚拟景点让学生身临其境进行景点导游讲解实训,搭建地陪导游、全陪导游、出境领队3个职业角色、10个模块、87个技能点的VR实训场景,让学生突破时空界限进行反复练习。运用VR创设导游带团突发应急高风险工作场景,让学生进行导游带团途中旅游大巴车遭遇车祸,入住酒店突发地震、火灾、溺水等应急处理实训。

二是创立多人协同实训模式,实现多人全岗位同步实训。运用"学习场"教学理论和典型工作任务法,调研导游岗位技能需求,创立多人全岗位同步实训的《导游业务》课程教学模式。首先是学生以分组形式,在VR实训平台选取角色同时同步进行导游带团单个技能点或工作全流程的实训,实现实训环节串联、衔接和闭环管理,通过一课多师的教学组织形式让教师在后台实时同步了解所有学生的实训进度和实操情况,并及时记录学生实训难点,进一步调整教学策略。其次是学生在VR实训平台中可担任景点导游、地陪导游、全陪导游、出境领队、游客等任意角色,同步开展全流程多项目(接站—沿途讲解—入驻酒店—景区讲解—送站)的带团实训,或者是单个职业角色(领队)的全流程(行前说明会—海关申报—办理乘机—行李托运—通过卫生检疫边防和安全检查—领取托运行李—接受海关检查)带团实训,解决了实训教学中"单项目"问题。

三是运用导游虚拟实训平台,采集实训教学全过程数据。运用自主研发导游虚拟仿真实训平台,推进"教学做练一体、德能情智并进"实训教学创新,采集学生课前—课中—课后全过程数据。学生实训评价体系由课前、课中、课后三段组成,利用实训平台科学关注学生每一个阶段学习情况。重点针对每一个学生实训进行实时评分,并按照岗位技能重要程度对每一个技能点进行科学赋值,如流程性技能点采用智能评分,服务性技能点采用教师评分。通过采集的数据为每一个学生生成单次实训报告和阶段性实训报告。记录学生学习成长的实训报告书有利于师生进一步掌握学生学习成长规律。

四、模块化教学改革的保障措施

一是师资力量的保障。导游专业现有导游专任教师 21 名,其中教授 3 名、副教授 6 名、讲师 5 名、企业兼职教师 5 名、助教 2 名,双师型教师约占 90％;另有高级导游 5 人,中级导游 10 人。团队教师长期活跃在旅游生产建设第一线,参与旅游企业经营及旅游项目规划、评审,承担企业员工培训、咨询、旅游项目策划,担任职业技能大赛评委、职业资格考试评委等,服务社会的能力不断加强,构建了校企对接、专兼结合的优秀教学团队,培养出江西省高层次技术技能型人才 1 人、江西省旅游教学名师 1 人、江西省旅游教学杰出青年教师 1 人、校级专业带头人 2 名、骨干教师 5 名和教学能手 6 名。

二是教学场地的配备。在校内设立实践教学基地以满足专业基础课、专业核心课程和职业拓展课的部分教学需要。

三是教务配套服务及教学质量诊改。教学工作在学校主管校长领导下,实行学校－学院－教研室－教师四级管理。教务处代表学校负责全校教学的宏观管理,制定教学管理规章制度,组织教学检查与评估,协调教学中的重要问题,组织教学经验交流。学院服务贯彻执行学校教学工作的有关规定和部署,结合本学院导游专业培养目标和特点,制定本学院教学管理细则,编制导游专业"教学大纲""教学计划"。落实教学任务,具体组织并开展教学检查和督导,保证教学质量。教研室组织和落实教学任务,保证课程教学质量。

在教学质量诊改方面,建立导游专业人才培养质量保障机制,健全导游专业教学质量监控管理制度;完善教学管理机制,强化日常教学组织运行与管理;建立学生跟踪反馈机制及教学评价机制;专业教研组织充分利用评价分析结果有效改进专业教学,持续提高人才培养质量。

第四节　定制旅行管理与服务专业模块化教学改革的"郑州旅院"探索与实践

郑州旅游职业学院定制旅行管理与服务专业根据职业技能要求和实际工作项目流程的知识能力结构关系形成模块重构课程内容。将工作领域技能转换为学习领域技能，组成若干个相互链接、技能相互交叉融合的模块，构建以培养职业能力为核心，以职业岗位为导向、职业活动为中心的融合一体的课程模块。

一、专业人才培养目标

定制旅行管理与服务专业培养能够践行社会主义核心价值观，德、智、体、美、劳全面发展，具有一定的科学文化水平、良好的人文素养、职业道德和创新意识、精益求精的工匠精神、较强的就业创业能力和可持续发展的能力，掌握本专业知识和技术技能，面向娱乐业、商务服务业、互联网和相关服务行业的销售人员、商务咨询服务人员、专业化设计服务人员、旅游及公共游览场所服务人员等职业群，能够从事旅行定制、行中管家、客户服务与管理、旅行业务运营等工作的高素质技术技能人才。

二、模块化教学改革的思路与目标

定制旅行管理与服务专业应对文旅企业数字化升级，以岗位导向为逻辑起点，以培养满足职业发展和企业需求的数字技术及跨职业胜任力为目标，围绕学生的全面发展，按照"专业中融入通识素养，通识中渗入专业元素"的思路，以"设计融合、内容融合、结构融合"为核心，进行模块化教学改革，创新通专融合模式课程体系。首先，在文旅产业高质量发展需求下，对定制旅行管理与服务专业面向的旅游定制师、定制旅行管家、客户服务、运营四大岗位群进行典型工作任务分析，基于流程重组整合行动领域转化为学习领域,融合相关职业资格及职业技能证书,基于"底层共享、中层共融、上层互选",对专业课程体系进行模块化转化,将课程分为平台课、岗位模块课和行业应用实践课三大模块。从设计上实现公共课和专业课教师共同研发课程,从内容上实现通专课程元素双向渗融、可量化可考核,从结构上形成三模块互通互融的通专融合课程框架。据此,郑州旅游职业学院也形成了旅行管理与服务专业模块化教学改革的思路图(图4-6)。

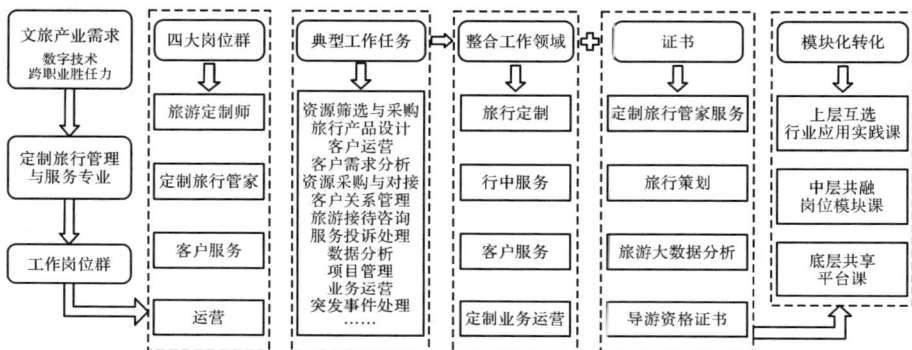

图4-6 郑州旅游职业学院定制旅行管理与服务专业模块化教学改革思路图

三、模块化教学改革的对策与路径

(一)对接文旅产业升级,构建多角度融合型人才培养模式

数字经济时代,智慧文旅发展,文旅产业的内涵和外延在不断地变化,产业之间的延伸与交叉、岗位间的融合与跨越、工种界限的打破、职业岗位对技术技能型人才需求日益呈现出复合型、跨领域、覆盖全产业链的特征。为应对新变化,在"需求驱动、人文引领、学科交叉、五融协同"的核心理念的引导下,定制旅行管理与服务专业聚焦技术驱动下文旅行业数智化转型,对接人才标准体系在新技术、新文旅、新变革下的新需求,建设新的人才培养评估体系,以跨界融合、数实融合、产教融合、科教融合、创教融合为手段,实现定制旅行管理与服务专业教学数智化的迭代升级,构建出多角度融合型人才培养模式,形成新的人才培养体系(图4-7)。然后,通过"价值共设、目标牵引、场景联动、阶段推进"的实施路径,优化专业内涵,实现价值引领与

专业教育相融合、数字技术和文旅文化创意相融合、人才培养与行业需求融合，打通产业链、教育链、人才链和创新链，以满足文旅人才培养供给侧与产业需求侧，支撑区域经济发展和产业转型升级。

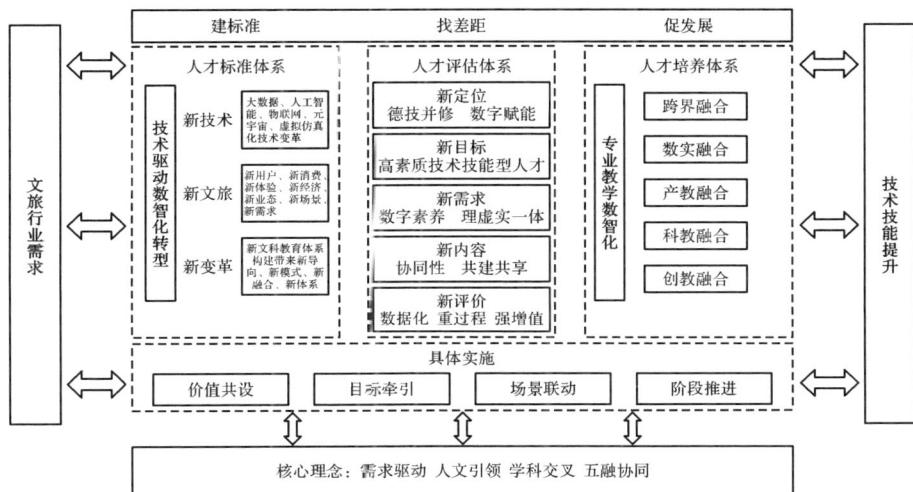

图 4-7   郑州旅游职业学院定制旅行管理与服务专业人才培养体系全景图

(二)创新教学实施机制,创设可持续改进人才培养新路径

立足学生全面发展,基于文旅企业数字化转型下对人才需求的变化,依据定制旅行管理与服务专业教学标准,结合定制旅行各岗位群职业能力认证标准及相关职业标准,确定定制旅行管理专业人才培养目标和职业核心能力要求为:实现人的全面发展、人才培养的连通性及跨界融合。基于专业培养新要求,深入专业实践,构建基于数字化转型下的通专融合模块化课程体系,围绕实践能力培养、课程建设、场景化教学改革、师资队伍建设等转型实践进行情景化分析与理论性反思,坚持可持续改进。通过多角度、深度融合的运行、管理及质量监控机制的创新,实现毕业要求对接专业认证标准,培养路径体现对专业培养目标的支撑,从而培养出具备数字素养的高素质技术技能型人才,为经济社会发展提供有力支持(图 4-8)。

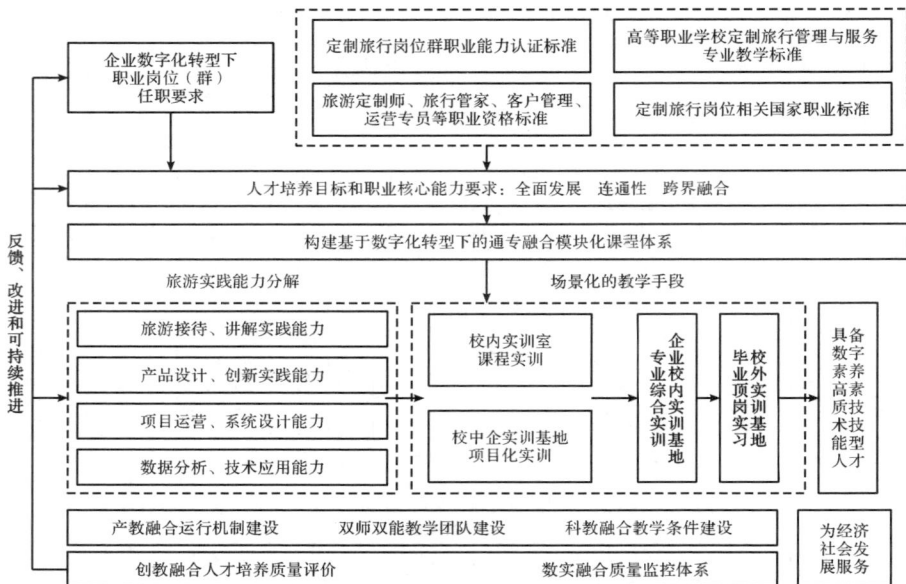

图 4-8 郑州旅游职业学院定制旅行管理与服务专业人才培养实施图

(三)深挖定制旅行新业态,重构通专融合模块化教学体系

在文旅产业高质量发展背景下,深挖定制旅行行业新业态内涵,以挖掘需求、创新需求、释放需求与优化需求为导向,根据职业技能要求和实际工作项目流程的知识能力结构关系形成模块重构课程内容。重构后的课程体系(图 4-9)依托岗课赛证一体化综合育人需求,打破以学科知识体系为中心的按照公共基础课、专业基础课、专业课、拓展课等课程类别的传统段式衔接课程体系,以定制旅行业务工作流程为主线,遵循学生认知规律,构建出以专业技术培养为主的平台课、以岗位核心能力培养为主的岗位模块课、以持续发展能力培养为主的行业应用课,三大课程模块分层递进。

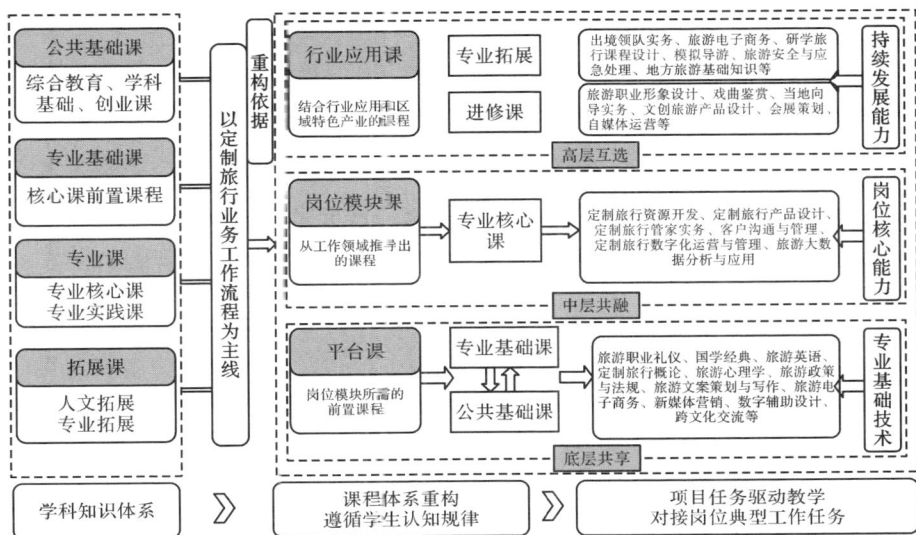

图 4-9 郑州旅游职业学院定制旅行管理与服务专业课程体系重构图

具体来说:专业对接文旅产业需求,根据定制旅行四大工作岗位群工作内容,梳理出典型工作任务,以岗位任务和工作过程为逻辑对碎片化知识进行重组,整合工作领域,分析出职业岗位群的核心能力,将工作领域技能转换为学习领域技能,推导出专业核心课,组成若干个相互链接、技能相互交叉融合的模块课程,形成区别于其他专业的特色和核心岗位能力,作为岗位模块课。以专业核心课为核心,归并支撑通识能力的公共基础课和专业基础课为通识平台课,创造性地推动公共课与专业课的设计融合,打破公共、专业课程独立开发的设计传统,公共基础课和专业课教师共同参与课程建设,从顶层设计上基于岗位能力同步开发专业课程和通识课程,实现课程模块基于岗位又回归岗位的落地支撑,成为岗位模块课程所需要的前置课程。最上层即是行业应用实践课程,是结合行业应用和区域特色产业的课程,主要包括专业拓展课、选修课和实习实训课程,这个模块课程是在掌握专业知识和核心技能之后,根据专业岗位群的拓展通用能力培养要求,进一步拓展、深化专业领域的横向发展课程、能力递增的纵向深化课程和个性化发展的特色课程,以提升学生适应多岗的职业能力,为学生的可持续发展奠定基础。重构后的课程体系从顶层设计上实现课程共同开发:从内容融合上,在专业课中植入职业素养等通识素养、通识课中渗入专业元素,通专双向渗透融合;从结构融合上,整合通识基础课和专业基础课为平台课程,整合通识拓展模块、专业方向模块为行业应用实践课,再与核心岗位模块课程整合为"三模块"课程,形成底层共享、中层共融、高层互选的通专融合课程体系。该课程体系打破了通识课程、专业课程割裂开发的实施传统,不仅关注职业岗位群所具备的知识、技术技能,更注重将技能所蕴含的学习能力、态度、素质融入教学之中,落实五育并举、德技双修、三全育人,培养学生的可持续发展能力。

(四)应对教育数字化转型,校企协同共建双师双能师资队伍

以"德高技精"为标准,跨专业、跨学院、跨企业组建教学团队,结构合理、团结协作、勇于创新,构建"文旅＋"双师双能教学团队。教师团队既具有较高的定制旅行管理与服务专业学术素养和实践能力,也具有人工智能、大数据、数字化等跨专业素养,校企协同提升教师的"三力",即文化传承与价值引领能力、跨学科教学研究能力、教学实践与创新能力。将课程思政教学能力提升、数字素养、师德师风建设融入教师的入职培训、在职培养和管理全过程,建立教师能力素养可持续发展制度。通过教师成长中心,实施产业前沿周论坛等一系列计划、制度、方式,使老师能接触和掌握学科前沿知识、贴近国家发展战略和文旅行业重大需求,实现教师知识创新能力与教育教学创新能力的快速提升,为培养学生创新能力提供支撑。另外,进一步完善产教融合机制,"产学研"融合教学,创建教学共同体,建立虚拟教研室,协同育人,推进模块化课程的教学组织与实施。

(五)改革实践教学环节,建立基于 CDIO 的层次化实践教学体系

专注学生创新思维、劳动精神、工匠精神及工程思维的培养,将"1＋X"职业技能等级证书相关内容有机地融入全专业领域,依据 CDIO[CDIO 代表 Conceive(构思)、Design(设计)、Implement(实施)、Operate(运作)]工程教育模式能力培养标准,根据工作过程的核心职业能力,对接岗位群技术技能要求,精准培养其核心岗位能力,实现岗位群技术技能的拓展和可迁移能力的发展。实践教学突破先理论后实践的段式结构,建立理论与实践相结合、边理论边实践的有机融合的教学模式,同时关注学生的个性发展,建立层次化实践教学体系。教学中以项目任务完成的工作流程为逻辑主线,以小组

为单位,构建学生学习共同体,利用数字技术营造多样教学场景,以学生为中心,创新教学方法,积极探索翻转课堂、混合式教学、情景场景教学等新的教学形式和方法,培养学生的自主学习能力和终身学习能力,提高系统设计与问题分析能力、沟通表达能力、团队协作能力等,促进批判性思维和创新思维的形成。

(六)聚焦专业数字化升级,构筑数字化智慧教学生态系统

以教育数字化为抓手,运用慕课平台、教学平台、校企合作平台等推进信息技术服务混合式教学。实现新知预学、任务发布、线上测试、成果展示、即时评价等教学环节全过程数字化呈现,通过数据动态生成学生增值表现,共享平台资源库,助力学生课前预习、课后巩固;运用教学平台进行场景互动、答题测试和小组讨论等活动,提升课堂互动效率;依托校企合作平台,丰富旅游大数据、项目案例等数字化教学资源。构筑"设施支撑＋资源服务＋空间应用"三位一体的智慧教学生态系统,解决了学生实际操作难、创新能力弱、项目任务无法连续实施与反馈的问题。线上课程资源打破了时空的限制,让学生实现随时随地随想随学,泛在教与学。

四、模块化教学改革的保障措施

(一)转变教学理念,提高基于协同育人的教师教学综合能力

模块化教学对教师的基本素养和专业技能要求较高。更新并完善定制旅行管理与服务专业建设模块化的教学理念和执行体系,不断提升教师模块化教学的综合能力,提高自身的实践水平。首先,转变教师教学理念,以学生为中心,引导学生乐学、善学、会学,以定制旅行工作岗位要求为导向,帮助学生快速进入职业角色,真正实现在做中学。其次,提升教师的综合能力,从理论教学能力、专业实践能力、科研能力、数字素养、课程思政能力五个方面全面提升教学能力,通过创新团队建设、内培外引结合、情感素质加强、赛教融合机制、"双师双能型"教师队伍建设,鼓励专业教师到企业深度锻炼,提高定制旅行实战能力,同时柔性引进具有较高水平的业界精英进课堂。再次,搭建合作平台,畅通校企协同合作机制,建立良好的协同育人体

系,提供专业培训和教学辅导,组织教师交流、互动与合作,形成良好的育人氛围和工作环境,促进校企深度合作和交流。最后,注重评价反馈,建立有效的评价体系和反馈机制,对教师的育人过程进行实时监测和评估,及时给予育人咨询、指导和反馈,促进教师不断提高育人能力,更好地为学生服务。

(二)深化产教融合,优化模块化教学实施的内外部生态环境

模块化教学体系中实践环节的开展、项目制学习等特色教学手段的实施、教师实践能力的提高等都离不开学校内外环境的支持。通过专业深化产教融合,优化内外部资源,以协调与平衡课程体系、课程群的良性发展。首先,通过建立共享共用、优胜劣汰的机制,整合优化课程群生态资源。一是加强教学资源共建共享,建立模块化课程的资源共享平台,在课程设置、课程内容选取、课程标准制定、教材编写等方面邀请企业专家全程参与,形成优势互补、彼此关联、多维互动、开放共享的有机生态圈。二是完善考核评价体系,除教学考核外,注重对课程建设成果及对共同体的贡献等方面进行考核,及时动态调整各项资源。其次,深化校企行产教深度融合,及时对接产业链、对接新需求,充分利用行业企业的技术、设施、人力等资源,建立校企科技创新平台,使之成为模块化课程实施的重要载体:科教融合使课程建设和教学实施及时融入了新技术、新要求,行业企业外部系列资源支持提高了课程建设的适切性。

(三)创新绩效学分制,建立岗位群课程体系扁平化治理结构

为了确保模块化教学的总体质量,定制旅行管理与服务专业建立了岗位群扁平化管理体制。打破传统学校－学院－系－教研室四级管理架构,建立"学校＋教学团队"扁平化的管理模式,减少层级管理,由团队负责人进行教学管理、技术研发、社会培训、资源调配等,充分激发基层教学组织的积极性。

首先,创新绩效学分制,建立学生学习管理保障制度。设置方向可选、特色课程可选、进度可选、增量学习的课程实施机制。基于通识平台课,夯实各岗位群基本素养;构建特色鲜明的通专选修课模块,辅以选课制度,实现课程可选;实施弹性学制、绩效学分制,学习成效可换可积,实现学程可选;构建学生学校共同体,以赛教融合为契机,通过行业实践应用模块,小组

合作实现增量学习，实现个性培养。

其次，完善教学质量保障制度。一方面，建立校企合作多边参与的全过程合作机制，校企行共商人才培养方案及课程标准，校企共研模块化教学内容，校企行共建课程资源及课程实施环境，实现定制旅行行业、企业新技术与专业课程标准、推进"学训结合、岗课赛证融通"，课程内容融合衔接，培养学生多岗位能力的迁移能力。另一方面，健全模块化课程教学运行机制，完善教学流程，以及教学评价、证书获取、学分转换等制度，营造良好的教学环境。

最后，多主体协同共建考核评价机制。教学评价动态化，强过程，探增值，完善多维综合评价。"校企＋平台＋社会"依据价值导向评价基础知识教学情况、通过过程导向检验专业能力培养情况、通过增值评价关注学生全面发展、通过结果导向实现创新能力提升，建立督导听评课反馈、企业实习实践评价、平台数据监测、社会用人评价等全过程反馈机制，并根据评价结果反馈优化、持续改进，全面提升人才培养质量。

第五节　研学旅行管理与服务专业模块化教学改革的"山东理工"探索与实践

山东理工职业学院研学旅行管理与服务专业模块化教学改革从职业岗位抽离典型工作任务，再由典型工作任务梳理核心职业能力，通过统筹规划基础模块、结构化设置岗位模块、系统化构建拓展模块、针对性开发实践模块，合理设计课程体系，重构符合高职教育教学规律和学生认知发展规律的模块化课程体系。

一、专业人才培养目标

研学旅行管理与服务专业作为面向"旅游＋教育"文旅产业新业态发展设置的专业，培养能够践行社会主义核心价值观，德、智、体、美、劳全面发展，具有一定的科学文化水平、良好的人文素养、科学素养、职业道德和创新意识、精益求精的工匠精神、较强的就业创业能力和可持续发展的能力,掌握本专业知识和技术技能,具备职业综合素质和行动能力,面向技能教育、旅行社、研学基地营地及相关服务等行业的研学旅行指导师、讲解员、导游、安全员、研学旅行基地运营与管理等职业群,能够从事研学旅行课程开发、研学项目实施、研学线路策划设计、研学基地运营与管理等工作的高素质技术技能人才。

二、模块化教学改革的思路与目标

在深入开展研学企业岗位调研的基础上,围绕研学旅行指导师、导游、研学旅行基地运营、研学旅行课程设计、研学营销等岗位(群)的职业能力要求,顶层设计、课程解构、序化调整,基于职业工作过程重构专业模块化课程体系,把研学企业新技术、新工艺、新规范和优质课程等资源纳入专业课程教学,贯彻课程思政融入、岗课赛证融通、专创融合的设计理念,序化和调整知识点与技能点,整合模块化课程体系。通过统筹规划基础模块、结构化设置岗位模块、系统化构建拓展模块、针对性开发实践模块,合理设计课程教学内容、编制教学(学习)任务清单,优化课程资源配置、引导学生主动参与学习,构建多元化评价体系,全面客观评估学生的学生成果,促进学生个性发展,通过评价反馈及时调整教学策略和模块设计。同时组织和优化模块化专兼职教师团队,对教师进行模块化教学培训和指导,提高教师的教学能力和专业素养。通过线上虚拟教研室和线下教师集体备课、协同教研,分工协作进行模块化教学,不断提升教学质量效果和人才培养质量水平。

三、模块化教学改革的对策与路径

(一)人才需求调研与人才培养方案制定

深入国内知名研学旅行基地营地、旅行社、景区、各类博物馆和相关研学企业走访调研,了解当前研学旅游行业对人才的需求状况,对研学旅行管理与服务专业面向的岗位(群)进行调研,确定研学导师、研学基地运营管理人员、研学课程设计师、研学安全管理人员等岗位为目标岗位,进一步分析现有岗位对新知识、新技术、新工艺和新方法的应用及要求,同时考虑学生毕业时的就业岗位及未来发展、晋升的职业群能力要求,确定专业培养目标规格定位,校企共同制定研学旅行管理与服务专业课程体系、人才培养方案和人才培养模式,制定人才培养质量和评价标准,为开展教学诊断与整改提供依据。

针对各地研学旅游发展和研学基地资源优势,研学旅行管理与服务专业人才培养方案可根据地方研学资源特色确定人才培养特色。如人才培养方案中突出儒家文化研学、非遗研学、海洋文化、红色研学、博物馆研学等地方性特色研学专题课程,让学生走向企业岗位前就能熟练掌握不少于两种类型的研学课程开发和实施能力。

(二)课程体系的重组

依据研学旅行管理与服务专业标准和职业技能标准,根据研学旅行行业相关岗位群工作任务与职业能力分析结果,结合高职教育教学规律和学生认知发展规律,进行模块化课程体系重构。

研学旅行管理与服务专业课程体系主要由公共课程平台、专业课程平台、专业核心课程模块、专业拓展模块组成。在模块化课程体系的设计过程中,首先明确研学旅行管理与服务所需要具备的核心能力。这些能力包括研学旅行的策划与组织、研学基地运营与管理、安全保障与应急处理等。针对这些核心能力,我们可以将其划分为不同的模块,每个模块对应一种或多种能力。

公共课程平台根据国家要求由学校统一开设的课程,主要包括思想政治理论课、体育、军事、心理健康教育、创新创业教育、职业发展与就业指导、信息技术与人工智能、大学英语、高等数学等通识课程。可根据地方文化特色和素质教育要求将中华优秀传统文化、地域文化、劳动教育融入公共课程平台。

专业课程平台主要包括专业基础课程。例如教育学基础、心理学基础、研学旅行概论、中国旅游地理、服务礼仪、导游基础知识、旅游政策与法规、中小学德育及综合实践活动等领域的课程。

专业技能模块根据核心能力主要分为研学旅行接待与组织、研学旅行课程开发与实施、研学基地运营与管理三个专业核心课程模块和研学安全管理、新媒体营销、地方特色研学文化专题三个专业拓展模块,满足学生个性发展需要及职业晋升需要。围绕三个核心课程模块构建的课程体系框架如图 4-10 所示。

实践教学模块主要是根据学生的职业成长规律,结合课程教学,构建由认知实习、模拟或仿真实训、校内生产性实训、产学结合实习、岗位实习等组成的"工学交替、能力递进"的实践教学体系。

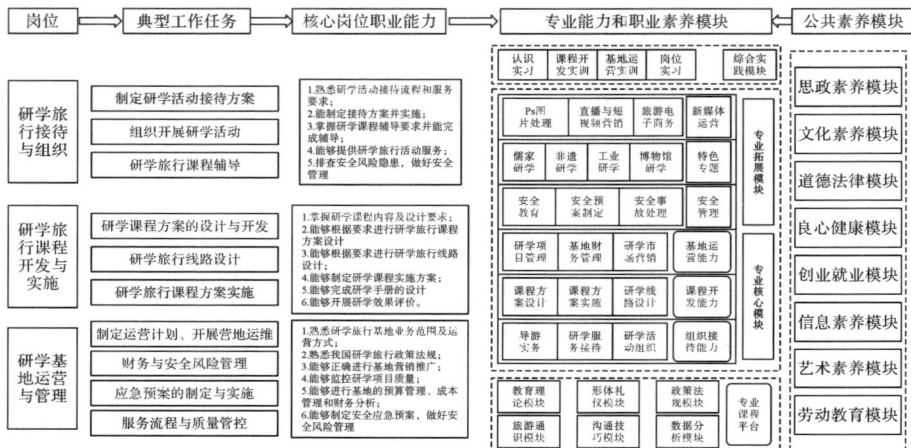

图 4-10　山东理工职业学院研学旅行管理与服务专业模块化课程体系框架

(三)师资队伍建设

模块化教学改革对教师的专业素养和教学能力提出了更高的要求。通过整合校内外优质人才资源,选聘研学企业高级技术人员担任产业导师,组建校企合作、专兼结合的教师团队,建立定期专业教研机制,建成学历、职称、年龄结构更加合理的专兼结合的双师型教学团队。学生人数与本专业专任教师人数比例不高于 25∶1,双师素质教师占专业教师比一般不低于 60%。

开展专业带头人培养选拔,实施双带头人制度。要求校内专业带头人能够较好地把握国内外泛研学行业、专业发展,能广泛联系行业企业,了解行业企业对本专业人才的需求实际,主持专业建设、开展教育教学改革、教科研工作和社会服务的能力强,在本专业改革发展中起引领作用。聘请具有行业影响力和"工匠精神"的企业专家为校外专业带头人。

加强教师模块化教学协同能力建设。开展产学研合作,提高实践教育教学能力,促进教师改革教学内容、教学模式、教学手段、教学方法、评价模式。鼓励教师分工协作进行模块化教学,参与实施信息化课堂教学改革,深化项目教学、案例教学、任务驱动等教学方法,重点开展混合式课堂教学改革。

加强兼职教师团队建设。将中小学及教育培训机构、研学旅行企业、研学旅行基地营地等相关企业的非遗大师、研学金牌讲师、高层管理人员和行业专家纳入兼职教师队伍。引进人员一般需要具有扎实的专业知识、丰富的研学课程开发和带团工作经验,同时具有中级以上相关专业职称或专业技术的能手,形成稳定的兼职教师资源库,全面参与专业建设、课程开发、实习实训教学和学生职业生涯发展规划指导。

(四)教学改革与创新

根据模块化课程体系和教学内容,结合不同教学模块所对应的岗位,采用不同的教学方法,以实现培养适应各岗位需求人才的目标。专业平台课程内容以基础理论为主,理论性较强,在教学中可采用微课、模块等开放式的教学形式,运用线上线下相结合的翻转课堂、合作式、讨论式等教学方法。专业技能课程主要培养学生的专业技术技能,课程内容以专业技能点及专业实践为主,以项目引领、任务驱动、情境教学、案例教学方法为主,同时可利用实训设备或虚拟仿真设备开展实践训练,围绕课程小模块开展进阶式的学习。利用校内生产性实训基地条件优势,把校内景区或者非遗、科普接待活动设计成教学项目,在老师的指导下,让学生参与研学产品宣传推广、研学课程设计与接待活动实施,落实校企合作、产学结合、工学交替的人才培养模式。

(五)实习实践基地建设

一是校内实训基地建设。研学旅行管理与服务专业实训场所对接真实职业场景或工作情境,能够满足实验、实训教学的场所面积、安全、环境、功能等实训设施方面的要求。校内实训场所能够满足开展研学课程设计、研学旅行基地模拟运营、研学旅行者导师模拟授课、新媒体运营等实训活动的要求,实训管理及实施规章制度齐全。同时应考虑运用大数据、云计算、人工智能、虚拟仿真等前沿信息技术,重视智慧化、数字化研学实训室和校内生产性实习实训基地内涵建设,满足职业岗位能力培养要求,为实践教学、技能培训与鉴定、技术服务提供良好的条件保障。

二是校外实训实习基地建设。根据本专业人才培养的需要和未来就业需求，与国内的研学旅行基地或景区、研学教育机构、博物场馆、中小学生综合实践基地、旅行社等企业或机构合作，要求校外实习基地提供研学旅行课程设计、研学旅行计调、导游员、研学旅行指导师、研学旅行基地运营等与专业对口的相关实习岗位，涵盖当前研学产业发展的主流技术，可接纳一定规模的学生实习。学校和实习单位双方共同制订实习计划，实习单位安排有经验的技术或管理人员担任实习指导教师对学生进行实习指导和管理，开展专业教学和职业技能训练，保证实习学生日常工作、学习、生活的有序进行，有安全、保险保障，依法依规保障学生的基本权益。实习单位符合《职业学校学生实习管理规定》《职业学校校企合作促进办法》等对实习单位的有关要求，经学校团队实地考察后，确定合法经营、管理规范，实习条件完备且符合产业发展实际、符合安全生产法律法规要求，方可与学校建立稳定合作关系的单位成为实习基地，并签署学校、学生、实习单位三方协议。

为提升人才培养质量，构建研学旅行人才培养的产教融合、校企合作育人体制机制，与国内研学旅行企业签署校企战略合作协议或者订单人才培养协议，邀请合作企业从制度、人员、岗位等全方位参与或支持专业人才培养工作，校企共同开发课程和实践实训项目，邀请高层管理人员和高技能人才参与人才培养方案制定、专业教学任务和实践指导。通过各种形式的实习实训和顶岗实习，巩固学生的专业知识，锻造学生的专业技能，使学生成为技术技能型人才。

四、模块化教学改革的保障措施

(一)师资力量保障

定期组织教师参加模块化教学相关的培训，提高教师的理论水平和实践能力。完善校企联合培养专业教师和教师实践锻炼机制。在企业设立教师工作室，在校内设立技能大师工作室和教师发展中心，鼓励教师按照定企业、定岗位、定任务的"三定"原则到行业企业一线实践锻炼，教师每5年累计的企业实践经历应不少于6个月。

加强兼职教师团队建设，对其进行高职教育理论和教学方法培训。健全兼职教师管理机制,建立兼职教师个人信息档案,实行动态管理,定期考核更新,建成一个不断优化的兼职教师资源库。

(二)教学配套服务

一是教学资源整合与共享。为教师教学提供丰富的教学资源,包括教材、课件、教案等,建立专业教学资源库,方便教师查找和使用资源。鼓励教师进行课程教学资源开发,促进资源共享,为模块化教学提供资源保障。

二是教学质量监控与诊改。质量诊改是模块化教学改革的重要保障措施之一。学校应建立健全质量监控体系,定期对模块化教学进行质量评估。通过听课、评教、学生反馈等方式,全面了解模块化教学的实施情况,及时发现问题并采取改进措施,持续优化模块化教学方案和实施过程;鼓励教师进行教学反思,不断提升教学质量。

第六节　酒店管理与数字化运营专业模块化教学改革的"青酒管"探索与实践

青岛酒店管理职业技术学院酒店管理与数字化运营专业模块化教学改革以岗位面向为出发点,推进"岗课赛证"融通的模块化教学改革,以"1＋X"制度为立足点,以职业技能竞赛为导向,从职业面向确定岗位群,梳理职业核心能力要素,确定专业人才培养规格和目标,重构专业课程体系,明确课程模块标准,设置相应课程模块内容。

一、专业人才培养目标

酒店管理与数字化运营专业培养能够践行社会主义核心价值观,德、智、体、美、劳全面发展,具有一定的科学文化水平、良好的人文素养、科学素养、职业道德和创新意识、精益求精的工匠精神、较强的就业创业能力和可持续发展的能力,掌握本专业知识和技术技能,具备数字化思维和技术应用能力,面向住宿业、餐饮业的服务、营销、运营及管理岗位群,能够从事酒店、餐饮和民宿、邮轮等其他住宿新业态和高端接待业的服务、数字化营销、运营与管理工作的高素质技术技能人才。

二、模块化教学改革的思路与目标

酒店管理与数字化运营专业对接区域产业发展、对接职业标准,深入住宿、餐饮行业企业调研,引入政府、企业、行业协会等参与教学改革,围绕服务、营销、运营及管理岗位(群),对岗位群职业能力需求和前沿专业能力发展进行调研,梳理职业核心能力要素,确定专业人才培养规格和目标,重构专业课程体系,明确课程模块标准,设置相应课程模块内容。

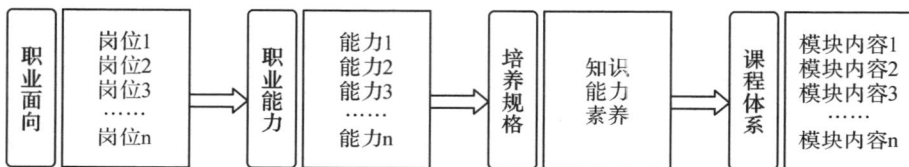

图 4-11　青岛酒店管理职业技术学院酒店管理与数字化运营专业模块化课程体系构建流程

专业课程重构以岗位面向为出发点,推进"岗课赛证"融通的模块化教学改革,以"1+X"制度为立足点,以职业技能竞赛为导向,将专业课程、专业知识以实际岗位应用为导向进行拆分组合,将专业相关 X 证书和竞赛(包括技能竞赛、双创比赛等)融入人才培养方案,教学内容对接资格证书,教学实践融入真实竞赛项目,专业实习融入真实岗位应用。同时,根据不同模块课程教学需要,校企协同、合理分工,"双师"教学团队共同进行相关教学资源开发建设。通过岗位能力培养与相关教学活动的有机组合,针对不同模块课程的教学需要组建模块化协作教学团队,创新模块化教学方式,不断提升育人水平和育人质量。

三、模块化教学改革的对策与路径

(一)校企协同开发基于岗位导向的课程模块

坚持以培养学生职业能力为核心,以职业岗位为导向,校企协同开发课程模块。第一,深入酒店、餐饮行业企业广泛调研,共调研合作企业及省内外企业(如国际联号酒店、民族品牌头部企业、社会精致餐饮等)230余家,确定服务、营销、运营管理三大岗位(群)。第二,根据专业人才培养主要面向的餐饮、客房、前厅三大领域及三大岗位(群),梳理出360余条岗位任务与职责,总结出9个典型工作任务。第三,分析岗位任务与职责所需要的知识、能力与素质。知识、能力与素质可进一步细分为通识领域的知识、能力与素质和专业领域的知识、能力与素质。至此,专业的人才培养的职业能力框架体系初步构建起来。第四,根据职业能力框架细分能力标准,将能力达到标准的要求融入课程标准相关要求中。第五,依据核心岗位人才培养的岗位特征,有针对性地设置相应的专业课程。第六,将培养某一岗位(群)能力的课程进行统筹、归类、组合,形成课程模块;将这些课程模块归属到公共基础课、专业平台课、专业基础课、专业核心课、专业核心项目化实践课、专创实践课、专业选修(拓展)课程体系中。第七,将职业院校技能大赛、职业技能大赛、双创比赛及"1+X"证书、职业资格证书中的技能考核、理论考核点融入相应课程中。具体课程体系架构见图4-12。

(二)公共课、专业课与选修课之间有机融通

原有课程体系中公共课、专业课与选修课之间内容相互独立,课程体系重构后,围绕学生核心岗位能力和未来可持续发展能力培养进行资源整合,将课程知识点、技能点颗粒化,推动公共课、专业课与选修课之间的融通。在课程设计方面,组建结构化师资团队,公共课、专业课与选修课教师共同参与课程建设,使得专业内所有课程的开发都是基于职业能力的培养,公共课、选修课教师也能够深入了解专业,更好地为专业人才培养目标服务。在课程内容方面,着重将专业课程的核心元素巧妙地融入公共课程中,打造既具普适性又富含专业特色的公共课程学习体系。在专业整体课程结构方面,将培养岗位通识能力对应的课程设为专业(群)平台课,整合专业基础课、专业核心课、专业核心项目化实践课、专创实践课、专业选修(拓展)课程、专业实习为岗位技能模块、岗位运营管理能力模块、岗位实践能力模块,形成"平台+模块"的课程体系。梳理模块课程之间及内部的递进关系,合理分配开设学期,系统培养学生的可持续发展能力。

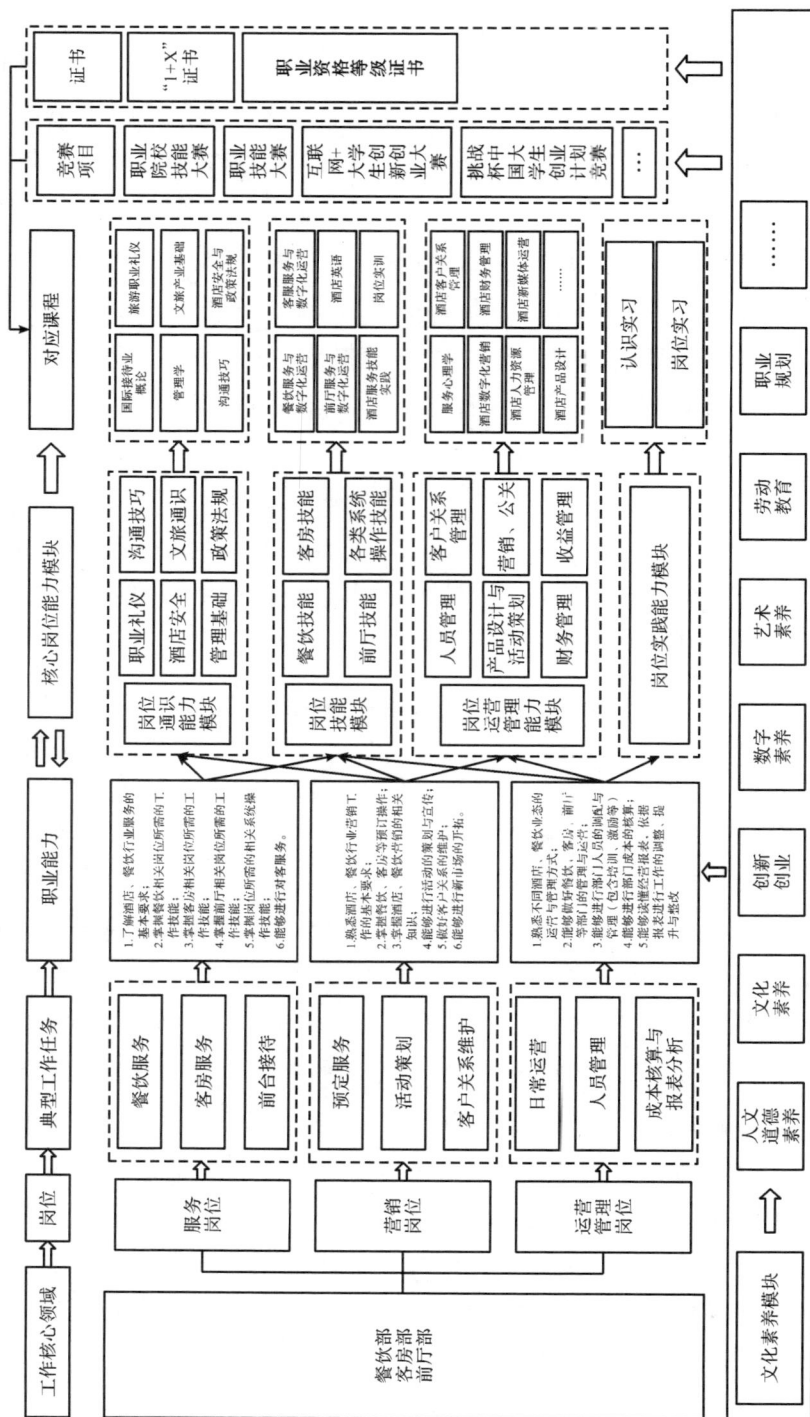

图 4-12　青岛酒店管理职业技术学院酒店管理与数字化运营专业模块化课程体系架构

(三)创新教学模式,探索个性化人才培养路径

依据学情特点,改进传统教学方法,以项目引领、任务驱动、情境教学、案例教学方法为主,通过翻转课堂、互动讨论等调动学生学习的积极性与主动性。对原有校内实训基地进行数字化改造升级,在技能训练、沙盘模拟、产品设计、服务接待、运营管理等方面做出调整,全面服务于课程建设与人才培养。目前,专业校内实训基地不仅能够满足专业核心岗位能力培养的需要,还是技能竞赛选手训练实景化基地,同时也是专业技能培训与鉴定的重要场所。

在学分制改革的基础上,以专业核心项目化实践课、专创实践课、专业选修(拓展)课为切入点,打破一个专业一张课表的课程设置传统,增加专业核心项目化实践课、专创实践课、专业选修(拓展)课三类课程设置数量,学生可依据兴趣方向,在保证学分完成的基础上进行自由选课、增量学习。同时,也可用取得的竞赛获奖证书、职业资格证书兑换相应课程的学分或免修相应课程的相关内容。

(四)搭建分工协作、优势互补的模块化教师团队

面向模块化课程,结构化"双师型"教师团队。每个能力的养成,每个竞赛项目、每个证书的考取都对应一门或多门课程,每门课程是由若干可颗粒化的任务点组成的,这些任务点或属于同一岗位知识点的连续,或属于不同岗位相互独立的知识点。针对这些任务点,综合考虑专业教师年龄、层次、职称、专业领域和研究方向等,组建结构合理的"双师型"教师团队,教师面向所对应的岗位(群)进行课程、项目及课程资源的开发,形成"一课多师"的课程特色。

推进专业方向、岗位模块设置与住宿业、餐饮业的实际需求对接,教学过程与实际生产过程对接,就要切实落实好校企合作、产教融合、校企协同育人。教师与企业职业经理人以企业真实项目为载体,共同参与制定课程标准、开发课程内容、设置实训模块、共建教学资源。企业职业经理人以企业导师身份参与到模块化教学过程中,对学生学习的相关任务点进行指导、评价。

专业教师到企业进行挂职锻炼，参与日常运营管理、新产品研发、活动策划设计等，提升"双师型"教师实践教学和成果转化能力，并及时将企业的新知识、新技术融入专业课程、人才培养方案。

(五)优化组合，共建共享模块化教学资源

充分利用信息技术开发和建设教学资源共享平台。面向不同课程间同一、相似内容建立数字化教学资源共建共享机制。教师将模块化教学资源进行上传，不仅能满足单门课程建设的需要，还能够服务于其他课程的建设。同时，教师还可根据学生的差异及需求对资源进行新的组合，满足学生对学习资源多样化的需求。模块化教学资源的建设使得不同专业课程之间相同的知识点保持了一致性，避免了不同老师讲解出现的经验性偏差，同时对于正在开展的在线资源建设来讲，也避免了浪费。

四、模块化教学改革的保障措施

(一)师资力量保障

整合校内外优质人才资源，选聘企业高级技术人员及现代学徒制合作企业中经验丰富的经理级别以上职业经理人担任企业导师，组建校企合作、专兼结合的教师团队，并建立定期开展专业(学科)教研机制。确保专任教师能够运用信息技术开展混合式教学等教法改革，能够跟踪新经济、新技术发展前沿开展技术研发与社会服务，每年至少1个月在企业或实训基地锻炼，每5年累计不少于6个月的企业实践经历。兼职教师要具有扎实的行业和企业实际从业背景，具有深厚的行业经验，能够承担本专业相应课程教学、实习实训指导和学生职业发展规划指导等教学工作。

借助省级、校级技能大师工作室、名师工作室，加大对教师的引培力度，定期组织专、兼职教师参与教学改革、课程建设等相关培训，提高教师的理论水平和实践能力。同时健全兼职教师聘任与管理机制，定期考核、动态调整。

（二）教学场地的配备

教学场地主要包括能够满足日常的课程教学、实习实训所需的专业教室、实训室和实训实习基地。其中，实训基地能够满足开展酒店线上与线下接待服务、酒店数字化运营、饮品制作等实训活动的要求，实训管理及实施规章制度齐全。鼓励在实训教学中开发虚拟仿真实训项目。

（三）教学质量管理保障

建立专业建设和教学过程质量监控机制，健全专业教学质量监控管理制度，完善课堂教学、教学评价、实习实训、毕业设计以及专业调研、人才培养方案更新、资源建设等方面质量标准建设，通过教学实施、过程监控、质量评价和持续改进，达成人才培养规格。

完善教学管理机制，加强日常教学组织运行与管理，定期开展课程建设水平和教学质量诊断与改进，建立健全巡课、听课、评教、评学等制度，建立与企业联动的实践教学环节督导制度，严明教学纪律，强化教学组织功能，定期开展公开课、示范课等教研活动。

建立毕业生跟踪反馈机制及社会评价机制，定期评价人才培养质量和培养目标达成情况。利用评价分析结果有效改进专业教学，针对人才培养过程中存在的问题，进行诊断与改进，持续提高人才培养质量。

第七节　智慧景区开发与管理专业模块化教学改革的"浙旅院"探索与实践

浙江旅游职业学院智慧景区开发与管理专业模块化教学改革按景区性质分解为 6 个类型，并对应形成 6 个教学项目模块，结合教学要求和学生意愿，选择其中的 4 个模块进行教学，由教师集体备课，每个教学模块包括 11 项工作任务，分别对应相关专业课程，打破学科壁垒，使职业技术课程和专业选修课程相互关联、相互配合，帮助学生形成系统化的学习体系。

一、专业人才培养目标

浙江旅游职业学院智慧景区开发与管理专业培养能够践行社会主义核心价值观，德、智、体、美、劳全面发展，具有一定的科学文化水平、良好的人文素养、科学素养、职业道德和创新意识、精益求精的工匠精神、较强的就业创业能力和可持续发展的能力，掌握本专业知识和技术技能，面向商务服务业、公共设施管理业、文化艺术业、娱乐业等行业的风景园林工程技术人员、商务策划专业人员、客户服务管理员、旅游咨询员、公共游览场所服务员、讲解员等职业群，能够运用数字技术从事旅游资源开发与规划、游客服务、运营与管理、旅游营销、商业管理、行政管理等工作的高素质技术技能人才。

二、模块化教学改革的思路与目标

景区类型众多，不同景区之间工作岗位、工作任务、工作场景也大相径庭。景区按类型可分为：乡村旅游景区、红色旅游景区、自然风光景区、历史人文景区、主题乐园、文博场馆，分别作为 6 个教学模块，每个模块的教学时长在 8 周左右。为响应岗课赛证融合的要求与课程思政建设、乡村振兴国家战略，模块 1 乡村旅游景区与模块 2 红色旅游景区为必修模块，安排在第三学期进行教学。第四学期的教学模块，专业教师应结合学生意愿，进行集体备课，在寒假前从剩余的 4 个模块中选取 2 个。每个教学模块包括 11 项工作任务，分别对应相关专业课程（图 4-13、图 4-14）。

（一）建立强相关的课程体系

传统的课程体系缺乏对不同学科之间的关联性和综合运用的培养。在智慧景区模块化教学设计中，可以通过将相关的课程进行整合，打破学科之间的壁垒，使职业技术课程和专业选修课程相互关联、相互配合，帮助学生形成系统化的学习体系。

（二）融入行业前沿知识和技术

随着科技的快速发展和社会的需求变化，智慧景区开发与管理专业需要紧密关注行业发展的趋势和需求，及时更新教学内容。建立与现代产业和技术密切相关的课程，如人工智能、大数据分析等，确保学生学到最新的知识和技术，提高他们的竞争力和适应能力。

(三)任务驱动培养复合型人才

任务驱动法是一种高效的人才培养模式，通过设定具有挑战性的实际任务，激发学员主动学习与解决问题的能力。鼓励学生在完成具体任务的过程中，综合运用所学知识，培养跨学科的思维和技能。此方法通过项目式教学，有效促进复合型人才的成长，使学生具备解决复杂问题的能力，更好地适应未来景区工作环境。

(四)满足学生多样化的需求

提供个性化的课程选择机制。在模块化教学设计中，学生能够自主选择感兴趣、适合自己发展方向的课程模块。建立灵活的课程选修制度，为学生提供个性化的学习路径，充分发挥他们的潜力和特长。

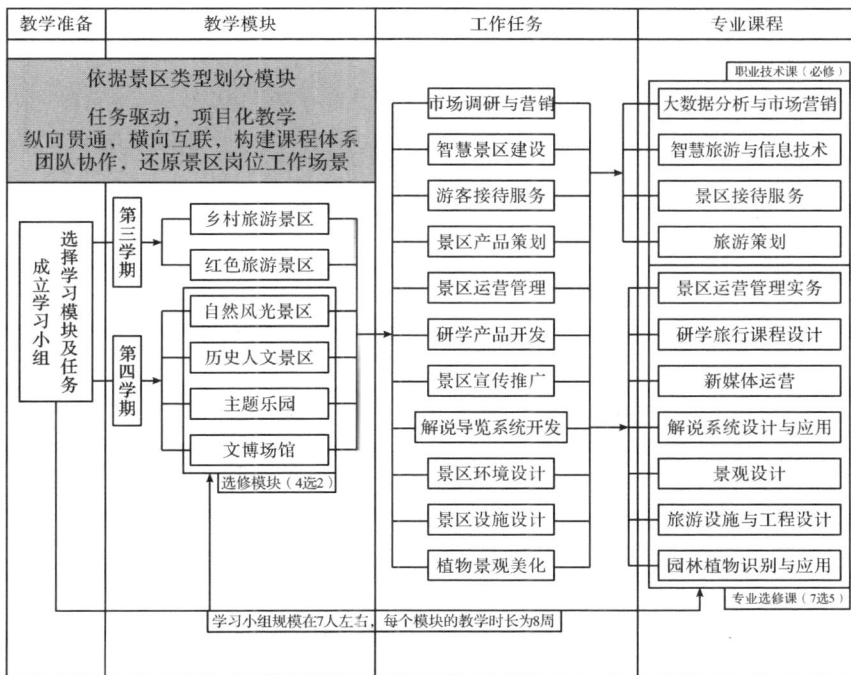

图4-13　浙江旅游职业学院智慧景区开发与管理专业模块化课程体系

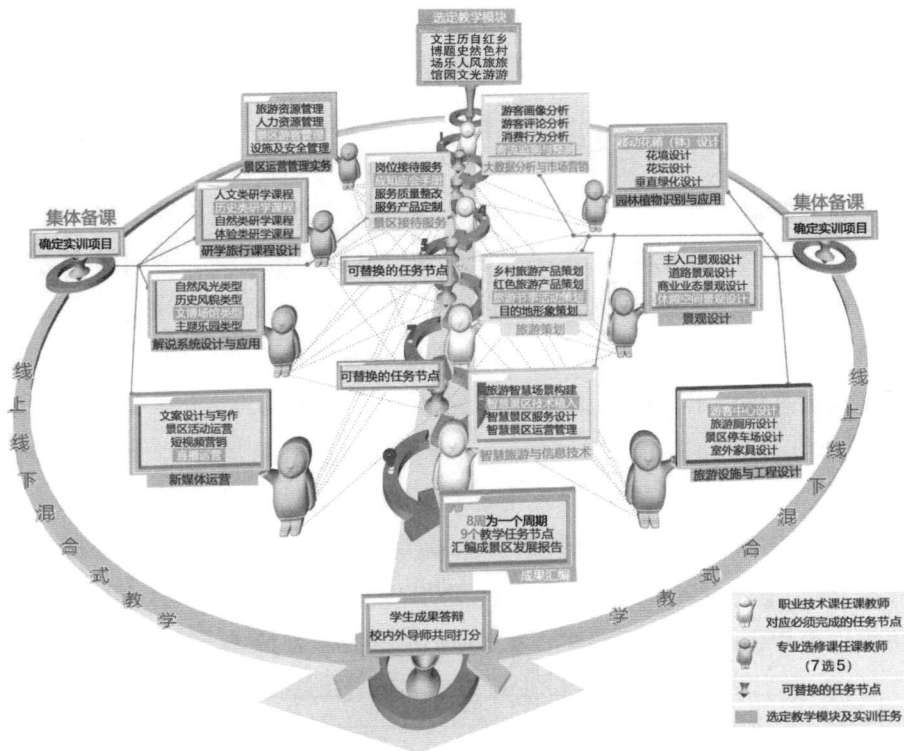

图 4-14　浙江旅游职业学院智慧景区开发与管理专业模块化教学实施流程图

三、模块化教学改革的对策与路径

（一）学科互补，紧密合作，建设师资队伍

智慧景区开发与管理专业在模块化教学实践过程中，针对师资队伍建设上进行改革，包括提升教师的跨学科能力和实践经验、鼓励教师开展行业实践和科研活动、推广全员参与的教学团队建设模式、强化教师的教学创新能力，以及建立有效的教师评价与激励机制。这些改革有助于提升教师教学水平和能力，推动模块化教学的进一步发展。

一是提升教师的跨学科能力和实践经验。教师在模块化教学中需要具备多学科知识背景和综合能力，能够跨学科开展教学设计和指导，帮助学生进行综合性学习。因此，需要为教师提供跨学科培训和实践机会，提高他们的专业水平和实践能力。

二是鼓励教师开展行业实践和科研活动。行业实践和科研项目是教师提高专业素养的重要途径,可以使其掌握最新的行业动态和实践经验,从而更好地指导学生的学习和实践。建立行业实践基地和科研平台,支持教师参与行业合作项目,促进教学内容与实际工作场景的对接。

三是推广全员参与的教学团队建设模式。在模块化教学中,教师之间需要形成紧密合作的教学团队,共同设计课程、开展项目、评估学生,实现教师之间的交流和合作。鼓励教师之间相互学习、共同成长,形成教学资源共享和经验互补的良好氛围。

四是强化教师的教学创新能力。教师需要不断更新教学理念、探索教学方法,以适应模块化教学的需求。鼓励教师参与教学创新项目、教学研究活动,倡导教师使用信息技术手段提供个性化学习支持,激发学生的学习兴趣和创造力。

五是建立有效的教师评价与激励机制。教师评价应该综合考量教学水平、实践经验、学生评价等因素,及时为教师提供反馈,帮助教师改进教学质量。同时,制定激励政策,以鼓励教师积极参与教学改革和教学研究,提高他们的教学热情和责任感。

(二)校企合作,团队协作,还原工作场景

智慧景区开发与管理专业在模块化教学实践过程中,需要在项目实践实训方面进行改革,包括加强与企业的合作、设置多样化的实践实训项目、注重项目的实际性和综合性、建立良好的导师指导体系、鼓励学生进行团队合作,以及加强实际成果的评估和反馈。这些改革将有助于提高学生的实践能力和解决问题的能力,使他们更好地适应职业发展需求。

一是加强与企业的合作。职业教育的目标是培养能够满足实际工作需求的人才,因此与企业的合作是至关重要的。与企业建立合作机制,通过开展实习项目、校企合作研究等方式,让学生置身于真实工作环境中,有机会接触实际工作任务和场景,借此提升他们的实践能力和解决问题的能力。

二是设置多样化的实践实训项目。接受职业教育的学生具有不同的兴趣和专业方向,应该为他们提供多样化的实践实训项目,满足不同学生的需求和兴趣。可以结合行业需求和学生特长,设置不同难度和内容的实践实训项目,培养学生的实际操作能力和解决问题的能力。

三是注重项目的实际性和综合性。实践实训项目应该与实际工作紧密相关,能够模拟真实工作场景。更重要的是,要鼓励学生综合运用所学知识解决问题,在项目中涉及多个学科领域的综合运用,培养学生的综合素质和综合能力。

四是建立良好的导师指导体系。为每位学生配备专业导师,对实践实训项目进行指导和评估,帮助学生克服困难,提升他们的实践能力和问题解决能力。导师可以是学校教师,也可以是业界专家或企业人员,以确保项目的有效开展和学生的获益。

五是鼓励学生进行团队合作。在实践实训项目中,学生应该通过团队合作的方式解决问题,锻炼他们的团队协作和沟通能力。通过分工合作、协商决策等活动,培养学生的团队精神和领导能力。

六是加强实际成果的评估和反馈。对于实践实训项目的成果,应该进行评估和反馈,及时发现学生的问题和不足,并给予针对性的指导和建议。评估可以采用多种方式,如项目报告、实际成果展示、口头汇报等,以促进学生的学习自觉性和持续进步。

(三)任务驱动,项目教学,创新教学方法

智慧景区开发与管理专业在模块化教学实践过程中,需要在教学方法方面进行改革,包括采用项目驱动的教学方法、推行问题导向的学习、倡导合作学习和小组讨论、利用信息技术支持教学。这些改革将有助于激发学生的学习兴趣和参与度,培养他们的实践能力和综合素质。

一是采用项目驱动的教学方法。项目驱动的教学方法是将课程内容与实际项目结合起来,通过学生实践解决实际问题的方式进行教学。教师可以将课程内容拆分为不同的模块,引导学生通过实践项目来应用所学知识并解决实际问题,以培养学生的实践能力和综合运用能力。

二是推行问题导向的学习。传统的教学方法以教师为中心,强调知识的传授与掌握。而在模块化教学中,学生的主动学习和问题解决能力的培养更加应该被关注。通过引导学生自主提出问题、寻找解决方案、进行探索和实践,激发学生的思考能力和创新能力。

三是倡导合作学习和小组讨论。合作学习和小组讨论可以促进学生成员之间的互动与交流,拓展他们的思维广度,提高解决问题和合作的能力。教师可以组织学生进行小组活动,让他们共同完成项目任务,并在团队中相互学习和分享经验。

四是利用信息技术支持教学。信息技术在模块化教学中起到了重要的支持作用。教师可以利用各种数字化工具和在线教学平台,为学生提供个性化的学习支持和资源,如在线教学视频、网络资源等。同时,学生也可以利用信息技术进行自主学习和项目实践,通过网络合作和远程实验等方式开展学习活动。

（四）成果汇编,定期汇报,持续评估改进

智慧景区开发与管理专业在模块化教学实践过程中,需要在定期评估改进方面进行改革,包括建立全面的评估体系、注重定期跟踪和持续评估、倡导多元化评估方法、强化评估结果的反馈和应用,以及鼓励多元化主体参与评估。这些改革将有助于解决教学中存在的问题,提高教学质量和效果,推动职业教育模块化教学不断发展和完善。

一是建立全面的评估体系。评估体系应该包括对学生学习成绩、实践能力、综合素质等方面的评估,以全面了解学生的学习情况和发展状况。同时,还应该对课程设置、教学方法、师资队伍、实践项目等方面进行评估,确保教学的全面性和有效性。

二是注重定期跟踪和持续评估。定期跟踪学生的学习情况和发展变化是评估的重要环节,可以及时发现问题并采取措施加以改进。持续评估意味着在教学过程中不断进行评估和调整,根据评估结果对课程内容、教学方法等进行及时修订,确保教学的针对性和有效性。

三是倡导多元化评估方法。除了传统的考试测验外,还应该采用项目作业、实践表现、案例分析、实习评价等多种评估方法。不同的评估方式可以衡量学生不同方面的能力和表现,帮助教师更全面地了解学生的学习情况,并为他们提供个性化的指导和支持。

四是强化评估结果的反馈和应用。评估结果应该及时向教师、学生和相关管理部门反馈，帮助他们了解教学效果和存在的问题，共同探讨改进措施。教师可以根据评估结果调整教学策略和课程设置，学生可以根据评估结果调整学习方向和方法，以促进教学质量的提升和教育目标的实现。

五是鼓励多元化主体参与评估。评估不仅仅是教师和学生参与的过程，还应该鼓励企业、行业专家等多元化主体参与评估，提供不同角度的反馈和建议。多元化评估主体的参与可以丰富评估的内容和视角，提高评估的客观性和全面性。

四、模块化教学改革的保障措施

(一)国家级教学资源库线上线下混合式教学保障教学质量

2022年底，由浙江旅游职业学院牵头建设的智慧景区开发与管理专业国家级教学资源库（图 4-15）已全部建设完成，通过打造"一库、两馆、三中心、四基地"的系统架构，该资源库为智慧景区开发与管理专业学生提供丰富的学习资源和实践平台。

图 4-15　智慧景区开发与管理专业国家级教学资源库网站

在每个模块8周的教学周期中,每门课程只有1周左右的教学时间。如何在有限的课堂时间中完成教学任务?如何在模块化教学全周期中让学生时时回顾,随时可查实训项目所需理论知识?依托智慧景区开发与管理专业国家级教学资源库进行的线上线下相结合的混合式学习,让学生能够在任何时间和地点进行自主学习,提高其学习的灵活性和效率,是以上两个问题最好的解决方案。

(二)模块化排课方式保障教学实施

教学过程中,学生组成7人左右的固定学习小组,完成相关课程实训任务成果,其中包括4门职业技术课,5门专业选修课,每个模块持续时间为8周(半学期),大二学年的4个模块便是将这周期重复4次。每门课程每学期课时要求为32课时,两个学期均要进行授课,每一个模块每门课程课时数为16课时,分两周,每周8课时进行集中授课。课程安排的先后顺序按照实训任务完成的逻辑顺序。一个模块周期(8周)的排课方式具体如图4-16所示,其中职业技术课为必选4个实训项目,专业选修课(7选5)作为5个实训项目(如图4-16)。

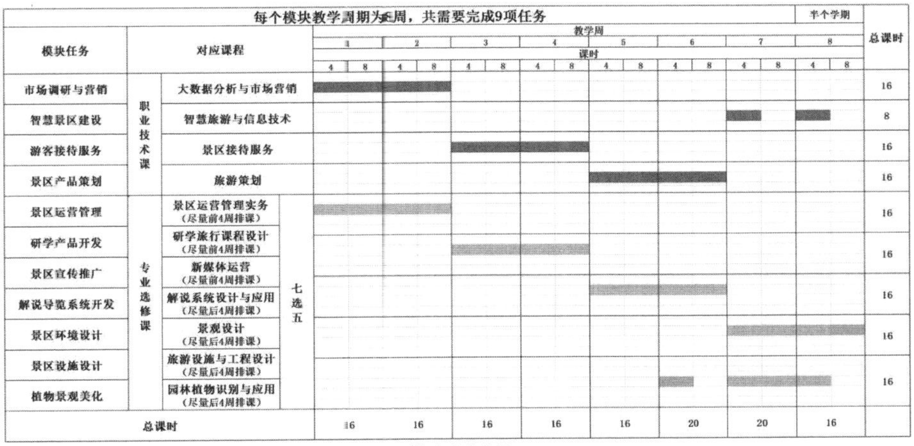

图 4-16　浙江旅游职业学院智慧景区开发与管理专业教学模块排课方式

第八节　会展策划与管理专业模块化教学改革的"浙旅院"探索与实践

浙江旅游职业学院会展策划与管理专业模块化教学改革基于会展项目流程重构专业课程体系，依托"校园非遗节"项目实践载体，课程内容与岗位技能相结合，学生全员、全过程、全方位参与，探索"节事＋IP＋新媒体"赋能"校园非遗节"模块化教学的新模式，培养学生的工匠精神和社会责任感。

一、专业人才培养目标

会展策划与管理专业以习近平新时代中国特色社会主义思想为指导，全面贯彻党的教育方针，落实立德树人根本任务，对接新业态、新模式、新技术、新职业等对技术技能人才培养的新需求，促进专业升级和数字化改造，服务文旅融合新发展，紧密对接先进制造业、战略性新兴产业和现代服务业等重点领域高端化、数字化、智能化、绿色化发展要求，以深入调研为基础，通过抢抓产业发展机遇，优化调整专业布局，打造旅游职业教育的"中国品牌"和"中国服务"人才培养的摇篮，为高质量发展建设共同富裕示范区提供人才支持和智力支撑。

专业基于文化和旅游产业，重点面向会展行业，培养能在会议、展览、节庆、会奖旅游等活动中从事项目策划、营销推广、运营管理、现场服务、文创设计、新媒体运营等工作的高素质技术技能人才。现代化国家建设对文旅和会展业提出了高质量发展的新要求，即对象个性化、市场全球化、策划高端化、展演媒体化、服务精细化、运营智能化。专业调整专业人才培养定位，将信息技术及思维模式融入会展育人生态，培养"有国际视野、精商业策划、善服务设计、通运营管理"的创新型人才。

二、模块化教学改革的思路与目标

会展策划与管理专业模块化教学改革旨在通过对教学内容和教学方法的重新组织和优化，提高教学效果，培养学生胜任会展相关岗位群所需的创新思维和实践能力。专业以 2012 年入选国家骨干院校重点专业为契机,已与国内多家知名会展企业共同发起"会展新人培育计划",按照"重构课程、完善机制、产学合作、协同育人"的思路,开启了"双交替、五对接"浸入式项目实践教学模式的探索,并被列为 2022 教育部产教融合校企合作典型案例。会展策划与管理专业以培养具有项目策划、运营执行、国际会展营销、平面视觉设计、三维展示设计、新媒体运营等卓越实践能力的会展专业人才为目标,依托浙江省职业院校产学合作协同育人项目、教育部供需对接就业育人项目、校企师资发展共同体、校企合作基地、校园非遗节项目等产教融合载体,每年引入 10 余个真实项目进课堂,深入推进校企项目交替融入课堂实践教学,企业深度参与教学设计、远程指导及鉴定评价,协同育人,实现学生专业能力养成,提升教学质量和人才就业通路。

三、模块化教学改革的对策与路径

(一)模块化教学目标体系

会展业是综合性、先导性现代服务业,是经济、投资、贸易、技术交流的重要平台。在电商发展和数字经济发展下,会展业正在面临"价值重塑",从传统"贸易平台"向注重流量和内容的"行业秀场"过渡,行业运营理念和业态发展上将更加注重市场、创意、传播及资源的整合。2015 年,国务院出台《关于进一步促进展览业改革发展的若干意见》(国发〔2015〕15 号),提出加强人才体系建设。会展行业业务逐步融合,行业服务边界拓宽,快速发展的会展业加大了对会展人才的需求。文化和旅游深度融合发展背景下,对策划、设计、运营、营销等方面的创新创意型人才的需求凸显,对人才素质和能力的要求更加趋向于跨领域、跨专业、复合型和创新型等方向。会展专业基于文化与旅游产业行业人才需求分析,立足长三角会展经济圈区域经济发展特色,逐步加强学生多方面能力培养,从培养传统的学术型、技能型转变为一专多能的专业型、应用型人才。专业着力会展策划与运营、文创设计、新媒体推广三大岗位群,打造以培养会展专业能力为核心,助力文化和旅游产业转型升级的技术技能人才培养高地。

(二)模块化师资队伍建设

鉴于会展专业的知识多元性和交叉性,专业搭建了"复合型、双师型、多元化"师资团队。教师研究方向包括会展策划、新媒体运营与直播营销、平面及三维设计等主要模块,专业教师拥有丰富的海外背景,双师型教师占比100%。同时,专业依托不同模块方向开设师生工作室,实施模块化导师制。学生根据个人的兴趣特长与将来择业方向选定工作室与指导教师。工作室由导师具体安排,模式自由,效果针对性强,成员分工明确,方向主要包括学科竞赛、企业真实项目等。

(三)模块化课程体系建设

专业基于会展项目流程重构专业课程体系,强化人才培养过程和岗位工作过程相结合,课程内容与岗位技能相结合,按照"重构课程、完善机制、产学合作、协同育人"的思路,开启"双交替、五对接"浸入式项目实践教学模式的探索,校企共育人才。课程设置分为岗位基础夯实阶段、岗位技术训练阶段和岗位能力拓展阶段。

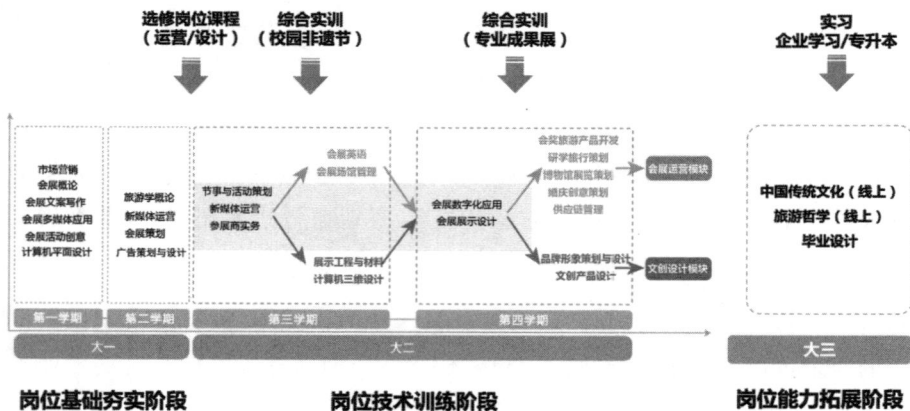

图 4-17 会展策划与管理专业模块化课程体系

岗位基础夯实阶段主要掌握市场营销、会展概论、会展文案写作、会展多媒体应用、会展活动创意、计算机平面设计、旅游学概论、新媒体运营(新媒体文案创作)、会展策划、广告策划与设计等理论与实践基础。

岗位技术训练阶段主要掌握节事与活动策划、新媒体运营（短视频与直播运营）、参展商实务、会展英语、会展场馆管理、展示工程与材料、计算机三维设计、会展数字化应用、会展展示设计、会奖旅游产品开发、研学旅行策划、博物馆展览与策划、婚庆创意策划、供应链管理、品牌形象策划与设计、文创产品设计等课程内容。该阶段学生可以根据个人的兴趣特长与将来择业方向进行会展运营和文创设计模块专业选修课的选择，学生需修满专业选修课达 32 学分，其中会展运营模块与文创设计模块需各修不少于 10 学分。同时，为了更好锻炼同学们独立完成从展会策划、招展招商、视觉设计、宣传推广、布展撤展、活动执行、后勤保障、财务管理等完整的商业项目运作，该阶段依托校园非遗节和专业成果展两个综合实训周，带领学生感受真实项目。

岗位能力拓展阶段主要包括实习、企业学习、《中国传统文化》与《旅游哲学》线上学习课程和毕业设计。

（四）"项目导向，产学并行"的人才培养模式

项目导向，产学并行，课程从校外企业实际项目出发，引导学生通过前期的项目背景调研分析、具体项目实施等程序，培养学生形成较完整的策划、设计、营销、宣传、运营思维能力体系，并通过校内校外教师针对性指导，完成项目教学。任务驱动主要通过不同企业项目类型的教学，锻炼学生专业技能，发现问题，解决问题，并能分析各自设计中的优缺点，让课程变得更多样、更有互动性。同时有意识地培养学生进行团队合作的探究式学习，让学生变为项目教学主体，发挥主观能动性，小组模式更培养了学生的团队协作能力与人际交往能力，分工明确，改变原本传统教学中单向输出的模式。

（五）校内教学项目实践——基于"校园非遗节"的模块化教学校内载体

1. 总体设计思路与实施

依托"校园非遗节"项目实践载体，融入文化传承与创新、文化自信等思政元素，以项目策划、会展设计、营销推广、运营执行、评估管理为主线重构内容体系，立足人才培养过程和岗位工作过程相结合，强化课程内容与岗位

技能相结合,学生全员、全过程、全方位参与,即所有岗位由全体学生轮岗担任。本实训课程旨在有效融合会展策划与运营岗位课程群、文创设计岗位课程群、新媒体推广课程群,锻炼学生项目团队协作完成从展会策划、招展招商、创意设计、宣传推广、布展撤展、活动执行、后勤保障、财务管理等完整的商业项目运作,探索"节事＋IP＋新媒体"赋能"校园非遗节"模块化教学的新模式,培养学生具备工匠精神和社会责任感。

一是活动赋能,融合节、展、赛、会、演,通过线上线下联动,形式多样,内容丰富;二是新媒体赋能,线下搭建非遗节美陈,线上搭建非遗节微站、抖音"会展全明星"直播间,通过专题直播,推文、视频号等媒体宣发,拓宽宣传渠道;三是IP赋能,打造专业非遗节吉祥物"虎宝",通过非遗节文创周边——微信"非遗节虎宝"表情包等,掀起非遗节热度。

2. 模块化教学标准制定

校园非遗节实训教学标准主要参照教学性质、目标、参考周期量、教学内容、教学成果考核机制、教学实施反思等内容。制定模块化教学标准以每个研究方向相对应的会展职业能力为导向,确定具体的课时量、教学内容与教学方法,并以实际会展专业人员工作标准与职业资格标准为考核依据。会展综合实训课程的模块化标准主要由专业会展设计教师、教研人员和企业行业专家参与讨论而成。在实训教学中其主要设计思路以培养会展商业项目运作能力为主位,以培养技术应用能力为主线。教学内容与会展工作任务紧密联系,以实践性知识为主体,结合理论知识引导,在校企合作实训中实际应用,深刻理解分析项目环境,注重可操作性的培养。

3. 模块化教学内容设计与考核机制

会展综合实训教学模式具有严格的实训成果要求和考核方式。实训课程考核评价注重过程性与终结性考核相结合、个人和团队考核相结合的原则。课程的最终总评成绩由必选项(40分)和自选项(60分)组成,学生可以根据自身专长和兴趣有重点地选择。每位同学的成绩由指导老师、板块负责人等根据工作情况给出。

四、模块化教学改革的保障措施

(一)提升师资队伍建设

以师德师风建设为灵魂,在扩大专业师资队伍的同时,需要重点提升专业教师的科研能力、社会服务能力。构建课程组,注重青年教师教学能力、职业能力培养,形成一个梯队合理,传、帮、带结合,能够充分指导和激励中青年教师提高专业素质和业务水平的团队,促进教学团队的可持续发展。鼓励青年教师参与企业项目研究、策划、运营执行,多指导学生参赛和项目实践,提升实践能力和教学水平。

(二)推进实践教学改革,对接产学协同育人平台

依托省产学合作协同育人项目、校企师资发展共同体、教育部供需对接就业育人项目等多个产教融合平台,专业持续推进浸入式项目实践教学改革。通过甄选引入校外企业真实项目和校内校园非遗节、师生专创融合工作室自创项目,为学生提供策划、设计、宣传、执行等多个实践环节。以项目策划、会展设计、会展营销、宣传推广、运营执行为主线重构课程实践教学体系,实现人才培养和岗位工作过程对接。推进岗课赛融通,组建师生服务团队,服务当地政府、乡村、企业,通过艺术设计赋能乡村振兴、共同富裕,提升学生的专业使命感、实践能力和专业教师的社会服务能力。

(三)提升专业相关实训教室配套环境

完善"平面、空间、视频、直播"等相关实训室的建设,建立更加紧密、稳定和互动的校外实训基地网络,同时使校内实训基地的功能布局更加合理,设施设备更齐备。改革校内实训管理,变教学专用为开放式实训,使学生能更自主地进行实训课程,接受实训指导,同时,建设一套有效的实训评估体系。在课程建设过程中,组织并开发与课程教学配套的教学录像、实训示范录像、案例教学录像等。不断完善网络教学,实现教学全过程视频上网,使校内外学生都可直接通过网络进行学习。同时,开发学生实训记录视频,将学生实训过程拍成录像,通过学生自我评价总结、教师点评,提高其学习兴

趣和自我效能。进一步完善课程结构,充实教学力量,改善教学条件,改革教学手段。

(四)校外实训项目保障

合作企业积极支持会展专业实训周,通过赞助、参展、组织活动、现场指导等多种形式支持实训。合作企业为学生外出考察提供门票、讲解、现场指导等校外支持。通过招商招展的方式邀请校外个人或单位到学校参展。通过赞助或者合作的方式利用校外资源共同举办活动、宣传推广校园非遗节。对接地方政府、合作企业或者非遗中心,开展非遗节走出校园推广活动。

第九节　休闲服务与管理专业模块化教学改革的"青岛职院"探索与实践

青岛职业技术学院休闲服务与管理专业模块化教学改革构建了"学为主体,先做后学,多师同堂,为学而教"的项目教学模式,将课程重组为认知休闲行业项目、高尔夫服务与运作项目、休闲产品营销项目、休闲企业岗位流程创新项目四个项目。四个项目逻辑上层层递进,对学生的各项能力进行逐步提升。

一、专业人才培养目标

根据《职业教育专业简介(2022年)》,结合学院办学特色,休闲服务与管理专业培养理想信念坚定、德技并修、全面发展,具有一定的科学文化水平、良好的职业道德和工匠精神、较强的就业创业能力,具有支撑终身发展、适应时代要求的关键能力,掌握本专业的基本知识和主要技术技能,面向高尔夫俱乐部、休闲文化策划公司、会展公司、大型休闲旅游综合体中基层管理岗位的高素质技术技能人才。专业设定了独具特色的知识目标、技能目标、素质目标。

二、模块化教学改革的思路与目标

休闲服务与管理专业教学团队成员曾先后赴荷兰、美国、新西兰、芬兰、日本等国家进行访学、考察学习，最终在借鉴荷兰"能力本位"学习（Competency Based Learning，以下简称为 CBL）体系的基础上，首创国内"项目统领，课程匹配，知识、技能、态度融合发展"的项目化、模块化课程体系，构建了"学为主体，先做后学，多师同堂，为学而教"的项目教学模式，一改传统教学的知识传授和讲解模式，以学生个体学习为主，体现学生主体，注重任务驱动。该模式也区别于一般课程下的项目教学，而是项目下的课程教学——每个学期都设置一个相匹配项目，所有课程为该项目服务。在该专业学习的过程中，学生会直接领受来自专业领域的任务，并在企业专业人士指导下完成该任务。该教学改革目标就是解决这些来自真实专业领域的问题和任务，这也将使学生获得在专业领域内完成真实工作任务和活动的体验和经验。

三、模块化教学改革的对策与路径

（一）人才需求调研与人才培养方案的制订

以《山东省高等职业教育休闲服务与管理专业教学指导方案》的牵头制订为契机，专业团队对全国 56 所开设该专业的高职院校及 29 家相关企业进行了系统的调研。目前该专业的就业前景形成了旅游休闲、体育休闲、文化休闲三大领域。围绕三大领域，结合区域环境资源特色及经济发展需要，休闲服务与管理专业的人才培养目标定位也呈现旅游休闲人才、体育休闲人才、文化休闲人才三种主要类型。休闲服务与管理专业人才培养方案是在历年人才培养方案的基础上，经过对休闲行业企业的调研，根据行业最新发展动态和企业最新人才能力需求修订而成。在制订的过程中，围绕人才培养目标及课程开设安排多次组织专业教师进行讨论并广泛征求休闲企业兼职教师意见。专业将人才培养目标重点集中在高尔夫领域，同时面向整个休闲领域，包括运动休闲、旅游休闲、文化休闲等，从而培养学生专业学习兴趣,给学生提供更多的职业选择方向。经过调研及分析,凝炼出该专业所需的7大职业核心能力,详见表4-5。

表 4-5 休闲服务与管理专业职业核心能力分析

能力	能力解析/描述
对客服务能力	熟练掌握一线基本岗位操作技能,能按照服务规范和活动规则完成对客服务工作,为客人提供优质服务并能对服务质量进行自我监控和提升
休闲活动培训能力	熟练掌握休闲活动基本技能及教学技能,能制定学员个体培训计划并独立开展培训任务,给学员带来良好的学习培训体验并得到技能水平的提升
休闲活动创意策划能力	能够运用休闲活动策划原理,整合内外部相关资源,完成富有独创性、想象力、感染力的活动策划,综合运用新媒体运营技术进行宣传推广
休闲活动执行能力	能够按照休闲活动计划,以休闲活动组织业务分工为主线,独立完成休闲活动项目运作,有效解决活动执行中的各类突发状况与临时性问题
休闲产品营销能力	能够对休闲市场进行拓展维护,结合休闲市场特点及客户分析制订休闲产品营销活动计划,组织开展自有休闲产品的线上及线下营销推广活动并对休闲产品营销活动效果进行评估反馈,有效提升企业市场竞争力
管理部门与团队能力	能够发挥专业优势,综合运用管理的基本原理,最大限度调动员工积极性,激发员工个人潜力,确保部门高效运转,完成部门工作任务,实现组织目标
自我发展能力	能够运用休闲行业知识、社会知识、良好的自我认知和心理调控技能,有效地制定个人职业生涯发展规划,实现可持续发展

(二)教学计划的实施与保障

明确旅游学院负责教学的院长为教学质量第一责任人,负责旅游学院的质量管控,统筹专业人才培养方案、专业标准、课程标准,保证专业建设的实施质量,撰写旅游学院诊改报告。各教研室主任负责专业、课程质量自我诊改,进行学生学业情况调查分析,保证课程实施质量,撰写专业(课程)质量诊改报告等工作。督导主任、各教学督导和教学秘书负责监督人才培养方案、专业标准、课程标准的实施检查与监控等工作。

(三)课程体系的重组

休闲服务与管理专业在旅游学院指导下,汇集校外专家、专业教师、企业兼职教师和高管的集体智慧,在反复实践过程中,进行了课程体系的重组。

课程在重组前,偏重课程的知识技能讲授,以教师讲授为主(表4-6)。重组后的课程分为了四个项目,分别是认知休闲行业项目、高尔夫服务与运作项目、休闲产品营销项目、休闲企业岗位流程创新项目。四个项目下面分设相应课程,为该项目服务。四个项目逻辑上层层递进,对学生的各项能力进行逐步提升(表4-7)。

表 4-6　重组前专业核心课程

课程名称	课程性质	理论学时	实践学时	教学周数
管理学基础	专业核心课	24	12	18
休闲活动策划	专业核心课	18	18	9
市场调研方法与技巧	专业核心课	10	8	9
高尔夫挥杆基础	专业基础课	—	60	18
高尔夫运动技能	专业核心课	—	72	18
高尔夫专业英语	专业核心课	36	0	18
社交与服务礼仪	专业核心课	36	36	18
高尔夫姿势评价与校正	专业核心课	36	36	18
营销策略与方案制定	专业核心课	24	12	16
顶岗实习			320	20

表 4-7　重组后专业核心课程

项目	课程名称	课程性质	理论学时	实践学时	教学周数
一、认知休闲行业项目	认知休闲行业	项目操作课	—	60	18
	休闲活动策划	项目工具课	14	4	9
	休闲市场调研方法与技巧	项目工具课	10	8	9

续表

项目	课程名称	课程性质	理论学时	实践学时	教学周数
二、高尔夫服务与运作项目	高尔夫服务与运作	项目操作课	—	60	18
	高尔夫球会运营	专业核心课	10	8	9
	高尔夫运动技能	专业核心课	—	72	18
	高尔夫专业英语	专业核心课	18	18	18
三、休闲产品营销项目	休闲产品营销	项目操作课	—	60	18
	高尔夫姿势评价与校正	专业核心课	36	36	18
	营销策略与方案制定	项目工具课	24	12	16
四、休闲企业岗位流程创新项目	岗位实习	项目工具课	—	320	20

（四）师资队伍建设

专业加强"双师"队伍建设。该专业教师拥有高尔夫教练证、裁判证、导游证、人力资源证、茶艺师证等职业资格证书，并每年进行不低于一个月的企业轮岗，以提升职业技能。专业为教师提供海外研修机会，已经有多名教师分赴新西、芬兰、日本等国学习，开拓视野，学习先进教学经验。完成项目教学团队梯队建设，开展"教练式"教学法专题培训，打造"教练型"教师团队；打造创新创业团队，开展教育教学信息化培训，以赛辅训，组织教师参加高水平教师大赛；高效能提升教师教学及专业技能，提升教师"双师"素质；稳步推进高职院校教师管理制度，实施严格、科学的职称评聘制度；设定了科学的聘期任务书，考核工作按照教学工作量、管理服务工作量、科研工作量实施量化考核。"双师型"教师的成长路径具体见图4-18。

（五）教学改革与创新

在借鉴西方教学经验的基础上，构建了"学为主体，先做后学，多师同堂，为学而教"的项目教学模式。该模式以学生为中心，以行动学习为主要方式，通过实施企业真实项目任务，学生以团队合作的方式进行探究性学习，教师以伙伴、指导者的身份支持学生建构自己的认知结构。

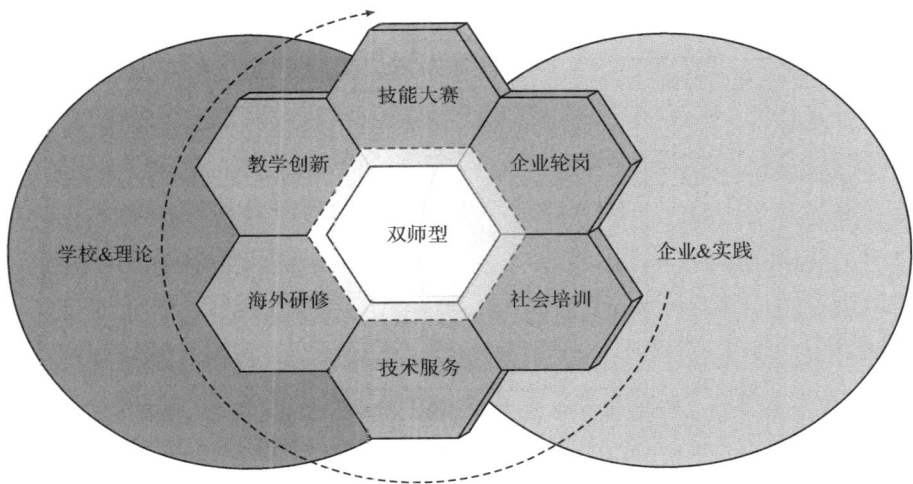

图 4-18 "双师型"教师的成长途径

一是建立了完备的项目教学体系,设计了科学的项目流程。项目操作具体流程见图 4-19。

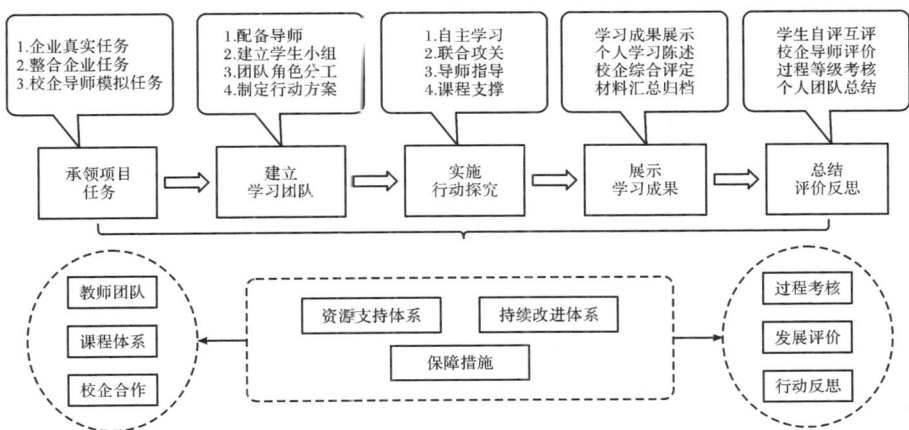

图 4-19 项目教学运行流程图

二是项目教学分阶段任务。项目教学实施"双师同堂",即专业导师和项目导师同堂授课。专业导师引导项目的正确运行,帮助学生掌握有效的工作方法,指导学生进行专业能力的提升。项目导师指导、监控和评价学生整个项目过程的工作,保障项目开展的流畅、高效、高质,促进学生的个人发展。过程中分为计划阶段、执行阶段、考核阶段,每个阶段有详尽的任务书。如表 4-8 为休闲产品营销项目的阶段任务安排。

表 4-8　休闲产品营销项目的阶段任务安排

进展阶段	所用时间	项目教学内容
计划阶段	1 周	介绍休闲产品营销策划项目;提出撰写开篇报告要求;项目分组,每班分组
	1 周	提出开篇报告修改意见;提出行动计划书撰写要求;对项目任务进行分解,建立项目档案
执行阶段	1 周	完成行动计划书定稿;完成调研方案并开始实施调研,分组指导,着手产品策划书框架搭建
	3 周	自主调研后产生项目任务;开始撰写营销方案;分组指导
	6 周	方案的实战营销阶段,营销实施,分组指导;每周展示营销业绩、营销手段,由专业导师进行点评、督促、指导
	4 周	同步完善营销策划方案;团队学习,完成项目档案资料整理
	1 周	完善营销策划方案;完成 PPT 制作;团队学习,完成项目档案资料整理
考核阶段	1 周	考核答辩:提交项目报告和个人学习报告,准备演讲答辩;项目结果考核、项目过程考核

三是项目教学评价方法。项目过程考核包括项目过程考核和项目结果考核:项目过程考核参考的项目过程表现包括学生个人表现和项目团队整体表现,主要是检查学生的项目开篇报告、行动计划书、小组会议纪要、沟通记录、周工作报告、搜集的材料等是否完备、详细、符合要求。项目结果考核分为项目报告及项目成果展示和项目答辩两个部分。项目完成后,各项目小组提交项目报告,由专业导师给出考核成绩。提交项目报告一周后,进行项目成果展示和项目答辩考核,这两项同一时间进行。项目任务派出者、专业导师、项目导师与企业方一起组成考评小组,学生首先进行项目成果展示,考评小组的成员会针对学生的项目展示提出问题,由学生进行答辩,该考核过程中还需考核学生的态度。结束后,考评小组会给予项目成果考核的最终评价。

(六)实习实践基地

立足青岛,面向全国。专业开拓了一批实习实践教学基地,包括北京华彬庄园绿色休闲健身俱乐部有限公司、尼克(北京)体育管理咨询有限公司、北京净山湖高尔夫俱乐部有限公司、北京鸿华绿苑运动休闲中心有限公司、青岛国际高尔夫俱乐部有限公司、龙口市南山国际高尔夫俱乐部有限公司、青岛红树林度假酒店经营有限公司、青岛中铁西海岸投资发展有限公司、山东智海王潮会议展览有限公司、恐龙园文化旅游集团股份有限公司。学生从第四学期中期开始进行岗位实习，到第五学期期末结束。

四、模块化教学改革的保障措施

(一)师资力量的保障

休闲服务与管理专业拥有一支专兼结合、实力雄厚的师资队伍。队伍由万人计划名师、国家级创新团队负责人、二级教授齐洪利领衔，是全国职业教育教师教学能力大赛一等奖获得专业、国家级样板党支部牵头专业。专业教师 12 人，其中教授 1 人，副教授 5 人，讲师 5 人，助教 1 人，平均年龄41 岁，老中青搭配合理，团队形成人才梯队；获得国家旅游局"双师型"教师培养立项 2 项，建有国家课程思政示范课 1 门，省级精品在线开放课程 1 门、院级在线开放课程 6 门，主持编写教材 10 余部。此外，师资队伍还拥有 20余名经验丰富、职业技能突出的企业精英为兼职教师。

(二)教务配套及教学场地的配备

专业建有理念先进、设备高端、工位充裕的校内实训基地，包括 2 个 200平方米的高尔夫虚拟仿真技能实训室和 2000 平方米的校内高尔夫练习场；与北京尼克劳斯高尔夫俱乐部、烟台南山集团等校外实训基地保持密切合作；在"智慧职教"平台建设的休闲服务与管理专业教学资源库，被列为省级教学资源库；拥有学院图书馆藏书、电子图书馆、中国知网电子资源等开放学习资源。

(三)诊断与改进

专业建立毕业生跟踪反馈机制和社会评价机制，并对生源情况、在校生学业水平、毕业生就业情况等进行分析，定期评价人才培养质量和培养目标达成情况。

专业设立由旅游学院教学院长、教研室主任、督导主任、教学督导和教学秘书组成的质量管理工作小组；建立专业建设指导委员会、教学指导委员会行使教学质量指导和监控职能；建立学生信息员队伍和督导员队伍，行使监控职能并充分发挥其作用；充分利用专业社会服务能力、学生满意度、毕业生就业与社会声誉情况等评价指标，分析结果、改进专业教学，持续提高人才培养质量。

在学院层面，为实现人才培养目标和质量标准，制订了一系列教学管理制度及相应的指标体系，如教学检查制度、听课制度、教师考核制度、教学事故认定处理制度、毕业生跟踪调查制度、新教师培训制度、督导工作制度。

在专业层面，进行专业质量分析，实施专业动态优化调整。吸收行企、政府、用人单位、学生与家长代表参与，每年就人才市场需求和就业形势开展一次毕业生跟踪调查和用人单位满意度调查，对学生学业能力和学业情况进行分析，形成专业质量分析报告，作为修正人才培养目标和毕业标准的依据，对专业进行优化调整。

在课程层面，以课程标准作为课堂教学的检测依据，实施课程质量实时监控。课程团队进行课程建设规划，编制课程标准，确定学生的学习标准，明确考核标准。教学督导实时跟踪课堂，改进课堂状态，监督课程标准、学习标准、考核标准的落实。

第二部分

智慧景区开发与管理专业模块化教学改革实践

第五章　旅游景区行业人才需求与岗位集群分析

随着中国智慧景区行业的蓬勃发展,景区行业人才需求日益增长,对专业人才的要求也越来越高。智慧景区建设的推进,使得景区管理效率和游客体验质量得到显著提升,同时也催生了对具备跨学科融合能力、精通先进技术应用、秉持可持续发展理念、理解体验经济模式并拥有全球化视野的人才的需求。景区行业人才需求呈现多元化趋势,不仅需要具备运营、管理、营销等传统能力,还需要掌握新媒体运营、数据分析等新兴技能。此外,景区行业人才需求的地域分布也显示出一定的集中性,部分省份如广东、湖北、江苏等对人才的需求尤为旺盛。未来,景区行业将更加注重人才的培养和引进,以适应智慧化、智能化的发展趋势。

第一节　旅游景区行业人才需求预测与结构分析

一、调研基本情况

(一)行业市场发展前景可观,专业发展注重跨学科融合

近年来,在国家政策的大力推动下,中国各省市景区积极开展智慧旅游建设工作,智慧旅游城市、智慧景区成为热门选择,智慧景区也将成为 4A 景区晋升为 5A 景区的硬性指标之一。2022 年中国智慧景区行业投资规模达 484 亿元,未来中国智慧景区市场发展前景十分可观[①]。

---

① 智研咨询团队.2024—2030 年中国智慧景区行业发展现状调查及前景战略分析报告[R].湖南:智研产业研究院,2023:12—13.

随着先进技术的不断涌现,如大数据、人工智能、物联网等技术正在融入景区的日常运营中,使得景区管理效率和游客体验质量得到显著提升。同时,可持续发展的理念贯穿其中,倡导在景区开发中注重生态保护与文化遗产的保留,将绿色建筑和环境友好型设计作为重要组成部分。此外,体验经济的理念也在景区开发中占据了重要位置,追求为游客提供更加个性化和情感化的旅游体验。智慧景区开发与管理专业整合了商业管理和现代营销理论,致力于培育具备市场分析和品牌建设能力的复合型人才;景区专业与创意产业的融合推动了地方特色和文化资源的创新性利用,进一步丰富了旅游景区产品的内涵。在法规与伦理方面,景区专业教育强调对旅游法律法规和道德问题的理解,以促进行业健康有序发展。最后,全球化视野的拓展成为必然,培养学生的国际交流能力和对全球市场的应对策略,为他们在日益一体化的世界中找到自身的定位和发展空间提供帮助。

智慧景区开发与管理专业正在向一个多元融合、技术驱动、可持续和国际化的方向发展,旨在培养能够适应未来旅游业挑战的高素质专业人才。

(二)行业对人才需求强烈,教师的专业背景逐步多元化

旅游景区行业是旅游中专业运营和管理自然风光景区、历史人文景区、主题乐园等旅游目的地的行业。当前,景区行业正在智慧设施、市场营销、品牌设计等方面逐步发力,对于行业人才的需求也逐渐从单一运营岗拓展成文创设计岗、品牌设计岗、活动策划岗、新媒体创意设计岗、品牌公关岗等岗位。

从行业数据显示,景区当前缺少战略性人才、高技能人才和复合型人才,景区行业的多元化发展对于景区管理人才也提出了更高的要求。景区专业教师不仅需要具备运营、管理、营销、策划和应急处理突发事件的能力,还需要具备较强的景区实际运营操作能力和多语种沟通能力。因此在景区管理专业的教师队伍中,不仅有来自传媒、自然地理、风景园林、环境规划、建筑设计、创意设计、心理学等专业的专任教师,还有具有景区相关行业经验的实战型教师,景区专业教师的专业背景逐步多元化。通过以上不同专业背景教师的融合教学,学生可以获得更全面的知识体系和实践技能。此

外,景区专任教师的多样化背景可以保障景区专业教学内容的丰富性和实用性,这为学生的职业生涯发展打下了坚实的理论和实践基础,从而更好地服务不同类型景区的未来发展。

二、调研大数据分析

(一)数据来源

根据 2022—2023 年在线招聘求职行业洞察报告显示,前程无忧 51Job 在求职行业内规模领先,其用户黏性、留存等 App 运营数据都位居第一。研究团队在浏览、对比 BOSS 直聘、智联招聘等求职平台后,结合本研究的核心内容,最后确定在前程无忧 51Job 网站进行数据抓取。

以"景区"作为关键词,行业选择确定为餐饮业、酒店/旅游、娱乐/休闲/体育范围内,在前程无忧 51Job 官网上进行搜索,共发现有 2403 条数据。通过前期的数据整理可以发现,网站上既有产品渠道经理、景区拓展专员(BD)、策划研发主管、创意短视频编导、高端定制旅游顾问、抖音带货主播等新岗位,也有景区讲解员、安全管理经理、市场营销总监、景点设备领班等传统岗位。

(二)相关行业人才需求岗位可视化分析

景区行业的发展驱动相关人才需求,景区行业人才的素质对于景区的产品策划水平、运营效率和市场竞争力会有直接的影响,具体主要体现在技术应用与创新、数据驱动决策、客户体验优化、创新市场营销、安全预案设计等方面。

对样本数据进行整理与分析,可以看到,管理岗位出现 1502 次,酒店相关岗位出现 729 次,市场销售岗位出现 628 次,运营相关岗位出现 602 次,策划相关岗位出现 278 次,团队建设与管理相关岗位出现 224 次,服务相关岗位出现 212 次,项目主题类岗位出现 202 次,安全生产和管理等岗位出现 180 次,后勤和秩序维护类岗位出现 161 次,渠道拓展类岗位出现 158 次,分析类岗位出现 157 次,开发类岗位 150 次(图 5-1)。

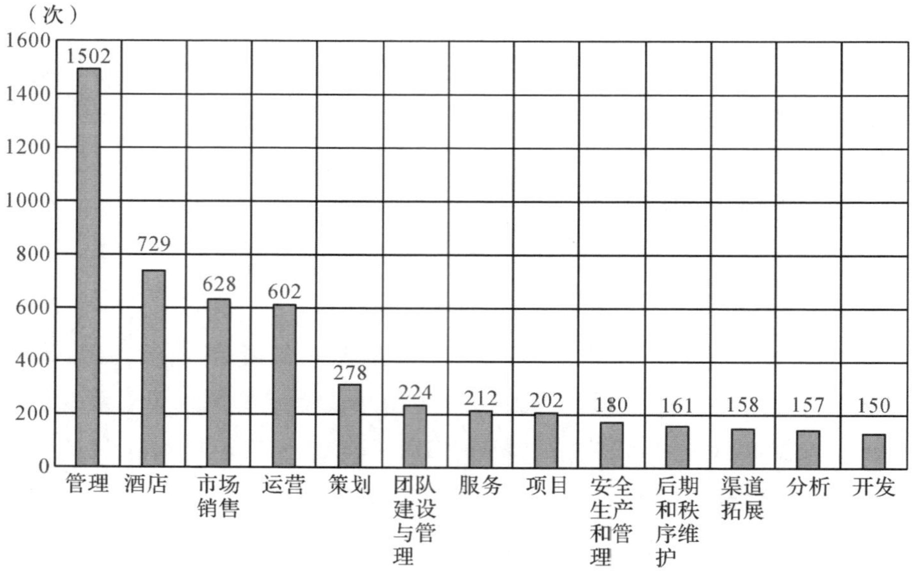

图 5-1　旅游景区行业人才需求岗位高频词

根据企业对人才需求基本的定位与要求，通过对数据进行清洗与分析，绘制旅游景区行业人才需求的可视化云图（图 5-2）。

图 5-2　景区相关行业人才需求模型词云图

对岗位职责和岗位需求进行社会网络文本分析，形成图 5-3。第一层是核心层，核心层主要是围绕着管理展开，由"管理""团队""营销""运营"等词汇构成，与实际的景区管理运营工作的分类相契合。第二层为次核心层，是对核心层感知的进一步拓展，主要由"项目""分析""策划""推广"等词汇组成,这主要是核心岗位群对于人才实际需求的精准提炼。第三层是过渡层,主要包括"旅游""服务""项目""维护"等词汇组成,这体现了景区相关行业的工作范围和内生性。第四层是边缘层,主要包括"调研""开发""安全""关系"等词,从企业开发与日常运维角度,将企业的用人需求清晰地展现出来。

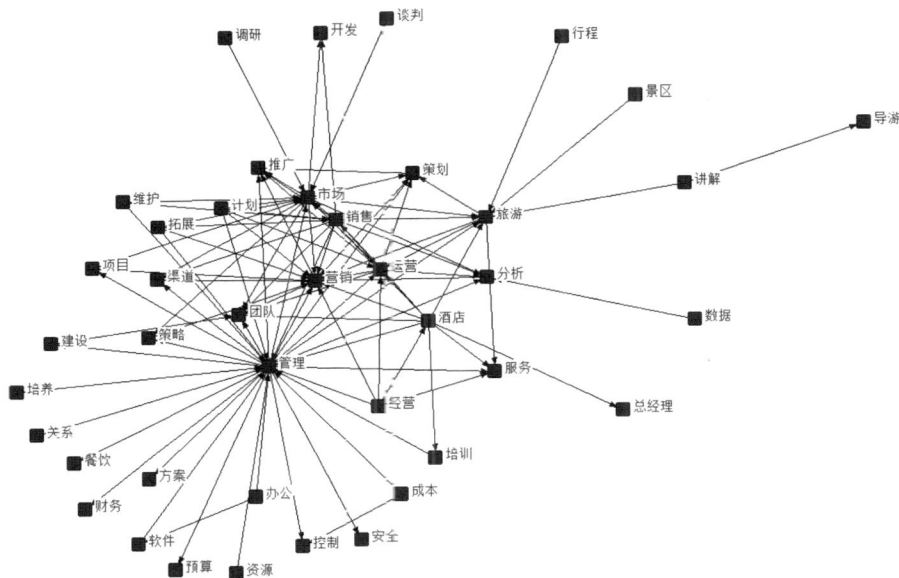

图 5-3　语义网络和社会网络图

(三)当前行业人才分析

1.行业用人学历需求分布

在旅游景区行业人才市场中,用人单位对于聘用员工的学历要求主要分为 7 个类型:暂无要求、初中及以下、中技/中专、高中及以上学历、大专及以上学历、本科、硕士。从具体数据分析上来看,对于招聘员工学历不作要求的岗位占比为 6.95%,学历要求为初中及以下的岗位占比为 0.71%,学历要求为中技/中专的岗位占比为 6.74%,学历要求为高中及以上学历的岗位占比为 5.54%,学历要求为大专及以上学历的岗位占比为 57.34%,学历要求为本科的岗位占比为 22.60%,学历要求为硕士的岗位占比为 0.12%(图 5-4)。

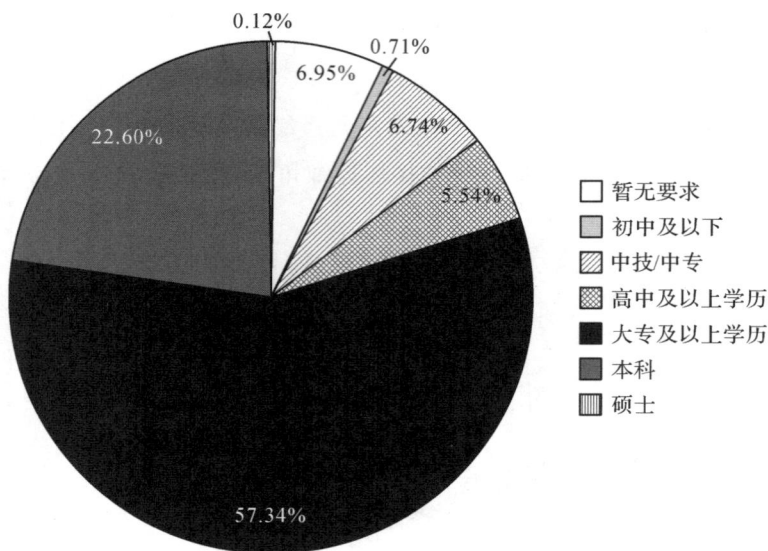

图 5-4　行业用人学历需求分布

大专和本科学历的人才成为景区行业人才需求的主流,这主要是因为这部分人才在接受高等教育的过程中,比较注重行业理论、服务与管理经验的积累,这种能力对于景区行业的提质升级具有重要的意义。再加上,景区行业涉及的旅游版块是非常多元的,例如乡村旅游景区、红色旅游景区、自然风光景区、历史人文景区等不同细分领域,大专和本科学历人才能够将自己的专业优势发挥出来。

2. 2023 年度对景区人才需求旺盛的热门省份和城市

从区域分布上来看,根据国家统计局的统计制度及分类标准,将全国经济地带分为东部地区、中部地区、西部地区、东北地区,其中,东部地区对于景区人才需求占比为 53.87%,中部地区对于景区人才需求占比为 14.63%,西部地区对于景区人才需求占比为 28.94%,东北地区对于景区人才需求占比为 2.56%(图 5-5)。

此外,对景区人才的需求排名前十的省份进行统计分析可知,其人才需求总量占总需求的 67.21%,其中,广东省、湖北省、江苏省、四川省、云南省的人才需求总量占比为 54.93%,占比超过半数,可以反映出人才需求的集中化程度较高(图 5-6)。

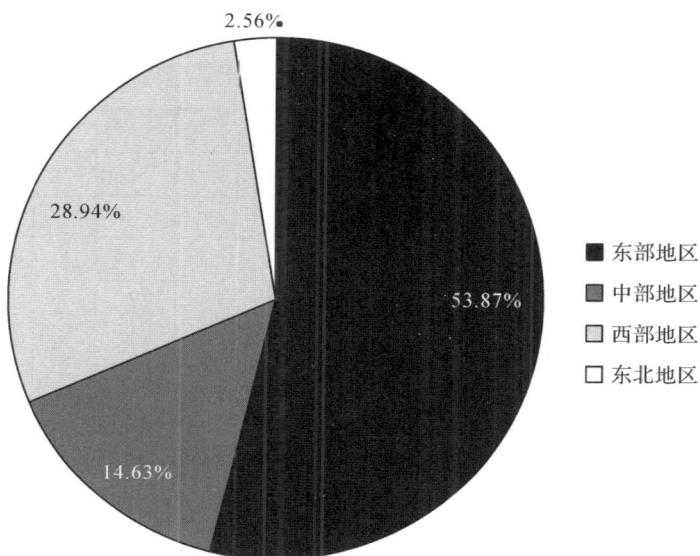

2.56%

28.94%

53.87%

14.63%

■ 东部地区
■ 中部地区
□ 西部地区
□ 东北地区

图 5-5 2023 年度景区人才需求区域分布

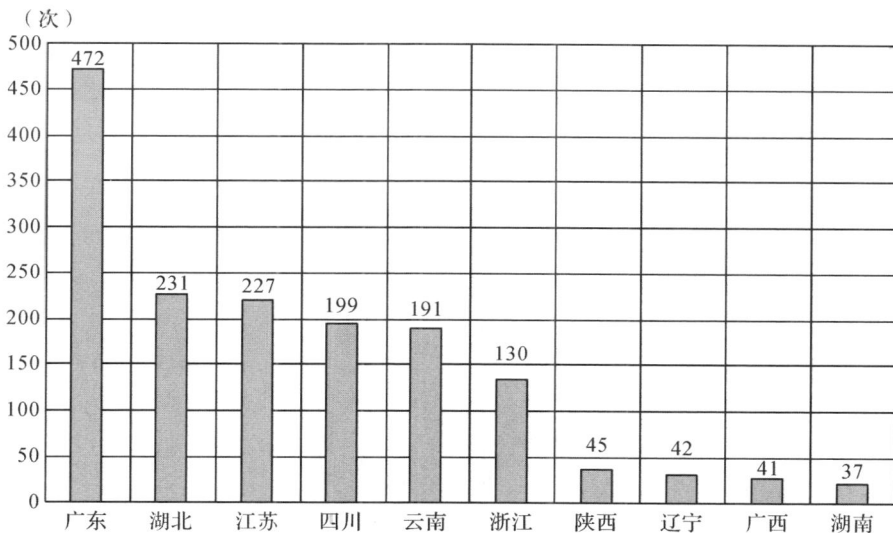

（次）

图 5-6 2023 年度景区人才需求旺盛 TOP10 的省份

通过对 2023 年度全国各大城市对于景区人才的需求（招聘岗位数量）进行分析可知：广州对于景区人才需求的频次数据为 338，处于领先地位；上海为 232，武汉为 165，深圳为 130，昆明为 116，成都为 105，重庆为 73，北京为 65，常州为 60，杭州为 58，各城市的数据存在一定的差距，广州市的人才需求比杭州市要高出 4.8 倍（图 5-7）。

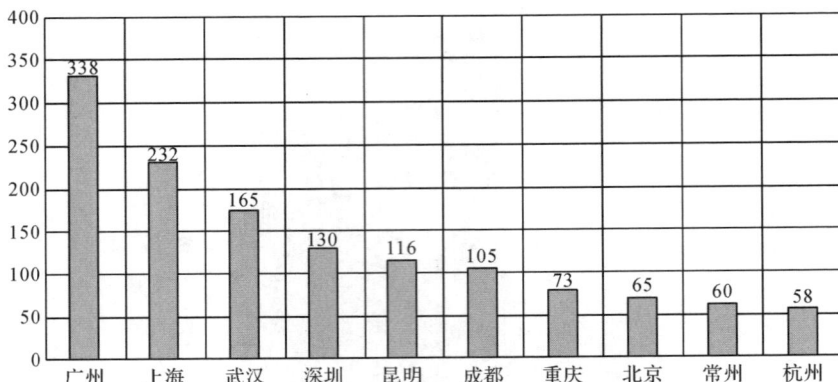

图 5-7　2023 年度对景区人才需求旺盛 TOP10 的城市

3. 相关岗位对景区人才的工作经验要求

从工作经验要求来看,景区相关岗位对景区人才的经验要求为 3—5 年经验的占比最大,为 26.66%;对于拥有 5 年及以上经验人才的需求,占比 26.25%;对于拥有 1—2 年工作经验的人才需求占比为 18.14%,对于拥有 2—3 年工作经验的人才需求占比为 13.60%,部分(12.98%)的景区相关岗位对于招聘者的工作经验无特别要求,仅有 2.37% 的景区相关岗位对于在校生/应届生有招聘需求(图 5-8)。

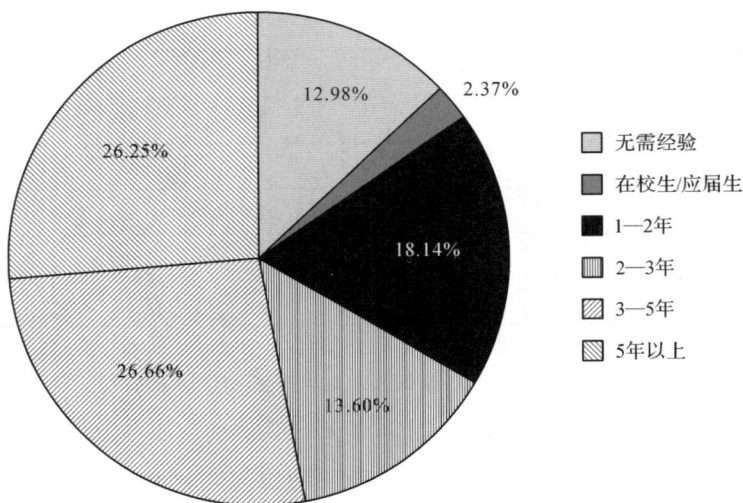

图 5-8　景区相关岗位对工作经验要求

综合来看,旅游景区行业对于人才的工作经验有一定的年限要求,这主要是与其对应的岗位职责有关,也与专业技能和行业经验的积累、资源渠道的拓展、创新能力的挖掘、人才梯队的建设有着密不可分的关系。同时，本研究也发现，旅游景区行业的部分岗位也愿意给年轻人展示的机会，15.35%的景区相关岗位可面向在校生和应届生。

4. 行业薪资水平和福利标签

随着 2023 年旅游景区行业和企业的优化升级，行业对于高端人才的需求上涨，这点可以从薪资水平上得到体现。前程无忧 51Job 官网显示，景区相关岗位中月薪 10000 元及以上的占比为 46.38%，这部分岗位主要是新媒体运营、部门经理、研学项目主管、运营总监、项目经理、首席执行官、宾馆经理、拓展经理、艺术/设计总监、翻译、总裁助理等管理类岗位及其他岗位，工作经验要求集中在 5—10 年，学历一般都需要达到大专及以上；月薪在 7000—10000元区间的岗位占比为 28.04%，主要包括景区管家、财务总监、民宿经理、品牌策划经理、平面设计师等技术型和专业型岗位；月薪在 5000—7000 元区间的岗位占比为 12.62%，主要包括英文旅游顾问、安全管理经理、景区媒介专员、游乐租赁主管、水上项目运营专员等基层执行岗位；月薪在 3000—5000 元区间的岗位占比为 11.55%，主要包括票务专员、乐园领班、温泉主管、景区讲解员、景区咨询台客服、景区检票员、研学事业部专员等岗位；月薪在 3000 元以下的岗位占比为 1.41%，主要包括假期临时工、兼职岗位等（图 5-9）。

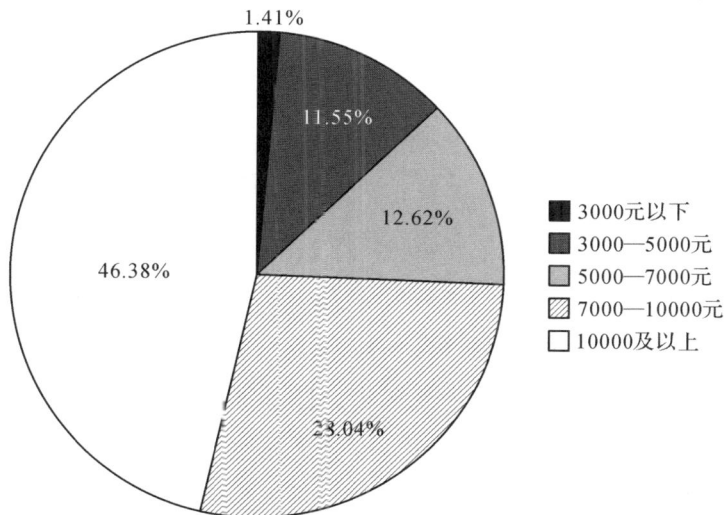

图 5-9　旅游景区行业薪资水平

　　从福利标签数据来看,26.12％的岗位提供五险一金,25％的岗位提供员工旅游/疗养,18.05％的岗位提供绩效奖金,16.60％的岗位提供专业培训,14.27％的岗位提供年终奖金,13.94％的岗位提供定期体检,12.15％的岗位提供餐饮补贴,9.98％的岗位提供交通/通讯补贴,8.40％的员工提供带薪年假,6.66％的岗位提供节日福利,6.57％的岗位可以弹性工作,3.20％的岗位包吃包住,1.71％的岗位提供免费班车,0.17％的岗位提供住房补贴,0.08％的岗位提供股权激励(图5-10)。

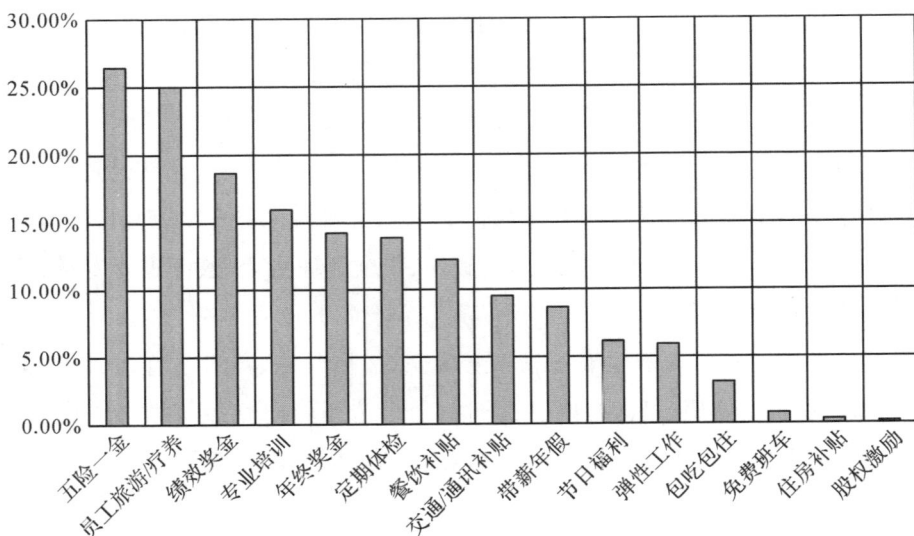

图 5-10　旅游景区行业福利标签

　　综上所述,景区行业的高薪资和高福利待遇岗位主要集中在管理、拓展、运营岗位。随着景区行业的发展,行业薪资和福利等人事保障也逐步规范和健全,良好的薪资和福利待遇能够吸引更多的专业人才的加入,从而提高整个景区行业的服务质量和游客满意度。

5. 相关行业企业性质和规模

　　从招聘企业的性质看:旅游景区相关行业招聘需求量最大的是民营企业,民营企业占比62.80％,民营企业在景区相关行业的快速发展得益于景区行业市场的驱动,民营景区类企业通过灵活的运营机制和创新能力,快速响应行业市场变化,满足了游客的多样化需求;国有企业占比为21.18％,占比较大,国有景区企业在行业中占据了较为重要的地位,主要是因为此类旅游景区往往涉及国家自然资源和文化遗产的管理,并且能够在这方面发挥特有的优势;上市公司占比为 6.99%,合资企业占比为 5.49%,创业公司占比为 1%,外资(非欧美)占比为 2.08%,外资(欧美)占比为 0.42%,非营利组织占比 0.04%(图 5-11)。

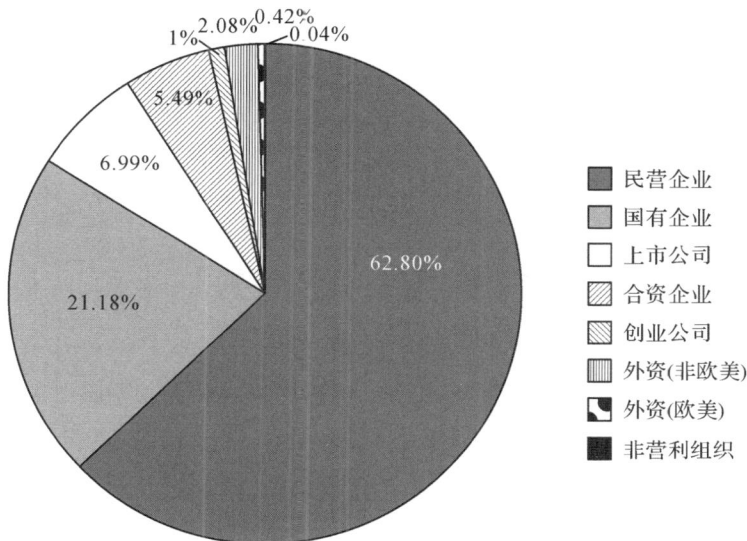

图 5-11　相关行业的企业性质

从招聘企业的规模来看,少于 50 人的企业占比最高,为 21.14%,50—150 人的企业占比位居第二,为 20.47%;150—500 人的企业占比为 18.40%,占比位居第三;500—1000 人的企业占比与 1000—5000 人的企业占比相当,分别为 14.27%、14.19%;10000 人以上的企业占比为 9.45%,5000—10000 人的企业占比为 2.08%(图 5-12)。

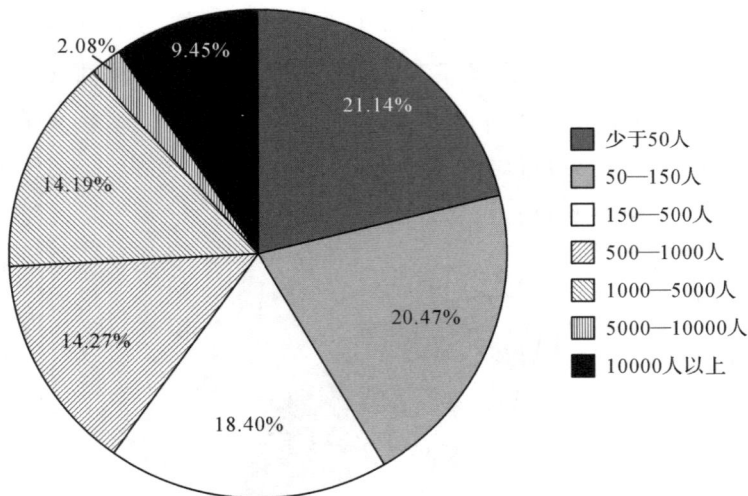

图 5-12 相关行业的企业规模

6. 2023 年相关行业热门人才需求岗位 TOP10

通过数据分析可知,2023 年相关行业热门人才需求 TOP10 包括:酒店运维、景区运营、拓展推广、活动策划、乐园主管、餐饮运营、产品经理、景观设计、导游讲解、旅游主播(图 5-13)。具体来说,酒店运维岗位主要是负责酒店的日常运营管理,确保酒店设施和服务的正常运作;景区运营岗位主要负责旅游景区的运营管理,包括游客服务、景区维护、市场营销等;拓展推广岗位主要负责景区的市场拓展和推广工作,吸引更多游客前来参观;活动策划岗位主要负责策划和组织各种旅游活动,提升景区的吸引力和知名度;乐园主管岗位主要负责主题乐园或游乐园的整体运营管理,确保乐园的安全、服务和娱乐质量;餐饮运营岗位主要负责景区内餐饮业务的运营管理,提供高品质的餐饮服务;产品经理岗位主要负责景区产品的设计、开发和管理,满足不同游客的需求;景观设计岗位主要负责景区的景观规划和设计,创造美丽、舒适的旅游环境;导游讲解岗位主要负责为游客提供专业的导游讲解服务,增强游客的旅游体验;旅游主播岗位负责通过直播平台向观众展示旅游景点和特色活动,吸引潜在游客。

这些职位反映了景区相关行业在运营管理、市场营销、产品设计、服务提升等方面的人才需求。随着旅游业的不断发展,这些职位将继续保持热门,并为从业者提供广阔的职业发展空间。

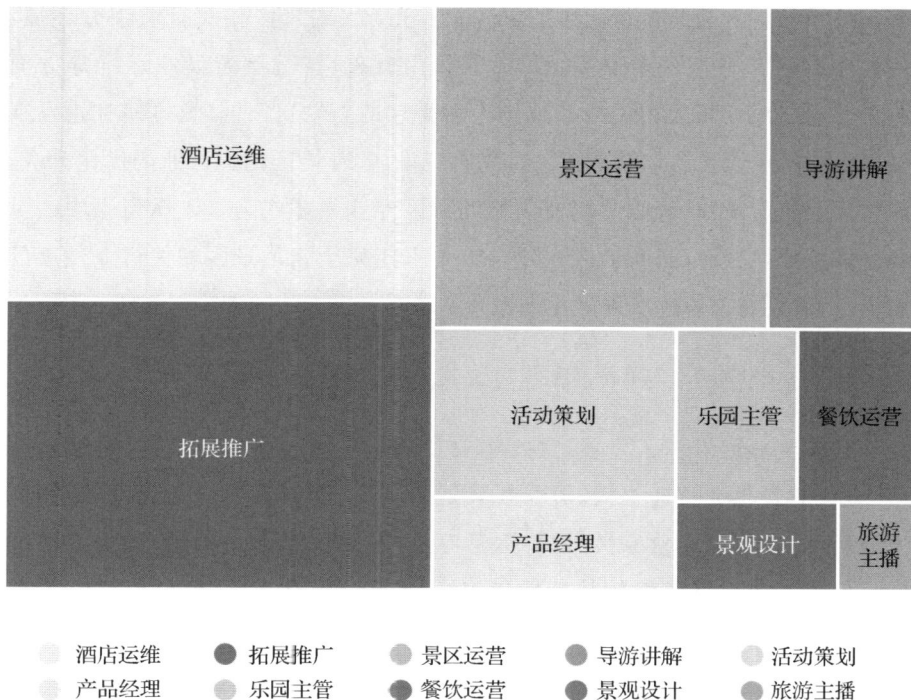

酒店运维

景区运营

导游讲解

拓展推广

活动策划

乐园主管　餐饮运营

产品经理

景观设计

旅游主播

○ 酒店运维　● 拓展推广　○ 景区运营　● 导游讲解　○ 活动策划
○ 产品经理　○ 乐园主管　● 餐饮运营　● 景观设计　○ 旅游主播

图 5-13　2023 年相关行业热门人才需求岗位

三、相关行业人才需求现状

(一)市场竞争激烈,人才储备已纳入企业的战略规划

在景区相关行业市场竞争激烈的背景下,景区相关企业已经认识到高素质人才是推动企业发展的关键因素。因此,许多景区企业开始将人才储备作为其企业战略规划的核心内容。这些人才需要具备良好的专业素养、创新思维和团队协作能力,能够推动景区的可持续发展。在具体的战略展开环节,企业会采用校园招聘、内外部培训、员工职业规划指导、规范薪酬福利、提供完善的晋升机制的方法,通过这些环节的实施,企业在吸引、培养、留住人才方面有较大的提升。

(二)行业发展迅速,新兴领域成为人才需求的缺口

在现有的景区相关行业人才结构中,中高层次的人才稀缺,尤其是缺少

兼具技术技能和管理经验、能力的人才。在新兴的景区相关行业细分领域，例如旅游项目运营、短视频策划、康养休闲管理、智慧旅游设施运维等方面的人才已经成为景区相关行业市场人才需求的新缺口。同时，本研究也发现景区相关行业人才需求的现状也在快速变化，随着景区相关行业的优化升级，人才逐渐涌入该领域，职业院校供给的景区专业人才成为这支队伍当中的重要组成部分。然而，当前景区人才供给并不能完全满足景区相关行业发展的需求，行业还需要通过多种途径来提升和培养景区人才的理论与实践水平。

(三)人才需求多样化，新兴岗位推动教学模式创新

随着文旅融合深入发展，景区相关新业态让旅游景区行业生机勃勃，新型岗位包括：景区直播主播、短视频策划负责人、露营营地运营经理、策划研发专员、生活方式运营专员、社群运营专员、高级解决方案经理、房车旅游顾问。新型岗位对应着新的技能要求，这是高职旅游类专业模块化教学改革的"风向标"之一，详见表 5-1。

表 5-1　新型岗位职责和职能类别

岗位	岗位职责	职能类别
景区直播主播	1. 负责景区抖音账号的运营和管理 2. 负责短视频的策划，结合拍摄、剪辑团队共同制作出优质作品 3. 负责提高抖音账号的曝光量和粉丝量 4. 负责合作单位现场直播	主播/主持人
短视频策划负责人	1. 负责公司旗下景区和酒店各项目媒体平台的账号搭建，以及内容撰写、策划、发布和维护，要求具有文案编辑与创作能力，有独特的美学鉴赏力，有自主选题、创意、活动策划的能力 2. 擅长抖音平台运营，挖掘景区和酒店特色，搭建项目员工账号矩阵，根据员工特性匹配运营方向和拍摄内容，分析账号运营情况并及时调整运营方向，打造出圈账号	新媒体运营
露营营地运营经理	1. 负责营地的产品规划及运营管理工作，根据经营计划分解目标并贯彻实施 2. 负责营地外部活动资源及合作资源的开拓，拓展经营模式 3. 负责媒体规划及新媒体管理，塑造并维护营地品牌形象 4. 负责完善营地运营机制，打造专业团队，提升团队凝聚力，全面提高营地运营管理水平，提升客户体验	部门经理

续表

岗位	岗位职责	职能类别
策划研发专员	1.独立/协助制定景区全年品牌活动的策划执行与宣传推广工作 2.独立/协助部门日常文案撰写、更新相关品牌介绍等 3.执行月度、季度、年度活动策划工作 4.接受不定期下沉市场的工作安排 5.协助部门完成其他应尽事宜的工作安排	策划经理
生活方式运营专员	1.负责园区日常参观接待工作 2.负责相关活动、产品的接待讲解引领工作 3.协助相关活动策划、执行工作 4.协助部门负责人开展部门工作	导游/旅行顾问
社群运营专员	1.创造、引导、孵化新社群 2.通过线上运营活动,提升社群好友人数,以及活跃参与人数 3.负责公司私域/微信群业务,负责线上私域社群运营,建立有效的运营机制,提升用户体验和转化率	社区/社群运营
高级解决方案经理	1.调研行业市场环境、潜力和竞争情况,了解行业发展动态和趋势,进行可行性分析 2.整合相关要素,根据景区客户需求,结合场景,给出解决方案 3.进行需求调研和分析,针对客户痛点,给出相应的咨询方案 4.制定顶层解决方案框架,形成公司标准方案,及时建设、更新、维护方案库	解决方案经理
房车旅游顾问	1.了解旅游目的地知识,具有一定的线路定制能力,为客户出游提供全程服务 2.挖掘客户潜在旅游需求,为客户出游创造价值	旅游顾问

(四)技能升级铸就智慧景区,人才发展开辟新路径

未来,智慧景区行业的发展将越来越依赖技术的创新和应用,因此一些特定的热门技能需求将会成为行业竞争的关键。首先,景区环境管理技能、景区应急管理技能、新媒体营销技能、市场拓展技能、知识创作技能将变得至关重要,帮助景区在数字时代建立品牌优势,提升市场竞争力。其次,大数据分析技能将成为重要需求,以处理和分析大量游客数据,提供精准的游客画像和消费行为预测,优化景区运营和市场营销策略。

最后,景区运营实战技能、活动策划技能、景观设计技能将使景区能够不断推出新服务和体验,以应对市场和技术的变化。这些热门技能需求将帮助智慧景区在竞争激烈的旅游市场中脱颖而出,实现可持续发展。具体内容如表 5-2 所示。

表 5-2　未来智慧景区行业发展热门技能需求对应解读表

序号	行业技能需求	岗位	解读
1	景区环境管理技能	环境保护管理	景区环境管理需要一系列综合技能,包括对环境科学和生态学的深入理解,以及熟悉相关法规和政策
2	景区应急管理技能	景区安全管理/特种设备安全管理	景区应急管理技能是指针对旅游景区内可能发生的各种紧急情况,所掌握的一套专业技能和处置能力
3	新媒体营销技能	新媒体内容策划/新媒体内容运营	景区新媒体营销技能是指运用新媒体平台、社交网络进行景区营销推广的一系列能力
4	景区运营实战技能	景区运营管理/旅游资源管理/基础设施管理/智慧景区管理/主题乐园运营管理	景区运营实战技能是指在景区日常运营过程中,为满足游客需求、提升游客体验、保障景区安全和提高经营效益所必须掌握的一系列实际技能
5	活动策划技能	文博场馆策展	景区活动策划技能是指为提升景区吸引力和游客体验,通过创意思维和项目管理能力设计和执行各类旅游活动的专业能力
6	大数据分析技能	数据统计	景区大数据分析技能是指利用数据收集、处理和分析技术,从大量的游客信息、消费行为、服务反馈等数据中提取有价值的洞察,以指导景区的经营决策、市场策略和服务质量改进
7	景观设计技能	园林绿化管理	景观设计技能是指利用专业知识和创意思维,对自然和建成环境进行规划和设计,以创造和谐、美观、可持续的户外空间。这项技能涵盖了地形分析、植物选择、生态系统服务、硬景设施布局、环境美学以及历史和文化元素的融合等方面
8	市场拓展技能	市场营销管理	景区市场拓展技能是指专门为旅游景区开发新客源、扩大市场份额和提高品牌影响力所运用的一系列策略与方法

序号	行业技能需求	岗位	解读
9	知识创作技能	文创品牌设计/研学旅行指导师	景区知识创作技能是指通过文字、图像、音频和视频等形式，对旅游景区的历史背景、文化特色、自然景观和旅游资源进行深入研究和创意性表达的能力

(五)未来展望

随着景区行业新业态的出现，景区行业正在逐步往智慧化、智能化的方向发展，新媒体营销、知识创作、景区大数据分析技能将会成为未来智慧景区人才必备的行业实践技能。

高职旅游类专业模块化教学改革应该立足景区新业态变化对于人才能力提出的新需求，重新设计课程模块，进行项目式教学，通过模拟真实工作场景来提高学生的职业技能，将课程内容分解为若干个相对独立但又相互关联的教学单元或模块，每个模块围绕特定的学习目标和内容展开；进一步提高智慧景区行业人才的数字化能力、综合管理和运营能力、新媒体运营能力，逐步完善校企合作机制，提高企业参与模块化教学改革的积极性。

第二节　现代旅游景区类型及其岗位集群分析

为了满足不同游客的需求和兴趣，现代旅游景区的种类日益丰富和多元化，大致可分为 6 类，分别是乡村旅游景区、红色旅游景区、自然风光景区、历史人文景区、主题乐园、文博场馆。

乡村旅游景区，这类景区主要位于乡村或农村地区，强调与自然和文化的亲密接触。游客可以体验传统的农耕文化、手工艺、农家乐等，同时欣赏到宁静的田园风光和清新的空气。乡村旅游有助于推动农村经济的发展和文化传承。

红色旅游景区，这类景区通常与革命历史有关，如革命老区、红军长征路线等。游客可以通过参观纪念馆、旧址等，了解中国的革命历程，增强爱国主义情怀。

自然风光景区，这类景区以壮丽的自然景观为主，如山脉、河流、湖泊、瀑布等。游客可以进行徒步、露营、观鸟等活动，亲近大自然，放松身心。

历史人文景区，这类景区主要展示古代建筑、遗址、文物等，如故宫、长城、秦始皇兵马俑等。游客可以通过参观这些景点，深入了解中国的历史文化。

主题乐园，这类景区通常以某一特定的主题为核心，如迪士尼乐园、海洋公园等。游客可以在这里体验各种刺激和有趣的游乐设施，适合家庭和朋友一同出行、游玩。

文博场馆，这类景区主要包括博物馆、艺术馆、科技馆等。游客可以通过参观展览，增长知识，开阔视野。

这 6 类景区中有一些通用的岗位，见表 5-3。

表 5-3　现代旅游景区通用岗位

岗位	工作内容	技能要求	相关知识要求
景区运营管理	景区预约服务	1.能够协助游客完成线上或现场预约登记 2.能够规范处理游客预约信息错误、预约信息更改等情况 3.能够及时将预约信息发送至各相关部门，做好接待准备 4.能够对预约数据、游客评价和建议等进行搜集和报送	1.景区预约的方式、渠道和预约内容 2.景区预约服务流程及规范 3.景区预约系统使用方法 4.数据分析处理
	景区综合服务	1.能够按照规章进行接待、票务、寄存、租赁、投诉接待等服务 2.能够及时将游客诉求发送至相关部门，并将处理结果反馈给游客 3.能够准确填写相关服务记录表，并对相关信息进行整理和报送	1.景区综合服务流程及规范 2.与游客交流沟通的技巧 3.票务系统、咨询系统、寄存及租赁系统使用方法
	景区交通服务	1.能够有效维护游客乘车（船）上下客秩序及景区内部交通秩序 2.能够进行停车场、旅游车船日常巡查、问题上报及突发事故处理 3.能够快速准确地售卖和验证游客乘车（船）票据 4.能够为游客提供沿途景点讲解服务	1.景区停车场相关信息 2.旅游车船设备维修保养知识 3.景区交通服务流程及规范 4.旅游车船驾驶操作运用

续表

岗位	工作内容	技能要求	相关知识要求
景区运营管理	景区餐饮服务	1.能够有序引导游客入座,并推荐餐品 2.能够准确记录游客点餐信息并及时下单 3.能够在游客用餐后准确迅速地结账,并按照游客要求正确出具收据或发票	1.景区餐饮服务流程及规范 2.景区食品安全知识 3.景区餐饮服务相关设备系统的运用
	景区商购服务	1.能够有序陈列和摆放商品,保证商品美观、整齐、稳固、易看、易取 2.能够准确收银并快速包装好游客购买的商品 3.能够准确进行商品库存清点及进货清点,及时进行商品续补	1.景区购物服务流程及规范 2.景区商品信息知识 3.景区商购服务相关设备系统的运用
	景区住宿服务	1.能够高效地完成游客入住与退宿手续办理 2.能够按照规定进行客房清扫整理和卫生检查工作 3.能够进行入住游客档案的记录和存档工作	1.景区住宿服务流程及规范 2.酒店管理相关知识 3.景区住宿服务相关设备系统的运用
基础设施管理	设施使用	1.能够准确了解游客对旅游公共服务设施的需求并提供使用引导 2.能够热情协助游客使用旅游公共服务设施,积极解答游客在使用设备过程中的疑问 3.能够及时询问游客使用旅游公共服务设施后的感受和体验,并将游客反馈及时报送景区相关部门	1.旅游公共服务设施的使用流程及规范 2.旅游公共服务设施的功能及用途 3.旅游公共服务设施使用过程中的常见问题及解决方法
	设施维护	1.能够及时清洁旅游公共服务设施,保持设施的整洁和卫生环境 2.能够及时发现旅游公共服务设施存在的问题,及时报送相关部门进行维修	1.旅游公共服务设施维护清理流程及规范 2.旅游公共服务设施常见故障及报送维修流程

续表

岗位	工作内容	技能要求	相关知识要求
旅游资源管理	旅游资源的分类及等级评定管理	1.能够开展景区旅游资源调查工作 2.能够开展景区旅游资源自评工作 3.能够开展景区旅游外部环境条件调查及自评工作	1.《旅游资源分类、调查与评价》 2.《中国森林公园风景资源质量等级评定》 3.《自然保护区类型与级别划分原则》 4.《旅游景区质量等级的划分与评定》 5.世界自然遗产,国家地质公园,国家级、省级风景名胜区评定标准
	旅游资源的保护管理	1.能够因地制宜落实景区旅游资源保护管理制度 2.能够精准定位景区的旅游资源保护对象 3.能够建立健全景区旅游资源监管制度 4.能够开展景区旅游资源防灾规划方案制定工作 5.能够根据景区旅游资源的分级分类管理档案进行相应的保护管理工作	1.旅游资源分类、调查与评级 2.《旅游规划通则》 3.《风景名胜区规划规范》《风景名胜区管理暂行条例》 4.《中华人民共和国自然保护区条例》 5.《地质遗迹保护管理规定》 6.《中华人民共和国文物保护法》 7.旅游区防灾、减灾相关知识
	旅游资源的开发	1.能够对景区旅游资源开展针对性的市场调研分析 2.能够开展景区旅游开发的可行性调研工作 3.能够开展景区旅游开发具体实施落地工作 4.能够开展景区旅游资源改造、建设、重塑、提升工作	1.《旅游规划通则》 2.旅游景区区域背景条件相关分析能力 3.旅游景区市场营销相关专业知识 4.旅游可行性调研报告相关专业知识 5.旅游总体规划、策划、控制性详细规划、修建性详细规划等相关专业知识 6.施工相关专业知识 7.用地规划相关专业知识

续表

岗位	工作内容	技能要求	相关知识要求
旅游产品管理	旅游产品开发	1.能够将自然景观开发为旅游产品 2.能够将人文景观开发为旅游产品 3.能够开发旅游配套设施产品 4.能够开发旅游线路产品	1.旅游资源相关专业知识 2.《旅游规划通则》 3.旅游总体规划、策划、控制性详细规划、修建性详细规划等相关专业知识 4.各项旅游产品相关专业知识
	旅游产品质量管理	1.能够进行景区单项旅游产品运营管理工作 2.能够进行景区专题旅游产品运营管理工作 3.能够进行景区旅游产品日常质量监督检查工作 4.能够进行景区旅游投诉处理工作	1.旅游产品日常管理相关专业知识 2.旅游产品质量监督检查标准等相关专业知识 3.旅游景区投诉处理相关专业知识 4.旅游市场营销相关专业知识 5.旅游培训相关专业知识
市场营销管理	品牌营销管理	1.能够组织开展市场调研,收集市场信息,分析市场动态 2.能够制定品牌宣传排期、费用预算等计划并进行效果评估 3.能够组织制定年度市场营销方案 4.能够组织复盘营销活动并予以优化调整	1.市场调研相关知识 2.景区品牌宣传管理制度 3.市场营销管理知识 4.景区营销管理制度
	活动策划管理	1.能够组织制定年度市场节庆活动方案 2.能够对节庆活动实施过程进行管控和效果复盘	1.景区节庆活动管理流程 2.景区节庆活动管理办法
	消费者研究管理	1.能够组织监测、分析、挖掘合作渠道、运营、用户行为等相关数据 2.能够组织进行数据分析、建模,并提出改善建议	1.消费心理学知识 2.数据分析相关知识
	项目风险评估管理	1.能够对市场营销相关项目进行风险评估与风险管理	1.风险管理知识

续表

岗位	工作内容	技能要求	相关知识要求
景区安全管理	危险源辨识与风险评估	1. 能够识别和分析景区范围内可能存在的危险源，评估其可能产生的风险，为后续的安全管理提供依据 2. 能够对危险源辨识与风险评估的原理包括对生产设备、流程，作业环境等进行系统性的排查 3. 能够采用适当的评估方法（如风险矩阵法，概率风险评估等），对危险源进行分级，制定针对性的风险控制措施	1. 危险源辨识与风险评估 2. 危险源的概念 3. 危险源辨识、分类和风险评价、分级办法 4. 《生产过程危险和有害因素分类与代码》 5. 《企业职工伤亡事故分类标准》
	安全管理计划与实施	1. 能够根据景区自身的实际情况，明确安全管理目标，分配职责和任务 2. 能够针对危险源和风险评估结果，制定相应的安全管理策略和措施，如定期检修，安全操作规程，落实岗位责任制等 3. 能够建立应急预案，明确应对突发事件的流程和方法	1. 安全管理计划的制定与实施 2. 景区安全管理体系 3. 景区安全组织管理措施 4. 景区安全管理责任制度
	安全培训与教育	1. 能够对景区全员进行必要的安全培训与教育，确保员工了解和掌握与自身工作相关的安全知识与技能 2. 能够组织安全培训与教育，如新员工入职培训、岗位安全操作规程培训、应急救援培训等 3. 能够通过组织宣传、讲座等形式，强化员工安全意识，营造安全氛围	1. 安全培训与教育 2. 《生产经营单位安全培训规定》 3. 景区相关安全生产管理基本知识、安全生产技术、安全生产专业知识 4. 重大危险源管理、重大事故防范、应急管理和救援组织及事故调查处理的有关规定 5. 应急管理、应急预案编制及应急处置的内容和要求 6. 员工的三级安全教育培训

岗位	工作内容	技能要求	相关知识要求
景区安全管理	安全检查与整改	1.能够定期在景区范围内进行安全检查,确保各项安全管理制度得到有效执行 2.能够对于检查中发现的问题和隐患,立即采取整改措施,消除事故风险 3.能够在整改完成后进行复查,确保问题得到彻底的解决	1.安全检查与整改 2.《安全生产事故隐患排查治理暂行规定》及安全检查与事故隐患排查治理制度 3.科学的安全检查制度和安全检查模式,做到"四及时":及时查找发现安全隐患,及时进行汇报协调,及时组织整改解决,及时做好记录台账 4.安全整改工作有部署、有检查、有落实,落实"五整改":整改目标,整改措施,整改时限,整改责任,整改资金
	安全事故调查与处理	1.能够对景区发生的每起事故进行详细的调查与分析,找出事故原因,明确责任人,提出改进措施 2.能够建立完善的事故档案,对事故进行分类整理,为后续的安全管理提供参考 3.能够做到对事故中涉及的人员,依法依规进行处理,对于涉嫌犯罪的行为移交司法机关处理	1.安全事故调查与处理 2.《生产安全事故报告和调查处理条例》
	应急预案与响应	1.能够根据景区范围内可能面临的风险和实际情况,制定详细的应急预案,明确应对措施和责任人 2.能够定期组织开展应急演练,提高员工的应急响应能力 3.能够在突发事件发生时,立即启动应急预案,迅速组织人员开展救援和处置工作,将损失降到最低	1.应急预案与响应 2.《国家突发公共事件总体应急预案》《生产经营单位生产安全事故应急预案编制导则》 3.景区突发事件应急预案、景区高峰期应急处置预案等 4.应急预案培训和演练、应急联动机制
	职业健康与安全	1.能够建立景区相关职业健康与安全管理体系 2.能够预防职业病和工伤事故的发生 3.能够采取相应的防护措施 4.能够定期对作业场所进行检测和评价	1.职业健康与安全 2.划分景区特种职业,如索道岗、观光车岗、锅炉岗、绿化岗等 3.特种岗位的安全防护措施

岗位	工作内容	技能要求	相关知识要求
景区安全管理	安全文化建设	1.能够积极通过多种形式营造景区安全文化氛围 2.能够加强员工的安全意识培养 3.能够鼓励全员参与安全管理 4.能够提出改进意见和建议,不断完善安全管理制度	1.安全文化建设是提高景区安全管理水平的关键 2.安全文化形式:宣传标语、安全月活动、安全知识竞赛等形式 3.景区安全预防系统、应急救援系统和管理保障系统
环境保护管理	环境质量管理	1.能够制定景区环境质量管理的规范、标准与流程 2.能够制定对景区环境进行定期监测和评估计划,包括大气、水体、土壤等方面 3.能够根据监测结果制定相应的环保措施,并进行跟踪和评估	1.环境保护相关的法律法规 2.声环境、地表水环境、大气环境等专项环境质量监测制度、布点、采样知识 3.监测结果统计分析模型与方法
	环境卫生管理	1.能够制定景区环境卫生管理制度 2.能够制定垃圾分类管理机制 3.能够建立环境卫生管理考核机制,对景区的环境卫生工作进行定期检查和评估	1.国家公共卫生的相关法规与标准 2.垃圾分类与处理 3.景区管理相关制度
	生态保护管理	1.能够确保景区生态安全 2.能够制定"低碳景区"建设方案 3.能够提供清洁能源设施设备采购建议 4.能够推进景区水电燃能源体系优化	1.景区生态足迹、生态容量相关知识 2.无废景区的理念与实践 3.能耗标准和能耗限额标准 4.低碳经济与低碳景区标准
	应急响应与管理	1.能够建立应急响应机制,制定相关的应急预案和处置措施 2.能够对突发环境事件的监测和报告,及时采取相应措施进行处理和修复 3.能够组织应急演练和培训,提高应急处理能力	1.安全隐患的类别与处理方法 2.突发事件处理流程与方法 3.应急演练的流程与规范
园林绿化管理	园林绿化养护管理	1.能够进行景区园林绿化养护技能培训 2.能够制定景区年度园林绿化养护计划 3.能够制定景区年度园林绿化补种计划 4.能够制定景区园林绿化病虫害防治计划 5.能够制定景区园林绿化更新改造计划	1.景区绿化养护标准、流程 2.景区绿化养护原则 3.景区绿化补种原则 4.园林绿化病虫害防治相关知识 5.景区园林绿化更新改造知识

续表

岗位	工作内容	技能要求	相关知识要求
园林绿化管理	园林绿化采购	1.能够编制园林绿化采购计划 2.能够选择最合适的供应商 3.能够组织景区相关部门对采购的设施设备进行验收	1.招标采购文件编制方法 2.商务谈判技巧 3.景区设备采购与验收流程
	园林绿化施工招标	1.能够清晰表述招标需求 2.能够邀请有实力的施工方参与工程竞标 3.能够组织景区相关部门对投标方案进行评选	1.招标需求的编制方法 2.工程项目洽谈技巧 3.投标方案评选部门的选择
智慧景区管理	服务智慧化	1.能够操作智能导航管理游客、停车及交通调度 2.能够使用智能导游系统及工具 3.能够操作电子自助售票及闸机系统 4.能够使用手机客户端软件 5.能够使用电子支付系统并利用互动社区进行社交服务 6.能够操作智能卡系统应用	1.图像识别、卫星定位、地理信息系统(GIS)、红外热成像、传感等技术原理,监控、引导、检测、收费等设备使用规程 2.可通过蓝牙基于位置服务的人机交互多媒体展示技术来增强景区导游词的创作与应用 3.票务系统预订模块使用规程 4.终端设备联机使用方法 5.电子支付财务知识 6.智能卡系统工作原理
	管理智慧化	1.能够使用智慧系统进行讯息发布 2.能够进行实时统计并操控智能库存管理 3.能够使用智慧财务系统 4.能够使用旅游电子商务处理日常业务 5.能够使用旅游预测预警系统 6.能够使用综合环境安防监控进行安全环境管理及应急处理 7.能够使用无人机定向巡查 8.能够使用智慧酒店管理系统对景区酒店进行管理	1.融媒体渠道发布应用 2.统计知识及智能库存管理规程 3.会使用财务软件进行财务分析 4.熟练使用电子商务,了解电子商务工具使用规范 5.掌握预测预警工作规范 6.掌握公共安全管理及应急管理的政策法规及专业技能 7.无人机操作规程 8.酒店管理系统、公安登记系统、门禁系统、在线预订平台等多系统的数据协同技术要求

续表

岗位	工作内容	技能要求	相关知识要求
智慧景区管理	营销智慧化	1. 能够使用旅游资源数据展示进行推广及管理 2. 能够利用数据库进行游客资源分析 3. 能够利用融媒体互动营销 4. 能够利用融媒体进行品牌推广 5. 能够利用融媒体精准营销 6. 能够管理智能优惠券	1. 掌握及挖掘运营管理区域内有形资产和无形资产的状况 2. 消费者诉求数据库建立原理及管理方法 3. 分析掌握融媒体整合营销实战技巧 4. 品牌战略理论知识 5. 客户画像精准营销的实战技术 6. 掌握定价理论及市场优惠策略
	产品智慧化	1. 能够运营管理各自场景进行沉浸式体验 2. 能够使用 SAAS 工具创意智造 IP 并运营 3. 能够编辑制作图片、视频、文字 4. 能够根据自主游客 DIY 需求设置附加旅游元素 5. 能够掌握 AI/VR/MR 技术应用	1. 研究掌握场景学理论及体验经济特点 2. 理解 IP 概念并掌握主题文化产品创意方法 3. 掌握摄影技能并提升后期编辑制作能力 4. 掌握旅游业六要素并能够设计完整旅游行程 5. 掌握 AR、VR、MR、裸眼 3D、4D、5D、全息投影等技术知识
新媒体内容策划	内容定位	1. 能够明确产品目标如市场目标、广告目标、宣传目标等,根据目标带领团队做好新媒体内容定位 2. 能够根据目标用户进行传播内容的定位 3. 能够根据运营平台制定内容定位	1. 掌握产品目标的内涵 2. 了解目标用户的定位 3. 掌握运营平台的定位
	内容策略制定	1. 能够根据产品定位,确定目标受众、媒体渠道选择、组合策略等 2. 掌握新媒体品牌内容打造的方法和策略 3. 掌握至少两个领域的新媒体内容运营策略	1. 了解媒体选择和策略方针的制定 2. 了解品牌打造的方法和策略 3. 掌握新媒体内容运营策略

岗位	工作内容	技能要求	相关知识要求
新媒体内容策划	内容策划	1.能够熟练掌握各类型新媒体传播内容的策划方法 2.掌握新媒体快创意的方法,如节日营销、热点借势、日常快创意、H5(HTML5)开发 3.能够根据定位、策略,带领团队合理评估产品制作周期、传播周期,内容主题、内容风格,进行专题策划。	1.掌握策划方法 2.掌握营销方法
新媒体内容运营	内容运营	1.能够设计图文、视频、直播类型内容并优化运营效果,有效提升用户转化率 2.能够结合场景设计好的内容传播模式并进行成本核算 3.掌握内容运营的核心与技巧,包括内容运营的选题、策划、优化、运营推广 4.能够根据目的、渠道、用户,合理评估内容制作周期,传播周期,制定内容主题及内容风格	1.了解设计图文、视频、各种直播类型的制作方法 2.掌握场景设计的方法 3.掌握内容运营的核心与技巧
	用户运营	1.描述用户画像、搭建用户体系 2.掌握找到并吸引种子用户、精准用户的方法 3.能够及时与粉丝互动,掌握提升用户活跃度等具体技巧	1.掌握全平台用户运营的方法与策略 2.掌握精准投放的策略 3.掌握提升关注度的方法
	活动运营	1.掌握社群活动运营的策划方式与执行方法 2.掌握跨界活动的策划方式与执行方法 3.能够按照景区企业品牌、产品传播计划,制定月度、年度活动规划并核算成本 4.能够通过设计活动推进表、活动物料清单、活动运筹表等表单,系统地管理运营细节	1.了解社群活动运营的方法 2.了解跨界活动运营的方法 3.掌握景区企业营销活动的具体情况 4.了解活动展开的方式
	职业操守	1.制作坚持一切从客观实际出发,杜绝虚假内容 2.能够全面掌握国家信息传播的相关法律法规 3.能够对团队成员进行新媒体运营人员职业操守的培养	1.坚守新媒体运营人员职业操守

续表

岗位	工作内容	技能要求	相关知识要求
数据统计	数据追踪	1.熟练掌握平台数据来源,整理成报表 2.能够使用第三方数据分析工具 3.能够通过阅读量、点赞量、评论数、转发转载量、完播率等多维度数据综合分析产品的影响力及网络热度	1.了解平台数据来源 2.熟练使用第三方数据分析工具 3.熟练分析产品的影响力及网络热度
	数据分析	1.了解数据分析报告的作用及类别 2.掌握日常运营数据报告的制作方法 3.掌握专项研究报告的撰写方法 4.能够通过多种图表直观地进行数据的展现,能够以数据优化产品	1.熟练使用数据分析报告 2.熟练制作数据报告 3.熟练撰写专项研究报告 4.了解产品数据及其背后反映的内容
	舆情分析	1.能够以互联网数据为基础,采用数据处理、文字分析等技术,对互联网内容进行检测与分析 2.能够掌握一种舆情分析方法 3.能够使用网络舆情的应对策略及调控方法	1.熟练分析互联网的内容 2.了解舆情分析方法 3.掌握网络舆情的应对策略及调控方法
文创品牌设计	品牌调研与分析	1.能够制定简单的品牌调研提纲,通过二手资料调查等方法对行业、消费、竞争对手及企业的相关资料进行收集 2.能基于品牌调研方法,合理设计品牌调研问卷和访谈提纲,根据调研方案有效实施调研,根据调研方案合理地控制调研进度和质量 3.能够收集整理品牌调研资料和品牌调研信息,基于简单的品牌分析方法对行业、消费者、竞争对手进行基本分析 4.能够协助撰写完整的品牌调研分析报告,有效地展示汇报品牌调研结果	1.了解品牌调研的内容与过程 2.熟悉品牌调研方法 3.了解品牌调研结果的分析方法 4.了解品牌调研报告的撰写方法

续表

岗位	工作内容	技能要求	相关知识要求
文创品牌设计	品牌定位与设计	1. 能够提出品牌定位的目标与思路,合理进行目标顾客定位,通过运用品牌定位方法进行市场竞争定位 2. 能够通过简要数据分析方法,明确产品品牌优势来源,能够详细制定品牌定位策略,能够明确产品品牌功能价值定位 3. 能够提出详细的品牌设计原则与思路,把握品牌设计的要点,拟定与设计人员的沟通要点 4. 能够提出产品品牌要素,进行产品品牌要素选择,详细设计和创建品牌要素,制定品牌要素构建方案	1. 了解品牌市场定位的制定方法 2. 了解数据分析方法 3. 了解品牌设计的要点 4. 了解品牌要素构建方案的撰写方法
	品牌策划方案	1. 能够基于品牌要素构建方案,提出并参与确定品牌策划的方向、框架思路和创意构想,能够提出基本的品牌策划工作内容及策划任务 2. 能够根据品牌定位完善品牌策略,并建立品牌情绪板,确定品牌基调 3. 能够基于品牌策划内容及任务,搭建合理的品牌策划文案框架 4. 能够组织或独立完成各类品牌策划方案的具体撰写 5. 能够基于设计表达,对策划方案进行优化提升与排版美化	1. 熟悉策划方案内容

续表

岗位	工作内容	技能要求	相关知识要求
文创品牌设计	VI 设计	1.能够基于品牌定位和品牌策划方案,解读品牌所需 logo 特点,用草图和思维导图的形式构思 logo 的创意 2.能够基于 Photoshop 和 Illustrator 等软件对 logo 进行细化和创作,独立完成 logo 线稿的设计 3.能够基于标志设计的标准色彩,制作 logo 的配色方案,确定 logo 颜色,制作完整的 logo 设计方案,确定品牌色及品牌调性 4.能够基于设计字体、设计理论及对书法的深入理解,为产品设计符合产品品牌调性的品牌字体,并考虑到界面及运营场景的运用 5.能够输出品牌视觉识别系统(Visual Identity,以下简称为 VI)规范,完成各类周边产物设计,并给出品牌元素应用规范;构建品牌视觉识别系统	1.熟悉思维导图 2.熟悉 Photoshop 和 Illustrator 等软件 3.熟悉标志设计的标准色彩 4.熟悉设计字体与设计理论,并有一定书法的功底 5.了解品牌视觉识别系统(VI)

一、乡村旅游景区岗位集群分析

随着人们对生态环境、文化传统和健康休闲的需求逐渐增强,旅游需求呈现了由城市向乡村回流的趋势,乡村旅游业逐渐崛起。国内外对乡村旅游概念的观点未能达成一致,但是都认同"乡村性(Rurality)"是乡村旅游的核心吸引力,乡村生态、乡村风光、乡村民宿、乡村生活作为旅游活动的对象。同时,乡村旅游是消除贫穷的重要途径,是乡村振兴新力量。我国的乡村旅游也在逐步走向国际舞台,联合国世界旅游组织全体大会公布的"最佳旅游乡村"名单中,2021 年入选的有浙江余村和安徽西递村,2022 年入选的有广西大寨村、重庆荆竹村,2023 年中国江西篁岭村、浙江下姜村、甘肃扎尕那村和陕西朱家湾村也进入了名单。联合国世界旅游组织希望通过乡村旅游带动乡村发展,其理念与我国乡村振兴的理念有相似之处。

发展乡村旅游,人才是关键。乡村旅游人才需要具备丰富的专业知识,但是目前我国乡村旅游人才是缺位的,因此乡村旅游人才的培养问题亟待解决。一方面,在乡村旅游发展的过程中,需要熟悉当地乡村历史文化、民俗风情、地理风貌、发展情况、具有乡村情感的本土人才;另一方面需要能够满足现代旅游市场需求的乡村开发管理和运营管理的专业人员,能够为乡村旅游发展涉及的各个领域、环节制定规范和标准的专业人才,能够引进先进文化、科技手段在乡村旅游产品体验和服务、管理中运用的专业人员,能够进行乡村景观设计、乡村旅游策划等活动的专业人员。

以下是乡村类旅游景区常见的岗位、工作内容、技能要求与相关知识要求。

(一)乡村旅游电商

2021年中共中央办公厅、国务院办公厅印发的《关于加快推进乡村人才振兴的意见》提出要加快农村电商人才培育。乡村旅游电商和乡村旅游都是以农村的特色资源和特色产品为对象,存在紧密的互补和融合关系。首先,乡村旅游电商开拓了旅游市场空间。在过去"吃农家菜,住农家乐"的基础上,乡村旅游电商可通过线上宣传,使得其品牌触及更多潜在游客。其次,乡村旅游电商对乡村"人、货、景"从内容和形式上进行了重构,带动了农村收益,也进一步从业态、产品和服务上促进了当地的乡村旅游发展。再次,乡村旅游电商是展示和传承乡村文化的平台,通过主播的讲解、图片和视频的方式,让人们更加深入地了解乡村的民俗文化、风土人情,进而增加乡村的吸引力。最后,农村电商可以为游客提供各种所需信息、线上咨询和订购服务,进一步推动乡村服务的提升。因此,需要培养懂电商运营知识的专业乡村旅游人才。参照2021年2.0版《农产品电商运营职业技能等级要求(高级)》(标准代码:530045),乡村旅游电商职业技能等级要求如表5-4所示。

表 5-4　乡村旅游电商职业技能等级要求

工作领域	工作任务	职业技能要求
乡村旅游品牌运营	品牌定位	1.能够根据市场调研数据分析结论、乡村文化内涵、资源特点等信息,进行市场细分、选择与定位 2.能够根据目标客户画像、乡村文化内涵、资源特点等信息,进行乡村旅游产品定位 3.能够根据乡村旅游供应模式、电子商务营销模式、发展规划和旅游产品特点,组织进行乡村旅游品牌 VI 规范、LOGO 标准、品牌口号等品牌识别系统规划 4.能够严格遵守《中华人民共和国电子商务法》《中华人民共和国广告法》等相关法律法规,具备良好的"三农"服务意识、品牌意识、较强的行业洞察能力和发展眼光
	品牌传播	1.能够指导设计符合乡村旅游品牌定位和文化内涵并易于识别和传播的品牌形象及相应图片、音频、视频等传播素材 2.能够根据营销方案,制定品牌宣传和推广计划,整合营销渠道,进行品牌传播 3.能够根据品牌形象和品牌定位,开展品牌联名和合作,整合营销活动,促进品牌传播 4.能够严格遵守《中华人民共和国电子商务法》《中华人民共和国广告法》等相关法律法规及平台规则,具备良好的"三农"服务意识、品牌传播意识和商务合作意识
	品牌维护	1.能够妥善解决客户纠纷,处理突发事件,维护品牌形象 2.能够关注客户相关数据,对品牌进行综合诊断,不断提出客户体验优化方案 3.能够根据整体经营战略,拓展及维护媒体关系,提高产品知名度和美誉度 4.能够严格遵守《中华人民共和国电子商务法》《中华人民共和国广告法》等相关法律法规及平台规则,具备良好的"三农"服务意识

(二)民宿管家

2020 年 9 月 29 日实施的国家标准《乡村民宿服务质量规范》(GB/T 39000-2020)对民宿的设施设备、安全管理、环境卫生和服务提供了标准引导。随着民宿的发展,民宿行业对专业的管理运营人员的需要也相应显现。民宿管家是人力资源和社会保障部于 2022 年 6 月 14 日公布的职业名称。人社部认为民宿管家是提供住宿、餐饮以及当地自然环境、文化与生活方式体验等定制化服务的人员。2022 年 7 月文化和旅游部等 10 部门联合印发《关于促进乡村民宿高质量发展的指导意见》,提出要打造特色民宿集群,培养一批有能力的民宿管理经营队伍。根据上述标准和指导意见,民宿管家需具有运营管理、市场推广、良好服务能力、沟通能力和安全应急能力。2024 年实施的《民宿管家国家职业标准》对民宿管家在营销服务、接待服务、活动服务和运营管理工作技能方面提供了相应的标准指引。标准对一级高级技师的技能要求如表 5-5 所示。

表 5-5 乡村民宿管家(一级/高级技师)职业技能要求

工作领域	工作任务	职业技能要求
营销服务	培育民宿品牌	1. 能定位品牌形象 2. 能制订品牌传播与发展计划
	会员管理	1. 能设计和优化会员管理制度 2. 能搭建、维护和发展会员社群
活动服务	开发主题活动	1. 能分析主题活动需求和资源,并确定活动主题 2. 能设计主题场景和内容
	开发定制活动	1. 能分析定制活动需求和资源,并确定定制活动主题 2. 能设计定制活动场景和内容
运营管理	员工管理	1. 能设计和优化人力资源管理制度 2. 能设计和优化薪酬制度及绩效考核方法
	财务管理	1. 能设计和优化财务管理制度 2. 能测算投资回报,并提出经营改进建议
	安全管理	1. 能协调安全主管部门开展业务指导 2. 能协调处理特大安全事故
指导培训	督导员工培训	1. 能指导培训方案实施 2. 能评估员工培训效果
	优化员工培训	1. 能分析员工职业发展需求 2. 能按发展目标优化培训规划

(三)研学旅行指导师

乡村旅游是实现乡村振兴战略的重要途径,《关于促进乡村旅游可持续发展的指导意见》中指出:加快乡村旅游与农业、教育、科技、体育、健康、养老、文化创意、文物保护等领域深度融合。研学旅行指导师在乡村旅游发展中有着重要的影响。首先,研学旅行指导师凭借专业知识,可通过策划和组织研学活动,有效地将乡村资源(如自然资源、人文资源)与旅游相结合,让学生在了解乡村的同时,也帮助活化了乡村资源,对其进行了传承和创新。其次,研学旅行指导师是乡村文化的传播者,通过对风土人情、民俗文化等的讲解,让游客深入地了解乡村,提高了游客的旅游体验。最后,研学旅行指导师为乡村带来了新的就业机会,进而助力乡村振兴。乡村旅游景区研学旅行指导师在课程设计中,以帮助不同年龄段的学生在乡村情景下获取乡村相关的知识、应用知识、解决问题为目标。研学旅行指导师职业技能要求如表5-6所示。

表5-6 研学旅行指导师职业技能要求

工作领域	工作任务	职业技能要求
课程设计	研学课程计划	1.能根据研学课程计划需求调研分析结果,制定研学课程计划主题,例如乡村传统技艺、农耕文化、民俗文化主题
		2.能根据研学课程计划需求调研分析结果,制定规范、准确、科学的研学课程目标
		3.能根据研学课程目标,筛选研学课程资源地,合理安排研学课程内容
		4.能根据研学课程内容、学生特点及课程的组织规律,设计研学课程计划实施安排
		5.能根据研学学生群体,进行激励和评价
	课程方案设计	1.能根据主题及目标制定原则,确定研学课程主题、研学目标
		2.能根据研学课程设计原则,进行体验式学习、参观式学习、服务性学习、研究性学习及社会学习类研学课程内容设计
		3.能根据研学课程需求调研结果及研学课程内容,筛选课程资源、设计研学行程
		4.能根据研学课程需求调研结果及研学课程内容,制作经费预算
	研学手册设计	1.能根据研学课程方案及相关信息,制作研学工作手册信息汇总表
		2.能根据研学课程方案及相关信息,制作研学工作手册工作安排表
		3.能根据研学课程方案,进行研学学生手册前言及研学分组内容设计
		4.能根据研学课程方案,进行研学学生手册行前知识内容设计
		5.能根据不同研学课程学习规律,进行参观式、体验式、服务性及研究性学习研学学生手册内容设计

续表

工作领域	工作任务	职业技能要求
实施管理	课程资源管理	1.能根据研学课程资源特点,分区域建立课程资源库
		2.能根据研学课程实施方案,建立课程资源评价管理机制
		3.能根据研学课程资源特点,挖掘其教育内涵,对课程资源内容,组织形式进行优化
	研学实践指导	1.能根据研学课程方案,进行行前课教学设计
		2.能根据研学课程方案,组织、指导学生进行开题报告
		3.能根据课程方案及工作手册,进行研究性学习研学课程实施
		4.能指导学生完成研究性学习课题结题
	评价机制构建	1.能根据研学课程方案及学生手册,设计学生研学学习效果评价量表
		2.能根据研学课程方案、组织实施及服务保障等内容,设计《研学课程实施评价表(从业人员)》
		3.能结合学生及教师对研学课程的评价结果和研学从业人员的评价结果,进行分析,并组织召开评价总结会
		4.能根据各方研学课程评价分析结果,对研学课程组织与实施提出合理化建议
安全管理	应急机制构建	1.能制定安全保障监督机制
		2.能建立应急处置小组,制定岗位职责、权利及义务
		3.能对研学课程相关服务方资质进行审核
		4.能对研学课程相关服务方应急预案进行审核
	安全体系建立	1.能建构研学旅行活动的安全管理体系
		2.能建立安全管理小组,制定岗位职责、权利及义务
		3.能制定研学活动安全管理制度
		4.能制定安全员考核评价机制
	安全系数评估	1.能对住宿条件、用餐环境、车辆状况等进行安全系数评估
		2.能对研学基地教育设施、导览设施、配套设施等进行安全系数评估
		3.能对安全员进行培训,评估安全执行力
		4.能对研学课程组织形式、线路进行安全系数评估

二、红色旅游景区岗位集群分析

红色旅游是指"到表征几代国人自 1840 年来,特别是自 1921 年来在中国共产党的带领下,浴血奋战、艰苦奋斗、开拓进取,致力于实现国家昌盛和民族复兴的伟大梦想的地点进行参观、访问的活动或社会现象"(徐克帅,2016)。2023 年,旅游市场逐步复苏,红色旅游也呈现了强劲的发展势头。途牛旅游网发布的《2023 年上半年度红色旅游消费报告》显示,红色旅游已经不仅是中老年的人活动,中青年已成为红色旅游的主力军。根据年龄分布来看,26—35 岁中青年占比 30%,18—25 岁青年占比 20%。同时,红色旅游在亲子市场里也占据越来越大的份额。文化是旅游的灵魂,红色旅游作为革命文化的结晶,承载着文化的传承。发展红色旅游,要挖掘红色的宝贵精神彩塑,对红色内容进行扩展,讲好红色故事,推动红色精神在人民群众中的传递,更好地传承革命文化。此类景区,一般包括红色旅游资源的开发与保护岗位、红色讲解员/导游员岗位。

(一)红色旅游资源开发与保护岗位

国家发展改革委会同文化和旅游部、国家文物局印发《推动革命老区红色旅游高质量发展有关方案》(以下简称《方案》)。《方案》提出要传承红色基因、赓续红色血脉,明确提出了加大革命文物保护力度、深入挖掘红色文化内涵、稳妥建设红色纪念设施、创新红色旅游产品开发等 4 项任务,明确要求以县(区、市)为单位开展革命文物资源专项调查和定期排查,全面摸清革命老区革命文物资源家底和保护需求,将革命文物资源资产使用和管理情况纳入国有资产报告,加强革命老区重大纪念设施项目建设管理,合理开发特色国防军事旅游产品,积极打造精品红色旅游演艺作品等。此岗位的职业技能要求如表 5-7 所示。

表 5-7　红色旅游景区旅游资源开发与保护技能要求

工作领域	工作任务	职业技能要求
红色旅游 开发与保护	红色旅游 资源开发	1. 能够充分挖掘和使用红色资源 2. 能够将红色革命精神融入社会主义核心价值观,紧扣时代主题 3. 能够对红色旅游产品进行创意开发,探寻其新的价值,且与当今的市场需求相适配,如文创产品开发、演艺等
红色旅游 资源保护	红色旅游 资源保护	1. 能够巡查和评估现有的红色资源,并且对资源进行分类保护及进行相应的抢救 2. 能够妥善保管遗留下来的红色资源,进行甄别和保存,且能够确保来源的可靠性和真实性 3. 能够了解对红色资源进行保护的法治和方式方法,且积极主动地进行宣传和教育 4. 能够创新地对红色资源进行保护,如借助科技改进内容展示方式,保护红色资源的同时,创造沉浸式的体验
	红色旅游 资源数字保护	1. 能够使用数字化的手段对与红色文化相关的资料和档案进行处理,建立数字资源库 2. 能够打造和使用线上数字平台,对红色资源进行数字化管理 3. 能够使用数字化平台(如短视频平台、图片平台、线上社区等)宣传红色旅游资源保护的知识和方式方法

(二)红色旅游讲解员/导游员岗位

红色旅游讲解员是文化和精神的传播者,通过对红色精神的传递,缩短与历史的距离,使得游客深入地了解和传承革命文化,进而塑造和维护红色旅游形象和品牌。红色讲解员不仅要有讲解员的专业素养,更要有政治觉悟和道德素养,紧扣时代主题,还要融入真情实感。此岗位的职业技能要求如表 5-8 所示。

表 5-8　红色旅游景区旅游讲解员/导游员职业技能要求

工作领域	工作任务	职业技能要求
红色旅游讲解	红色旅游讲解	1. 能够通过红色故事的讲解,将中华民族的革命文化和奋斗精神传递给人民群众,并能引起共情 2. 能够充分挖掘红色资源中的理想信念因子,在人民群众中开展理想信念教育 3. 能够熟练讲述故事内容,对听众类型进行分类,如干部、群众、学生,增强现场讲解的有效性 4. 能够熟练掌握红色资源内容,以及所反映的历史事件和代表性事物,还需对目前的红色研究有所了解,可以从不同视角和层次丰富讲解内容
	红色旅游资源保护宣传	1. 能够以身作则,将红色革命精神和文化精神,融入整个讲解过程,为保护和传承做好示范作用 2. 能够激发游客对红色资源的深刻理解,让游客积极主动地对红色革命精神和文化精神进行保护和传承
组织研学活动	组织和策划研学活动	1. 能够根据红色资源的特点和历史背景策划研学课程 2. 能够整合红色景区的教育资源,开发相应的教学内容 3. 能够组织和策划研学活动的开展 4. 能够培养小小讲解员,对红色文化进行传承和创新

三、自然风光景区岗位集群分析

自然风光景区是一种以自然资源为基础,包括山、河、湖、海等自然景观的旅游景区。这些景区往往具有丰富的自然生态和生物多样性,同时常常承载着丰富的人文历史和文化价值。例如,自然类旅游景区包括各种自然风景区、自然保护区、森林公园等,如世界自然遗产九寨沟、黄龙、三江并流等。

此外,风景名胜区是自然风光景区的一部分,这类景区通常具有优美的环境,可供人们游览或者进行科学、文化活动。其中包括具有观赏、文化或科学价值的山河、湖海、地貌、森林等自然景观和人文景观。

虽然自然景观旅游资源是大自然赋予地理区域的能使人产生美感的自然环境及其景象的地域组合,但必须经过人为的开发,建筑旅游设施,才能成为旅游资源。因此,保护和管理这些自然资源,同时发展旅游业,达到资源保护与保本的目标,对于自然风光景区来说是非常重要的。

我国自然风光景区以山水型景区为主。中国地域辽阔，不同地区的地形地貌各具特色。自古以来，中国人就对山岳有一种亲近、敬畏之情，也因此产生了"三山五岳""四大佛教名山""四大道教名山"的说法。除山川资源外，中国人与"水"也有着密切联系，直到今日国人还在用"游山玩水"指代出门旅游。

因为各大景区游客承载量具有"天花板"，所以以门票为主的盈利模式存在不可避免的瓶颈。同时，过高的门票价格不利于激发自然风光景区多元化经营、提质增效的潜能，带来游客重游率低，门票价格被迫下调等更加受限的恶性循环。近年来，国家不断出台政策要求景区降低门票价格，其他类型景区的大发展也引入了充分的市场竞争。在消费升级浪潮下，仅能满足观光需求的自然景观的吸引力正不断减弱，淡化属地管理色彩，探索全域旅游开发势在必行。

自然风光景区典型的岗位当属社会体育指导员岗位，此岗位的职业技能要求如表5-9所示。自然风光景区通常有漂流、攀岩、滑翔伞、骑行等活动。这些活动通常属于社会体育活动，而当前，景区与此相关的事故频发，事故风险不断增加，所以旅游景区须对相关活动做出指导性的规范。这些岗位的主要职责是确保游客在参加一些特定体育活动时的安全，如漂流船、攀岩绳索、滑翔伞等。这些活动具有较高的风险性，因此需要专业的人员进行安全管理和监督。

近年来，随着旅游业的快速发展，越来越多的人选择参加各种户外运动和探险活动。然而这导致了一些安全事故的发生。为了降低事故风险，提高游客的安全意识，旅游景区应加强对社会体育指导员的培训和管理。这些人员需要具备专业的技能和知识，能够熟练操作各种设备并应对突发情况。同时，景区还应定期对设备进行检查和维护，确保其处于良好的工作状态。

表 5-9　社会体育指导员岗位职业技能要求

工作领域	工作任务	职业技能要求
推介与解答	推介	1. 能向咨询者介绍服务项目和内容 2. 能向咨询者介绍项目特点
	解答	1. 能问询记录咨询者身体和心理的基本状态信息 2. 能向咨询者说明项目服务标准和费用情况 3. 能向咨询者说明装备器材情况

续表

工作领域	工作任务	职业技能要求
技术指导	指导准备	1. 能根据场地、指导对象特点和活动内容准备相应器材 2. 能指导运动装备的准备 3. 能制订单次活动的基本练习方案
	讲解示范	1. 能讲解动作基本要领 2. 能完整示范动作
	练习指导	1. 能根据指导对象基本情况、场地与活动情况设计分组 2. 能根据练习方案指导练习 3. 能发现并纠正指导对象明显技术动作错误
安全防护	保护帮助	1. 能使用保护与帮助的辅助器材 2. 能指导意外身体失衡情况下的自我保护 3. 能提出项目的风险保护要求
	应急处理	1. 能通过观察、询问等方法对紧急情况进行预判 2. 能进行冰敷、绷带固定等急救操作 3. 能使用电子血压计、紧急医疗服务急救包等急救设备进行应急处理

四、历史人文景区岗位集群分析

历史人文景区作为文化与时代印记的载体，是连接过去与现在的桥梁。这些景区通常包括历史悠久的古迹、建筑艺术的典范、重大历史事件的遗址和具有代表性的民族文化遗产等。它们不仅见证了历史的变迁，也映射了人类社会的发展脉络。

这些景区的存在使得后人能够直观地接触到前人的智慧结晶，感受到不同文明的独特魅力。例如中国的长城、埃及的金字塔、希腊的雅典卫城，都是人类历史上不可多得的宝贵财富。在这些地方，游客不仅可以欣赏到宏伟壮观的建筑和精美的艺术品，还可以通过各种展览和解说，深入了解这些文物背后的故事和意义。

为了更好地发挥历史人文景区的教育功能，研学旅行成为一种新兴的旅游模式。研学旅行指导师作为这一模式中的关键角色，他们不仅需要具备丰富的历史文化知识，还需要掌握教育学、心理学等相关知识，以便更有效地组织和指导学生进行研学活动。

研学旅行指导师岗位的具体要求评见前文表5-6。

在研学旅行课程设计中,指导师需要根据学生的年龄段和认知水平,制定合适的教学目标和内容。列如,对于小学生,可以设计一些简单的寻宝游戏,让学生在寻找线索的过程中学习历史知识;对于中学生,可以安排更为深入的专题研究,鼓励学生对某一历史事件或文化现象进行深入探讨和分析。

此外,研学旅行指导师还需要具备良好的沟通能力和组织协调能力,能够在旅行过程中及时解决各种突发问题,确保学生的安全和旅行的顺利进行。同时,他们还应该能够激发学生的学习兴趣,引导学生主动探索和思考,使研学旅行成为一种真正的教育体验。

因此,历史人文景区不仅是游客观光的目的地,更是学生学习和成长的课堂。通过研学旅行,学生可以在亲身体验和实践中,更加深刻地理解和感悟历史与文化的精髓,从而培养出对人类文明的尊重和对传统文化的传承意识。

五、主题乐园岗位集群分析

主题乐园主要指主题公园,是以特有的文化内容为主题,以现代科技和文化手段为表现,以市场创新为导句的现代人工景区。

主题公园的建设和运营,不仅可以满足人们的娱乐需求,还可以带动相关产业的发展,对当地经济社会的贡献巨大。主题公园起于欧洲,兴于美国,1955年加利福尼亚州迪士尼乐园的建成,标志着世界上第一个具有现代概念的主题公园诞生。

发展主题乐园产业的优势主要体现在以下三个方面:

第一,市场需求持续增长。随着城市化的持续推进以及中产阶层的不断壮大,主题公园的市场前景总体向好。据统计,2019年,81％的游客选择本土主题公园;预计到2025年,本土主题公园将继续服务70％～75％的游客。此外,中国是全球主题公园游客数量增长最快的国家,2020年全球排名前10的主题公园中,中国入围3家。

第二,区域竞争激烈但市场潜力巨大。目前全球主题公园发展呈现龙头优势集中,亚太地区已成为主题公园发展中心。国内已经形成了珠三角、长三角、环渤海、西南地区等主题乐园聚集区。尽管国外主题公园巨头进入中国市场,国内主题公园将面临更加激烈的竞争,但这也意味着我国有着巨大的市场潜力和发展空间。

第三,促进地方经济发展。主题公园作为一个综合性的旅游目的地,不仅可以吸引大量游客,还可以带动周边的餐饮、住宿、购物等多个产业的发展,从而促进地方经济的持续增长。

综上所述,发展主题乐园产业不仅可以满足市场日益增长的需求,还可以充分利用本土文化优势,促进地方经济发展,具有明显的竞争优势和市场潜力。

(一)游客咨询与服务岗位

主题乐园的游客咨询与服务岗位是游客体验的重要组成部分,提供了信息指引和问题解答,确保游客在园区内得到愉快的游玩体验,此岗位的职业技能要求如表5-10所示。担任此类岗位的工作人员是游客对于乐园服务的第一印象,需要具备优秀的沟通技巧、丰富的园区知识和快速解决问题的能力。他们通常驻守在园区的核心位置,如入口、客服中心或其他易于接触的位置,为游客提供包括景点介绍、表演时间说明、导览图解读、失物招领、紧急救助等各类服务。

此外,这些工作人员还需要能够处理各种突发状况,比如游客身体不适、走失儿童的报告等,以专业和镇定的态度缓解游客紧张情绪,并提供有效的解决方案。他们的目标是保证游客在园区内的安全、方便和乐趣,从而提升游客的整体满意度,打造积极的游园口碑。

表 5-10　游客咨询与服务岗位职业技能要求

工作领域	工作任务	职业技能要求
前台服务	提供信息	能够在园区入口、客服中心或信息台提供咨询服务
	呼叫中心	能够根据游客实际情况,回答游客关于景区的各种问题,包括门票价格、游乐设施适合年龄、餐饮位置等

续表

工作领域	工作任务	职业技能要求
呼叫中心	预约服务	能够为游客提供门票预订、酒店预订、餐饮预订等服务
	信息更新	能够向游客提供最新的游园信息,包括临时变更、特别活动通知等
导览服务	导览引导	1.能够为有需要的游客群体提供导览服务,讲解景点背景故事和注意事项 2.能够有效管理不同类型的游客群体 3.能够掌握一门或多门外语 4.应具备强烈的服务意识和客户导向思维,始终将游客体验放在首位
紧急协助	应急响应	能够掌握基本的急救知识和应急处理技能,能够在关键时刻做出正确的判断和行动
	协调救援	能够与不同部门和团队有效合作
	记录和报告	能够准确记录事件详情,并按照规定流程上报和反馈信息
	法律知识	熟悉相关法律法规和园区政策,确保在紧急情况下的处理合法合规
维护秩序	排队管理	掌握一定的心理辅导技能,能在必要时帮助游客缓解焦虑和紧张情绪
	安全检查	能够观察并识别可能导致秩序混乱的行为或状况,及时采取措施
	现场指挥	能够有效管理人群和处理突发情况
	规则宣导	能够清晰、有条理地向游客传达信息,解释规则和指引路线

(二)运营管理岗位

通过对 2023 年主流招聘平台上的数据进行分析可知,主题乐园运营管理岗位是较为热门的岗位,主要原因如下。

首先,运营管理岗位在主题乐园中起着至关重要的作用。它们负责确保主题乐园的顺利运营和高效管理,包括游乐设施的运行、游客服务、安全管理等方面。这些岗位的专业知识和经验能够确保主题乐园的日常运营顺利进行,为游客提供优质的服务和愉快的体验。其次,运营管理岗位有助于提升主题乐园的品牌形象和游客满意度。通过有效的管理和运营,主题乐园能够塑造出独特的品牌形象,吸引更多的游客前来参观。同时,优秀的运营管理团队还能够关注游客的需求和反馈，及时改进服务质量和设施条件，提升游客的满意度和忠诚度。

此外，运营管理岗位还能够有效应对突发事件和危机情况。在主题乐园运营过程中，可能会遇到各种突发情况，如设备故障、安全事故等。运营管理团队需要迅速响应并采取有效措施，确保游客的安全和主题乐园的正常运营。这种应对能力对于维护公园的声誉和游客的信任至关重要。综上所述，主题乐园需要运营管理岗位来确保景区的顺利运营、提升品牌形象和游客满意度以及应对突发情况。这些岗位的专业知识和经验对于景区的长期发展和成功至关重要，具体的职业技能要求如表 5-11 所示。

表 5-11 主题乐园运营管理岗位职业技能要求

工作领域	工作任务	职业技能要求
统筹规划	战略规划能力	1.能够根据主题公园的发展方向，制订景区营运战略与市场营运方案 2.能够建立和完善主题公园管理制度和工作流程 3.能够负责主题公园所有旅游资源的调研整合、概念策划和经营管理，以及市场区域的划分
实际运营	实际运营技能	1.负责主题公园内景点、酒店、餐厅、文化设施等的实际运营管理，确保游客体验的连贯性和满意度
	团队管理技能	1.能够组织制定运营相关工作方案 2.能够参与其他工作方案的讨论，负责审核主题公园运营的规章制度、工作流程及服务规范
	服务质量管理	1.确保所有主题公园的项目、活动和服务能够满足游客需求 2.保证主题公园的相关服务质量要求达到国家景区等级划分条件标准
	市场营销技能	1.掌握新媒体矩阵的设计与运营的技能 2.掌握营销主题活动策划与推广的技能
	沟通协调技能	能够与团队成员、供应商、政府部门等多方进行有效沟通，确保项目顺利进行
	创新能力	参与景区项目的规划、提升和筹建，提出相关意见和建议，以增强主题乐园的吸引力和竞争力
	危机处理能力	1.应对突发事件，能够保障游客和员工的安全 2.应对突发事件，能够维护主题乐园的品牌形象

工作领域	工作任务	职业技能要求
实际运营	专业知识	熟悉《旅游景区质量等级的划分与评定》《旅游度假区等级划分》等相关法规和标准，了解景区质量等级评定机构的变更和评定流程

六、文博场馆岗位集群分析

文博场馆是集文化、艺术、历史、科技等多种元素于一体的旅游目的地，以博物馆、图书馆、美术馆、纪念馆等为主要载体。这些场馆通常收藏和展示了大量的历史文物、艺术品、文献资料等，是人们了解历史、文化和艺术的重要窗口。

从全国范围来看，文博场馆非常丰富多样。例如，已正式对公众开放的浙江省博物馆之江馆区。之江馆区位于浙江杭州钱塘江畔的之江文化中心，建筑面积 10 万平方米，展陈面积 32012 平方米，是集收藏、保护、研究、展示、宣传、教育和文化体验于一体的现代化公共文化空间。之江馆区陈列展览及公共服务空间位于地下一层至地上四层，展览策划以"思想高度、学术深度、人文温度"为原则，构建了"159"多样化展览体系，即 1 个浙江通史展、5 个浙江文化专题展、9 个功能拓展体验展。"浙江一万年"通史陈列将浙江万年中的百件大事记以"之"字形依次展开，用考古成果和文物突出浙江历史的高光亮点，以及稻作、丝绸、瓷器等起源，体现浙江人文和科技发展对中华文明乃至世界文明的贡献；青瓷、海洋、宋韵、书画、名人等 5 个浙江文化专题陈列，解码浙江独特的文化基因；"中国历代绘画大系陈列"等 9 个功能拓展和体验陈列，既具有个性化、多样化、品质化的特点，又兼备科技感和体验感。作为首批被确定的国家一级博物馆和中央地方共建国家级博物馆，浙江省博物馆近年来积极创新、不断发展。未来，浙江省博物馆将以"现代化、数字化、国际化"为目标，提供更好的公共文化服务。

2024 年文博场馆的发展趋势主要包括以下五个方面：

一是数字化和科技化。随着科技的不断发展，文博场馆越来越多地运用数字化和科技手段来提升游客的参观体验。例如，VR、AR、3D 打印等技术，让游客能够更加深入地了解文物背后的故事。

二是互动性和参与性。文博场馆正在从传统的展示方式向更加互动、参与式的展览方式转变。场馆通过设置互动区域、动手体验区、亲子活动区等，让游客能够更加主动地参与到展览中，增强游客的互动性和参与感。

三是主题化和多元化。文博场馆的展览越来越注重主题化和多元化，以吸引不同年龄层次和兴趣爱好的游客。例如，历史、艺术、文化、科技等不同主题的展览，通过多元化的内容和形式来满足游客的需求。

四是社交化和媒体化。文博场馆正在借助社交媒体的力量来扩大自身的影响力。通过线上线下的互动活动、社交媒体的营销推广等，让更多的人了解和参与到文博场馆的展览中。

五是跨界合作和创新。文博场馆正在积极探索跨界合作和创新的方式，以拓展自身的业务范围和增加收入来源。例如，与艺术家、设计师、科技公司等合作，共同推出创新性的展览和活动，积极探索新的业务形态，如沉浸式演艺、互动式游戏等，丰富游客的体验。

未来，随着科技的进步和人们对于文化体验需求的不断提高，文博场馆的发展将更加注重创新和多元化，为游客提供更加丰富、有趣的文化体验。策展岗位在文博场馆中扮演着越来越重要的角色，此岗位的职能技能要求如表5-12所示。策展师通过专业知识、创意策划、资源整合，为文博场馆提供高质量、有吸引力的展览，推动文化遗产的保护、传承和普及。文博场馆需要策展岗位的原因主要有以下四点：

第一，策展岗位确保了展览的专业性和学术性。策展人通常具有深厚的艺术、历史或文化遗产知识背景，他们能够理解、解读并展示文物、艺术品或历史遗产的价值和故事。他们的专业知识保证了展览内容的准确性、权威性和深度，为观众提供有教育意义的参观体验。

第二，策展人具备创意策划的能力，能够根据文博场馆的定位和观众需求，设计出新颖、吸引人的展览方案。他们通过选择展品、设计展览布局、制定主题等方式，创造出一个富有故事性和艺术性的展示空间，提升观众的参观兴趣和参与度。

第三，策展岗位涉及资源整合和项目管理的工作。策展人需要与多个部门合作，如艺术机构、收藏家、艺术家、设计师等，整合各种资源，确保展览的顺利进行。同时,他们还需要制定项目计划、管理预算、协调时间表等,确保展览的顺利开幕和持续运营。

第四,策展人关注观众的需求和体验,通过提供导览、讲解、教育项目等服务,帮助观众更好地理解和欣赏展览内容。此外,策展人还负责推广和营销展览,吸引更多的观众参观,提高文博场馆的知名度和影响力。策展人需要具备广泛的技能和知识,这些不仅包括专业的学术背景和丰富的工作经验,还涉及项目管理、沟通协作、法律合规、技术应用等方面。这些技能共同确保了策展人能够在文博场馆中有效地策划和管理展览,为公众提供高质量的文化体验。

表 5-12 文博场馆策展岗位职业技能要求

工作领域	工作任务	职业技能要求
学术与研究	学习能力	1. 了解深厚的艺术史、博物馆学、文化遗产或相关领域的知识 2. 能够进行初步的研究,撰写论文和出版物,推动行业交流
展览策划	创意与设计思维	1. 能够创造性地策划展览内容和形式,提供独特的参观体验 2. 拥有良好的审美能力,能够合理搭配展品和设计展览空间
	项目管理技能	1. 拥有优秀的时间管理和资源协调能力,确保项目按时按预算完成 2. 熟悉项目管理流程,包括预算编制、时间表制定和风险评估
	沟通与协作能力	1. 能够与艺术家、设计师、赞助商以及博物馆内部的其他部门进行有效沟通和合作 2. 能够清晰地传达展览的主题和理念,吸引观众并提供信息
	组织与协调能力	1. 管理多个任务和团队,确保各项工作有序进行 2. 解决展览策划和实施过程中的问题和冲突
	法律与合规知识	1. 了解与版权、文物保护相关的法律条文,确保展览活动合法合规 2. 熟悉博物馆行业的道德规范和最佳实践
	技术与数字能力	1. 掌握多媒体互动技术、VR 等现代展览手段 2. 能够使用博物馆管理系统、内容管理系统等技术工具
	市场意识与推广能力	1. 了解当前的文化市场趋势和观众需求,调整展览策略 2. 策划有效的营销活动,提高展览的吸引力和影响力
	教育与解释能力	1. 设计和实施教育项目,如导览服务、讲座、工作坊等 2. 编写展览解说文字,确保内容准确且易于理解

续表

工作领域	工作任务	职业技能要求
展览策划	国际视野与语言能力	1.具备国际视野,了解不同文化背景下的艺术趋势和策展实践 2.掌握一门或多门外语,以便在国际化的舞台上展示本土文化
	领导力与团队管理	1.能够指导团队成员,发挥其潜力,实现共同目标 2.建立积极的工作环境,激励团队成员参与和创新
	适应性与解决问题的能力	1.应对不断变化的环境和挑战,灵活调整策展策略 2.面对问题时能够迅速找到解决方案并采取行动

第六章　智慧景区开发与管理专业人才培养规格与教学模块设计

　　旅游业正在数字化浪潮的推动下经历一场深刻变革。景区作为这一趋势的前沿,其发展不仅需要先进的技术支持,更需要一批既懂技术又通管理的专业人才。为此,构建一个系统化的智慧景区专业人才培养体系显得尤为迫切。本章节旨在探讨智慧景区专业人才的培养规格与教学模块设计,以期为智慧景区专业人才培养提供新的思路和方法。本章将在前文界定的智慧景区专业人才核心能力基础上,展开课程设置、知识结构和实践技能的综合设计。通过理论与实践的结合,为培养出能够适应未来景区行业发展的高素质复合型人才和智慧景区的高质量发展提供源源不断的动力。

第一节　智慧景区开发与管理专业教学模块设计与课程体系

　　为了培养面向未来景区的复合型人才,浙江旅游职业学院智慧景区开发与管理专业从 2023 年开始在三年学制的班级探索实施模块化教学。教学设计按照景区的类型划分为 6 大模块,分别为乡村旅游景区、红色旅游景区、自然风光景区、历史人文景区、主题乐园、文博场馆。其中乡村旅游景区与红色旅游景区模块为必修模块·在第三学期进行教学;另外 4 个模块为选修模块,第四学期选修其中 2 个。在 6 大模块的基础上,智慧景区开发与管理专业重新构建教学课程体系,包括专业基础课程、专业核心课程、专业拓展课程和实践性教学项目(图 6-1)。具体如下:

①专业基础课程：这部分课程旨在为学生提供必要的基础知识与技能，对应人才培养方案中的专业群平台课和职业技术课，安排在大一学年进行教学，如旅游学概论、市场营销、旅游标准知识、旅游资源调查与评价、数字媒体设计与制作、旅游规划原理、计算机平面设计和管理学基础等。

②专业核心课程：这些课程是模块化教学的重点，对应人才培养方案中的职业技术课，安排在大二学年进行教学，包括大数据分析与市场营销、智慧旅游与信息技术、景区接待服务和旅游策划，旨在培养学生的核心专业技能。

③专业拓展课程：为了拓宽学生的知识面和技能，模块化教学的专业拓展课程提供了多样化的选择，对应人才培养方案中的专业选修课，包括景区运营管理实务、研学旅行课程设计、新媒体运营、解说系统设计与应用、景观设计、旅游设施与工程设计、园林植物识别与应用7门课程，安排在大二学年"7选5"进行教学。

④实践性教学项目：理论与实践相结合是教育的重要组成部分，在11门专业核心课程与专业拓展课程中，均设置了4个实践教学项目，如大数据分析与市场营销课程包括了景区游客画像分析、景区游客评论分析、游客消费行为分析和客流监测与预测，对应大二学年的4个教学模块。因此，每个教学模块（对应一种类型的景区）中，同学们需要以6－8人的小组形式完成相应的9项实践实训项目，并将成果汇编成册，在每个教学模块授课结束后进行答辩。

综上所述，智慧景区开发与管理专业的模块化教学课程体系是一个综合性的教育方案，它不仅包含了理论知识的学习，还强调实践技能的培养，以及对未来发展趋势的理解和适应。通过这样的课程体系，学生可以全面提升自己的专业素养，为将来在智慧景区开发与管理领域的职业生涯做好准备。

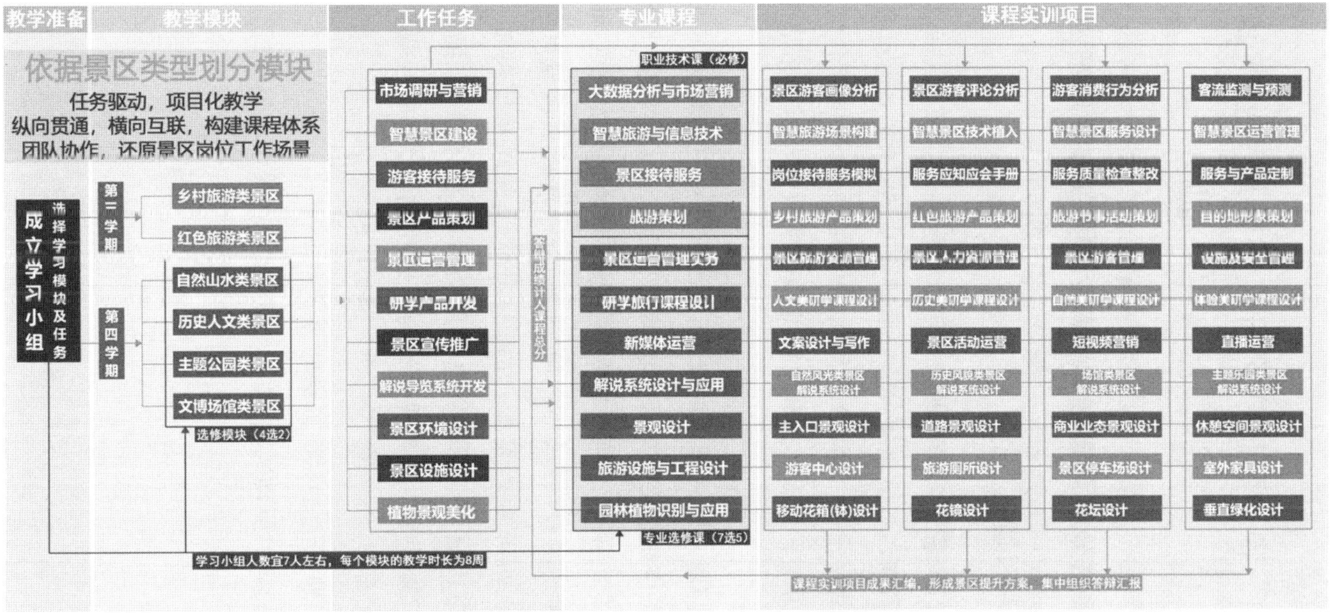

图 6-1 智慧景区开发与管理专业模块化教学课程体系

第二节 智慧景区开发与管理专业实践实训项目与评价细则

一、《大数据分析与市场营销》实训项目与评价细则

(一)实训项目简介

【实训项目】智慧景区大数据分析与市场营销

【实训场所】浙江省文化和旅游发展研究院、浙江省文化和旅游智库、浙江省文旅统计数据中心、浙江省智慧旅游体验中心、景区综合模拟实训室、深大智能—智游宝平台等具备开展智慧景区大数据分析与市场营销实训教学的校外环境。

【实训目的】随着信息技术的发展,大数据分析已成为提升景区运营效率、优化游客体验和制定有效营销策略的关键工具。本次实训旨在让学生能够将理论知识与实际工作相结合,通过分析游客行为数据、市场趋势和消费者偏好,为景区提供数据驱动的决策支持,从而提升景区的市场竞争力,推动旅游业的可持续发展,同时提升学生的决策支持能力、创新思维、团队协作与沟通能力,让学生了解行业动态与标准,提高职业竞争力,培养解决问题的能力,实现理论与实践相结合,养成社会责任感与职业道德。

【课时分配】4 个模块,共 16 课时。

【教学方法】项目驱动式教学;互动式教学;在线学习与资源分享。

（二）实训内容

表 6-1 《大数据分析与市场营销》课程实训内容及要求一览表

实训任务	知识点	技能点	素养点
游客画像分析	1.了解游客画像的概念与应用 2.熟悉游客画像的分析原则与规律 3.掌握智慧景区游客画像的分析思路与方法	1.能够通过各种途径获取游客的数据，并进行数据清洗、整合和存储 2.能够根据游客的行为、偏好和属性等信息，对游客进行分类和标签化，以便更好地理解不同类型游客的需求 3.能够分析游客在景区内的行为模式，为景区的服务和营销提供依据	1.具备市场洞察能力，具备团队协作能力 2.具备分析全球旅游发展前沿的能力 3.具备逻辑思辨及客观评价的综合应用能力
游客评论分析	1.了解 OTA 在线评论查找路径 2.熟悉游客评论分析的步骤 3.熟悉游客评论分析的可视化路径	1.能够对游客评论文本进行预处理，包括分词、去除停用词、词性标注等，以便后续分析 2.能够判断游客评论中的主观情感，如正面、负面或中性情绪 3.能够提取游客评论中的关键词和短语 4.能够对游客评论数据进行描述性统计和推断性分析	1.具备跨学科知识学习的能力 2.具备人文关怀素养 3.具备运用不同的方法、角度进行思考，提出新颖的观点和建议的创新能力
消费行为分析	1.了解景区游客的消费偏好 2.熟悉景区游客的消费心理 3.熟悉景区游客的分析方法与可视化路径	1.能够从不同来源收集游客数据，并有效地管理和存储这些数据 2.能够对数据进行描述性统计、推断性统计分析等 3.能够熟练使用数据分析工具和软件，进行数据挖掘和分析 4.能够设计和实施市场调研，以收集关于游客行为和偏好的第一手数据 5.能够运用商业智能工具和策略，将数据转化为可操作的洞察和策略，以提升景区的运营效率和盈利能力	1.具备消费者权益保护的法律知识 2.具备社会责任感 3.具备将理论知识与实际情况相结合的能力
客流监测与预测	1.了解智慧景区客流监测的案例应用 2.熟悉景区客流预测的方法	1.能够构建和运用预测模型 2.能够撰写清晰、有说服力的报告	1.具备职业诚信 2.具备集体主义精神和协同工作能力 3.具备国家安全意识；具备国际视野

（三）实训项目分解

1. 项目一：游客画像分析

【实训步骤】

①数据收集：从不同的数据源收集自然风光景区、历史人文景区游客相关数据，包括个人信息、行为数据、消费记录、社交媒体互动等。

②数据预处理：对收集到的数据进行清洗、去重、填补缺失值等预处理操作，以确保数据的质量和可用性。

③探索性数据分析：通过统计分析、可视化等方法对数据进行初步探索，了解数据的分布、趋势和异常值等。

④特征工程：选择与游客画像相关的特征，包括人口统计学特征、行为特征、消费特征等，并进行特征提取和转换。

⑤构建游客画像：运用数据挖掘和机器学习技术，如聚类、分类、关联规则挖掘等，构建游客画像。

⑥分析与应用：对构建的游客画像进行分析，提取有价值的信息和洞察，如游客细分、偏好预测、行为模式分析等。

【实训评价】

成果展示：将分析结果通过图表、仪表板等形式直观展示。

反思总结：每位同学对实训过程进行反思和总结，提炼学习心得和实践经验，并将实训成果应用于实际场景中，如营销策略制定、服务优化等，以验证实训成果的实际效果和价值。

报告撰写：撰写实训报告，总结分析过程、结果和洞察。

评价反馈：组织实训成果的讨论和评审，接受教师和同学的反馈和建议，进一步优化分析模型和结果。

2. 项目二：游客评论分析

【实训步骤】

①数据收集：从在线旅游代理（OTA）、社交媒体、旅游论坛等渠道收集乡村旅游景区、文博场馆游客评论数据。

②数据预处理：清洗数据，移除无关信息，文本规范化，包括统一大小

写、去除标点符号、停用词过滤、分词等。

③特征提取与构建：使用自然语言处理技术提取特征，如词频、主题标签等。

④情感分析：运用自然语言处理技术，如情感分析算法，对评论数据进行情感倾向性分析，区分正面、负面和中性评论。

⑤探索性数据分析：对数据进行初步探索，了解数据分布情况；绘制图表，如评论数量的时间序列图、评分分布图等。

⑥统计分析：运用统计分析方法，如描述性统计、推断性统计等，对评论数据进行深入分析，提取有价值的信息和洞察。

⑦可视化展示：利用图形和图表使分析结果直观易懂，如柱状图、饼图、热力图等。

⑧解释与报告：对分析结果进行解释，提出明确的意见和建议；准备报告，向相关利益方汇报分析过程和结论。

【实训评价】

成果展示：通过图表、仪表板等形式将分析结果可视化展示，便于理解和传达。

反思总结：每位同学对实训过程进行反思和总结，提炼学习心得和实践经验，并将实训成果应用于实际场景中，如营销策略制定、服务优化等，以验证实训成果的实际效果和价值。

报告撰写：撰写实训报告，总结分析过程、结果和洞察，提出改进建议。

评价反馈：组织实训成果的讨论和评审，接受教师和同学的反馈和建议，进一步优化分析模型和结果。

3. 项目三：消费行为分析

【实训步骤】

①数据来源：本项目数据由浙江省文旅统计数据中心联合中国移动（浙江）创新研究院提供。

②数据预处理：对收集到的消费行为数据进行清洗、去重、格式转换等预处理操作，以确保数据的质量和可用性。

③消费行为特征提取：提取与消费行为相关的特征，如消费金额、消费

频次、消费时间、消费类别等。

④消费模式分析:运用统计分析、数据挖掘等方法对消费行为数据进行分析,识别消费模式和规律。

⑤消费趋势预测:构建消费趋势预测模型,如时间序列分析模型,预测未来的消费趋势和需求。

⑥消费群体细分:根据消费行为特征,对游客进行细分,识别不同消费群体的特征和需求。

【实训评价】

成果展示:通过图表、仪表板等形式将分析结果可视化展示,便于理解和传达。

反思总结:每位同学对实训过程进行反思和总结,提炼学习心得和实践经验,并将实训成果应用于实际场景中,如营销策略制定、服务优化等,以验证实训成果的实际效果和价值。

报告撰写:撰写实训报告,总结分析过程、结果和洞察,提出改进建议。

评价反馈:组织实训成果的讨论和评审,接受教师和同学的反馈和建议,进一步优化分析模型和结果。

4. 项目四:客流监测与预测

【实训步骤】

①数据收集:从主题乐园的票务系统、在线预订平台、传感器、社交媒体等渠道收集客流相关数据。

②数据预处理:对收集到的客流数据进行清洗、去重、格式转换等预处理操作,以确保数据的质量和可用性。

③数据探索性分析:通过统计分析、可视化等方法对数据进行初步探索,了解数据的分布、趋势和异常值等。

④选择预测模型:选择与客流预测相关的特征,如节假日、天气、门票价格、宣传推广活动等,并进行特征提取和转换。

⑤模型训练与评估:使用历史数据训练预测模型,并对模型的性能进行评估,如准确性、召回率等。

⑥预测与优化:利用训练好的模型对未来的客流进行预测,并根据预测

结果优化主题乐园的运营策略。

【实训评价】

成果展示:通过图表、仪表板等形式将分析结果可视化展示,便于理解和传达。

反思总结:对实训过程进行总结和反馈,分析存在的问题和不足,提出改进的建议和措施,并将实训成果应用于实际场景中,如营销策略制定、服务优化等,以验证实训成果的实际效果和价值。

报告撰写:撰写实训报告,总结分析过程、结果和洞察,提出改进建议。

评价反馈:通过成果展示、评估等方式,评估实训的效果和学生的学习成果。

二、《智慧旅游与信息技术》实训项目与评价细则

(一)实训项目简介

【实训项目】景区智慧旅游建设与实施

【实训场所】浙江省智慧旅游体验中心,校企合作平台麦扑旅游,以及具备开展智慧旅游模块化实训教学条件的校外环境:杭州小营江南红巷、杭州塘栖古镇、浙江良渚博物院、杭州宋城景区。

【实训目的】智慧旅游不仅包括 VR 技术,它是一个全方位、多层次的生态系统,涵盖了多种技术和应用,本次实训结合学科特点和教学特点,全面阐释智慧旅游生态体系,重点教学智慧景区发展模式、技术创新和服务管理等内容,注重强化应用性和参与性,使学生更为透彻地理解智慧景区的实质,强化对学生智慧景区建设、管理、服务、营销职业能力的训练,培养创新型、复合型高素质智慧景区开发与管理专业行业技能人才。

【课时分配】4 个模块,共 16 课时,包括红色旅游景区智慧旅游场景构建、乡村旅游景区智慧旅游技术应用、文博场馆智慧旅游服务设计、主题乐园智慧旅游运营管理。

【教学方法】案例分析法;任务驱动教学法;讨论式教学法;反思学习教学法。

（二）实训内容

表 6-2　《智慧旅游与信息技术》课程实训内容及要求一览表

实训任务	知识点	技能点	素养点
红色旅游景区智慧旅游场景构建	1.了解智慧旅游概念、发展趋势和实际应用 2.理解智慧旅游场景的构成要素和设计原则 3.掌握智慧旅游场景构建的方法和步骤	1.能够根据红色旅游景区的资源特色,结合市场需求,对旅游景区进行智慧旅游场景的创意设计,实现景区场景智能化和互动性	1.具备创意和设计能力 2.具备美学方面的知识和审美能力 3.具备丰富的文化知识
乡村旅游景区智慧旅游技术应用	1.了解物联网、云计算、人工智能等现代科技在智慧景区中的应用 2.理解新一代信息技术在景区中的应用场景和优缺点 3.掌握智慧旅游技术的选型和整合的方法	1.能够评估和整合不同的智慧旅游技术,如物联网、大数据、云计算、人工智能等,判断其适用性、可行性和成本效益 2.能够根据乡村旅游景区的实际发展需求和应用场景进行技术创新和优化,形成一套智慧景区技术解决方案	1.具备创新意识和创新思维 2.具备扎实的技术基础和熟练的技术操作能力 3.具备持续学习的意识和能力
文博场馆智慧旅游服务设计	1.了解游客需求和行为模式、游客体验设计的基本原则和方法 2.掌握智慧景区服务的内容和形式,如智能导览、智能讲解等	1.能够根据文博场馆特性和游客需求,改造升级智慧化服务内容和服务流程 2.能够整合技术资源和运用各类设计工具(如信息架构、交互设计、界面设计等),设计一套智慧旅游服务系统	1.具备以人为本的服务理念 2.具备高度的责任心和职业道德;具备工匠精神 3.具备创新思维和创新能力
主题乐园智慧旅游运营管理	1.了解智慧景区运营的目标、任务和要点 2.理解智慧景区的管理模式和组织架构 3.掌握运营计划的制定、执行和监控方法	1.能够根据市场需求和主题乐园特点进行有效的资源调配和管理 2.能够运用数据分析和管理工具进行景区智慧化运营监控和优化	1.具备团队协作精神和服务意识 2.具备数据分析的能力和意识 3.具备高效的组织管理能力 4.具备风险管理的意识和能力

（三）实训项目分解

1. 项目一：红色旅游景区智慧旅游场景构建

【实训步骤】

①市场需求了解：在开始实训任务之前，首先需要了解旅游需求。通过市场调研、用户访谈等方式，收集关于旅游市场的信息，了解游客的喜好、需求和期望。此外，还需了解旅游景区的基本情况，如景点特色、游客流量等。

②智慧旅游场景：根据旅游需求和景区情况，分析智慧旅游场景的需求和功能。需要确定需要实现哪些功能，如导航、导览、数据分析等，并考虑如何将这些功能与实际场景相结合，提高游客的旅游体验。

③旅游数据采集：掌握数据采集的方法和技术，如网络爬虫、API 接口等，利用相关工具和软件，对旅游相关网站、社交媒体、政府公开数据等渠道进行数据抓取，对采集到的数据进行清洗、整理和分类。

④数据分析与处理：掌握数据分析的基本理论和方法，如描述性统计、可视化技术等，利用数据分析工具，对采集到的旅游数据进行处理和分析，提取有价值的信息，根据分析结果，为旅游信息平台搭建、智能导览系统设计等提供数据支持。

⑤技术方案设计：根据分析结果，设计技术方案，需要考虑所使用的技术手段、硬件设备和软件系统等。此外，制定相应的数据采集、处理和分析方案，以搭建和支持智慧旅游场景。

⑥硬件设施搭建：根据技术方案，搭建所需的硬件设施，包括传感器、摄像头、GPS 设备等，用于采集和处理数据。此外，搭建网络设施，以确保数据传输的稳定性和安全性。

⑦软件系统搭建：根据技术方案和场景需求，搭建相应的应用程序和系统平台，在过程中，注意相关系统的可扩展性、稳定性和安全性等方面问题。

⑧信息平台搭建：掌握旅游信息平台的基本架构和设计原则，利用相关技术和工具，搭建一个集信息查询、预订服务、导览等功能于一体的旅游信息平台，对平台进行测试和优化，确保其稳定性和易用性。

【实训评价】

成果展示：对实训过程中的数据、报告和成果进行整理归档，以小组为单位进行汇报展示。

反思总结:学生需对实训过程进行反思和总结,提炼学习心得和实践经验。

报告撰写:学生需撰写实训报告,全面总结实训过程、成果以及个人在实训中的成长与收获。

评价反馈:组织评价和反馈活动,鼓励学生提出改进意见和建议,为后续实训提供参考。

2. 项目二:乡村旅游景区智慧旅游技术应用

【实训步骤】

①信息技术工具使用:使用智慧景区管理平台,包括用户管理、资源管理、服务管理等功能模块,使用数据采集工具、GPS 定位技术、RFID 技术等,利用数据分析软件 Excel、SPSS 等,整理数据、制作图表和进行基本分析。

②数据分析处理:对采集到的数据进行预处理,包括缺失值处理、异常值检测与处理等;将不同来源的数据进行整合,形成统一的数据格式;利用统计学和机器学习方法,挖掘数据中的模式和关联规则;根据分析结果,编写简洁明了的报告,提出相应的建议和措施。

③实际操作演练:根据给定的条件和资源,设计一个智慧景区技术植入计划方案,包括硬件设备配置、软件系统架构等;利用 GPS 定位和 RFID 技术,采集景区内的游客行为数据,进行分析处理;根据分析结果,为景区提供优化服务、提升游客体验等方面的建议;针对具体景区制定智慧化方案,将设计方案付诸实施,搭建一个初步的智慧景区信息管理系统。

【实训评价】

成果展示:掌握智慧景区技术从项目理解、需求分析、系统设计到实施部署的全流程和关键技术,分组设计实施景区导览系统、智能监控系统等应用,以小组为单位在课堂上汇报展示。

反思总结:每位同学对实训过程进行反思和总结,提炼学习心得和实践经验。

报告撰写:小组撰写一份实训报告,全面总结实训过程和成果,以及在实训中的成长与收获。

评价反馈：组织评价和反馈活动，鼓励学生互相提出改进意见和建议，为后续实训提供参考。

3. 项目三：文博场馆智慧旅游服务设计

【实训步骤】

①确定实训主题与计划：各小组根据兴趣和实际情况选择合适的智慧景区服务主题，明确题目要求和目标，制定详细的实训计划，包括时间安排、小组分工、任务分配等，明确各个子任务的责任人，确保实训的顺利进行。

②目标市场分析与用户研究：通过问卷调查、访谈等方式收集目标用户的需求和意见，对收集到的市场数据进行处理和分析，明确用户需求和潜在需求。进一步了解智慧景区信息系统的架构和功能，为后续的服务方案设计提供依据。

③设计智慧景区服务方案：根据服务需求分析的结果，结合智慧景区信息系统的架构和功能，小组设计具有创新性和实用性的智慧景区服务方案，服务方案需要充分考虑用户需求和体验，能够满足景区实际运营的需求，包括功能模块、界面设计、交互流程等，能够体现设计方案的特点和优势。

④内容精化与创新传送：智慧景区服务系统已成为国内各景区引入的重要项目，例如故宫博物院"故宫无线"，通过 Wi-Fi 覆盖整个博物馆，为游客提供点对点的音讯导览、自主导览、虚拟导览。此外，3D 地图导游、AR 等创新技术同样被引入国内各景区，学生通过借鉴优秀案例持续完善方案。

⑤方案实施与模拟测试：将制作好的服务系统进行模拟运行和测试，记录测试结果和用户反馈，根据测试结果和用户反馈对方案进行优化和改进，确保服务的可用性和可靠性。

【实训评价】

成果展示：围绕智慧景区服务的核心内容，设计涵盖需求分析、平台设计、数据分析、服务优化等全流程的智慧景区服务建设方案，以小组为单位在课堂上进行汇报展示，展示内容包括但不限于旅游服务平台、数据分析报告、智能推荐模块以及旅游服务优化方案等。

反思总结：每位同学对实训过程进行反思和总结，提炼学习心得和实践经验。

报告撰写：小组撰写一份实训报告，全面总结实训过程和成果，以及在实训中的成长与收获。

评价反馈：组织评价和反馈活动，鼓励学生互相提出改进意见和建议，为后续实训提供参考。

4. 项目四：主题乐园智慧旅游运营管理

【实训步骤】

①市场调研：通过问卷调查、访谈、现场观察等方式对目标景区进行市场调研，了解其历史文化背景、自然地理特征、现有设施及服务、游客构成等基础信息。

②技术评估：评估目标景区所采用的技术和设备的现状，包括硬件设施和软件系统的功能、性能及存在的问题。

③需求梳理：根据调研结果，识别并列出景区智慧化运营管理的需求清单，包括直接的游客需求和间接的管理需求，需求应具体明确、可量化，以便于后续步骤的实施。

④功能规划：根据需求分析的结果，设计智慧景区的具体功能模块，例如电子票务系统、智能导览、客流监控与预警系统、移动支付平台等，每个功能模块都有明确的目标和预期效果。

⑤技术选型：选择合适的技术来实现上述功能模块，考虑技术的成熟度、成本效益、易用性、兼容性以及未来的可扩展性，包括移动应用程序开发、云计算服务、大数据分析、物联网解决方案等。

⑥流程制定：制定详细的项目实施方案流程图，确保实施过程的逻辑性和连贯性，包括时间表、责任分配、资源配置等。

⑦数据整合：学会集成不同来源的数据，包括但不限于门票销售数据、游客行为数据、环境监测数据等，具备一定的数据处理能力和对数据库操作的了解。

⑧提升优化：对景区运营管理系统的各项功能进行模拟测试，包括单元测试、集成测试和用户使用测试等，根据模拟测试的结果对景区运营管理系统进行必要的调整和优化。

【实训评价】

成果展示：围绕智慧景区运营管理的核心内容，演示在实训过程中使用的技术产品,如移动应用、管理平台、智能硬件设备等的操作流程和功能特点。通过数据和案例分析,阐述景区智慧运营管理系统在提升游客体验、提高运营效率和增强营销能力等方面的具体成效。

反思总结:每位同学对实训过程进行反思和总结,提炼实训心得。

报告撰写:小组撰写一份实训报告,全面总结实训经验和学习成果。

评价反馈:组织交流分享会,鼓励学生互相提出改进意见和建议,为后续实训提供参考。

三、《旅游策划》实训项目与评价细则

(一)实训项目简介

【实训项目】旅游策划

【实训场所】衢州市柯城区七里乡、衢州市龙游县、湖州市南浔区荻港景区、余姚四明山革命根据地、萧山湘湖及建德梅城古镇等具备开展旅游策划实训教学条件的校外环境。

【实训目的】课程对接旅游策划师、旅游定制师等新兴岗位需求,结合智慧景区开发与管理专业教学标准、旅行策划职业技能(中级)证书标准,根据旅游策划师典型工作任务,按照"懂国策—会解构—能挖掘—善策划"的能力要求,遵循学生认知规律,注重学生"产品力、营销力、服务力"的培养提升,实训任务的选取以中国式现代化进程中最能体现"两山"理论、共同富裕理念与中华传统文化的示范乡村、红色旅游线路策划、旅游节事活动策划、旅游目的地形象策划四个模块为载体,全程实行"团队化"工作任务挑战,遵循"基础知识—专业素养—技能实训—协同创新"的职业能力提升过程,充分发挥脚力、眼力、脑力及笔力逐步完成项目任务,课程思政全过程多维度浸润,提升学生综合素质与专业技能。

【课时分配】4个模块,共32课时,包括乡村旅游产品策划、红色旅游线路策划、旅游节事活动策划、旅游目的地形象策划。

【教学方法】任务驱动教学法;互动讨论法;导师指导法;项目驱动法;实地考察法。

（二）实训内容

表 6-3　《旅游策划》课程实训内容及要求一览表

实训任务	知识点	技能点	素养点
乡村旅游产品策划	1.旅游资源的价值内涵 2.旅游产品的概念及其谱系 3.旅游产品策划的基本流程 4.旅游产品策划的创新方法和具体方略 5.不同旅游产品的特征及策划要点	1.能识别不同类型的旅游资源，厘清乡村旅游资源的特征，分析旅游资源的价值表现 2.能依据不同分类方式，设计完整的乡村旅游产品体系 3.能结合地方发展实际，利用创新思维原理策划特定主题的乡村旅游产品	1.培养工匠精神，领会劳动精神，提升文化自信，增强团队合作意识 2.通过乡村旅游产品策划，聚焦共同富裕，增强学生的家国情怀
红色旅游线路策划	1.红色旅游线路市场调研的方法 2.红色旅游线路的设计组成的具体要素 3.掌握红色旅游线路设计的基本原则与总体流程	1.能有效收集、筛选、整合旅游资源信息 2.能运用各线路要素进行红色旅游线路的设计 3.能针对不同类型旅游者的需求设计红色旅游线路	1.通过小组合作创作红色旅游线路产品，厚植家国情怀，培养团队协作、分析问题、解决问题的能力 2.通过针对游客最感兴趣的话题反复修改策划，具备不断探索文化内涵的学习态度和严谨、精益求精的学习精神 3.通过红色旅游产品策划，加深对中国共产党的认识，提升政党认同
旅游节事活动策划	1.掌握乡村特色活动的特点 2.掌握乡村特色活动策划的原则 3.掌握"5W"要素策划的内容	1.能通过实地调研、资料查找等多种方式挖掘、激活乡村特色活动资源 2.能根据地方特色，开展乡村活动主题策划 3.能根据"5W"要素，开展乡村特色活动内容策划	1.通过对乡村地方节事活动资源的考察、挖掘、激活和利用，提振学生的家国情怀和文化自信 2.通过小组任务、组间PK等形式，培养学生团队精神和竞争意识，实事求是、精益求精的职业品质 3.通过从经济效益、社会效益等多角度分析乡村的特色活动，培育学生大局意识、全局观念和可持续发展意识

续表

实训任务	知识点	技能点	素养点
旅游目的地形象策划	1.了解旅游目的地形象定位的概念和依据 2.掌握旅游目的地形象定位的原则 3.掌握和了解旅游目的地形象策划的理论基础、技术方法	1.能诊断旅游形象定位现状 2.能对旅游地形象进行宣传口号及简单LOGO的设计	1.增强民族文化传播的使命感 2.树立精益求精、不断创新的工作态度和行为习惯 3.引导学生以发展的眼光而不是以静止的眼光看待事物

（三）实训项目分解

1.项目一：乡村旅游产品策划

【实训步骤】

①深入了解乡村旅游市场：掌握其基本概念、特点和趋势，在此基础上，学生应掌握产品策划的基本流程和方法，包括市场调研、资源分析、产品定位、营销策略制定等方面。通过实训，学生将能够熟练运用这些流程和方法，为乡村旅游产品的策划提供有力支持。

②对乡村旅游资源进行深入的调研和分析：这包括对当地的文化、历史、自然景观、特色产业等方面的了解。通过实地考察、访谈、问卷调查等方式，收集第一手资料，深入挖掘乡村的独特魅力和文化底蕴。同时，学生还需要关注市场需求和消费者行为的变化，了解目标市场的需求和特点，以便更好地定位和策划产品。

③挖掘乡村旅游产品的独特性和创新性：根据乡村的特色资源和市场需求，策划出具有吸引力和竞争力的产品。这可能涉及主题设计、活动策划、服务提升等方面。同时，学生还需要关注产品的可持续性和经济效益，确保产品不仅具有吸引力，还能为乡村带来实际的经济收益。

【实训评价】

本次实训成果的评价建议由校内指导老师、企业指导老师和学生代表（每个实训小组各选1名代表）参加，权重分别为40%、40%和20%。

成果展示：对实训过程中的数据、报告和成果进行整理归档，以小组为单位进行汇报展示。

反思总结:学生需对实训过程进行反思和总结,提炼学习心得和实践经验。

报告撰写:学生需撰写实训报告,全面总结实训过程、成果和个人在实训中的成长与收获。

评价反馈:组织评价和反馈活动,鼓励学生提出改进意见和建议,为后续实训提供参考。

2. 项目二:红色旅游线路策划

【实训步骤】

①红色旅游资源分析:学生们需对红色旅游资源进行详尽的收集与整理,深入研究其历史背景,全面解析其文化内涵,深入了解其地理位置的特殊性,从而对其有更为全面的认识。红色旅游资源不仅是历史的见证,更是中华民族精神的传承,应深入挖掘其独特的价值与意义。

②旅游市场需求调查:为了确保线路策划的实用性与针对性,学生们需要通过多种方式,如问卷调查、实地访谈等,深入了解目标客源市场的旅游需求与消费习惯。随着时代的发展,游客的需求也在不断变化,因此,对市场的敏锐洞察与准确判断是策划成功的关键。

③线路策划方案制定:基于资源分析与市场调查的结果,学生们需要充分发挥创意,制定出独具特色且具有吸引力的红色旅游线路策划方案。在策划过程中,应注重突出红色旅游的主题与特色,同时结合市场需求与资源优势,力求创新。

④方案评估与优化:完成策划方案后,学生们需要进行全面的评估工作。这一环节至关重要,它不仅能帮助学生们发现方案中的不足之处,还能为方案的优化提供方向。通过不断的优化与完善,力求使策划方案更具可行性与竞争力。

⑤方案实施与推广:理论最终需要付诸实践。学生们要将策划方案付诸实施,通过精心组织与安排,确保方案的顺利执行。同时,方案的推广工作也不容忽视。学生们需要利用多种渠道进行宣传推广,提高方案的知名度与影响力。在实施与推广过程中,要注重与相关部门和行业的合作与交流,扩大方案的覆盖面。

【实训评价】

本次实训成果的评价建议由校内指导老师、企业指导老师和学生代表（每个实训小组各选 1 名代表）参加，权重分别为 40％、40％和 20％。

成果展示：对实训过程中的数据、报告和成果进行整理归档，以小组为单位进行汇报展示。

反思总结：学生需对实训过程进行反思和总结，提炼学习心得和实践经验。

报告撰写：学生需撰写实训报告，全面总结实训过程、成果和个人在实训中的成长与收获。

3. 项目三：旅游节事活动策划

【实训步骤】

①旅游节事活动策划实训的首要任务是掌握基本概念，了解节事活动在旅游行业中的重要性和应用场景。

②实训中需要深入学习节事活动策划的方法和技巧，包括主题选择、活动内容设计、时间安排、预算制定等。

③学会进行市场调研，了解目标受众的需求和喜好，以便为目标群体量身打造有吸引力的节事活动。

④掌握活动宣传和推广的策略，包括如何利用社交媒体、传统媒体等渠道进行宣传推广，提高活动的知名度和参与度。

⑤了解活动执行的细节和流程，包括场地布置、人员分工、物资采购等，确保活动顺利进行。

⑥学习如何评估节事活动的成功与否，通过反馈、数据分析和经验总结等方式不断优化活动策划方案。

⑦培养创新思维和想象力，能够根据不同主题和场景设计出有趣、有创意的节事活动。

【实训评价】

本次实训成果的评价建议由校内指导老师、企业指导老师和学生代表（每个实训小组各选 1 名代表）参加，权重分别为 40％、40％和 20％。

成果展示：对实训过程中的数据、报告和成果进行整理归档，以小组为单位进行汇报展示。

反思总结:学生需对实训过程进行反思和总结,提炼学习心得和实践经验。

报告撰写:学生需撰写实训报告,全面总结实训过程、成果以及个人在实训中的成长与收获。

4. 项目四:旅游目的地形象策划

【实训步骤】

①掌握旅游形象策划的基本原理和流程,了解旅游目的地形象策划的重要性和意义。

②掌握旅游形象策划的核心要素,包括旅游资源、旅游设施、旅游服务、旅游形象标识、旅游形象传播等方面的策划。

③了解旅游市场调研的方法和技巧,能够进行有效的市场调研,收集和分析数据,为旅游形象策划提供依据。

④掌握旅游形象策划的创意设计方法,包括旅游形象标识设计、旅游宣传口号设计、旅游形象视觉识别系统设计等方面的创意设计。

⑤了解旅游形象传播的渠道和方式,能够制定有效的旅游形象传播策略,包括广告、公关、媒体宣传等方面的策略。

⑥掌握旅游形象策划的评估和反馈机制,能够对旅游形象策划的效果进行评估和反馈,及时调整和优化策划方案。

⑦培养团队协作和沟通能力,能够与其他策划人员、旅游企业和政府部门进行有效的沟通和协作。

⑧培养创新思维和实践能力,能够不断探索和创新旅游形象策划的方法和思路,将理论知识与实践相结合,提高策划水平。

【实训评价】

本次实训成果的评价建议由校内指导老师、企业指导老师和学生代表(每个实训小组各选 1 名代表)参加,权重分别为 40%、40% 和 20%。

成果展示:对实训过程中的数据、报告和成果进行整理归档,以小组为单位进行汇报展示。

反思总结:学生需对实训过程进行反思和总结,提炼学习心得和实践经验。

报告撰写：学生需撰写实训报告，全面总结实训过程、成果和个人在实训中的成长与收获。

四、《景区接待服务》实训项目与评价细则

(一)实训项目简介

【实训项目】景区接待服务

【实训场所】杭州宋城景区、杭州西溪国家湿地公园、衢州桃源七里风景区、杭州塘栖古镇等国家 4A 级及以上旅游景区。

【实训目的】依据景区接待服务岗位的实际工作要求组织实训任务，让学生在完成具体项目的过程中执行相应工作任务，培养学生的接待能力和服务意识，构建相应的职业能力，使其具备在未来景区工作中提供优质接待服务的技能和知识，实现理论到实践的转化，完成校园教学到工作场所实践的衔接。

【课时分配】4 个模块，共 16 课时，包括岗位服务接待模拟、服务应知应会手册制定、服务质量检查与整改、服务与产品定制。

【教学方法】案例分析法；讨论式教学法；导师指导法；场景模拟法；项目驱动法；实地考察法；角色扮演法。

(二)实训内容

表 6-4 《景区接待服务》课程实训内容及要求一览表

实训任务	知识点	技能点	素养点
岗位服务接待模拟	1.掌握岗位接待服务的礼仪规范与形象要求 2.掌握岗位接待的工作要求与步骤	能够根据景区规定、岗位性质和游客需求提供规范的接待服务	增强为游客提供优质服务的自觉性和责任感，培养问题解决能力和在突发情况下的应变能力，以应对游客的各种需求和意外状况

续表

实训任务	知识点	技能点	素养点
服务应知应会手册制定	1.了解和掌握各类旅游景区的服务接待特点及通用性服务规范 2.掌握各类旅游景区应知应会手册编制的要求和规范	能够结合各类旅游景区的特性和景区员工服务接待规范,编制简洁、易懂、规范的服务应知应会手册,为员工提供工作指南	实现景区接待服务知识的内化与提升,培养良好的沟通协作能力及宏观统筹能力
服务质量检查与整改	1.了解旅游景区内部服务质量监督管理体系和工作制度 2.掌握旅游景区内部服务质量监督管理的重点和原则	1.能够针对性发现旅游景区内部质量管理与监控中存在的问题并提出针对性的改进建议 2.能够利用大数据分析等方法动态获取外部质量监控信息,进一步设计和优化内部质量监控与管理的岗位职责及制度体系	注重宏观统筹意识的培育,实现从服务接待执行到服务接待优化的角色转变,培养管理意识,深化服务意识和创新意识
服务与产品定制	1.认识和了解景区服务与产品定制的新趋势 2.掌握景区服务与产品定制的步骤与技巧 3.掌握景区服务与产品定制评估的原则	能够根据景区特点和游客个性化需求,为游客设计打造独特的服务与产品,并对实施的相关措施进行评估提升	培养对旅游行业发展趋势和游客个性化需求的敏锐洞察力,提升创新思维

(三)实训项目分解

1.项目一:岗位服务接待模拟

【实训步骤】

①教学讲解与案例分析:对宋城景区的基本情况、岗位情况、岗位职责等进行讲解;组织和引导学生学习宋城景区的优质服务案例。

②个人形式实训:

岗前准备和角色分配:到达宋城景区后,对学生进行岗前准备和岗位分配。

景区实地模拟服务:学生按照岗位分配,到达指定岗位进行服务模拟。

③小组形式实训:

设计布置服务场景:根据实训任务,自行寻找场地设计布置宋城景区服务接待场景。

服务接待模拟演练　小组自行进行角色分工,共同完成宋城景区各个工作岗位的模拟演练任务。

④指导和监督:指导老师对学生进行现场指导和监督。

⑤实训总结和经验分享:各组之间对模拟服务的表现进行现场互评,教师组织学生进行经验总结和分享。

⑥评价和反思提升　教师对学生的表现进行评价,引导学生反思实训过程中的问题和不足。

【实训评价】

服务态度:评估是否亲切礼貌、耐心细致,是否主动热情地为游客提供帮助。

专业知识掌握情况　评估包括是否准确地向游客介绍宋城景区信息、规定和服务项目,是否按照岗位职责和工作流程向游客提供规范服务。

沟通能力:评估是否能够与游客进行有效的交流和互动,是否能够清晰表达信息。

问题处理能力:评估是否能够冷静应对、迅速解决问题,并维护景区和自身良好的服务形象。

团队协作:评估是否能够有效地与团队成员合作,协调任务分工,共同完成模拟服务任务。

2. 项目二:服务应知应会手册制定

【实训步骤】

①教学讲解与案例分析:对景区服务应知应会手册的内涵、设计原则等进行详细讲解,引导学生对事先搜集到的各个景区的服务手册进行分享交流。

②现场考察与问题只别:学生前往西溪湿地景区观察、访谈并记录西溪湿地景区设置的工作岗位、岗位职责等基础资料,访谈调查景区员工对于应知应会手册的看法和建议。

③确定手册制定的目标和对象:确定应知应会手册涵盖的服务领域和目标对象,明确制定应知应会手册的目标和范围,确定应知应会手册的目标受众,并针对性地设计内容和形式。

④确定应知应会手册的内容框架：根据手册的目标、范围和受众确定内容框架，包括目录结构、章节划分等。

⑤编写应知应会手册内容：小组分工编写手册的具体内容，注重图文并茂以提升可读性和理解性。

⑥审阅修改：经过初稿编写后，由西溪湿地景区指导老师进行审阅指导，并给出修改意见，以进一步完善。

⑦示范演练：在手册内容修改完成后，引导学生进行示范演练，以加深对手册内容的理解和应用。

⑧反馈改进：对手册进行适当的修改和改进，确保内容的实用性和有效性。

⑨指导和观摩：指导老师（校内及西溪湿地景区）对学生进行指导和监督。

⑩实训总结和经验分享：各组之间进行现场互评，组织学生进行经验总结和分享。

⑪评价和反思提升：教师对学生的表现进行评价，并提出改进意见和建议。

【实训评价】

内容完整性：评估学生所编写的景区服务应知应会手册是否覆盖了目标服务领域的所有重要方面，是否涵盖了西溪湿地景区各个工作岗位必要的服务流程和操作规范等内容。

信息准确性：评估学生所编写的景区服务应知应会手册中提供的信息是否准确无误，是否符合行业规范和标准，是否具有权威性和可信度。

表达清晰性：评估学生所编写的景区服务应知应会手册中的文字表达是否清晰明了，是否条理清晰、逻辑严谨，是否避免了歧义和模糊不清的表述。

实用性和操作性：评估学生所编写的景区服务应知应会手册是否具有一定的实用性和操作性，是否符合西溪湿地景区服务的工作实际，是否能够帮助景西溪湿地区的员工、管理者或游客解决实际问题。

图文并茂：评估学生所编写的景区服务应知应会手册中是否适当添加了图片、图表或示意图等辅助性素材，是否提升了手册的可读性和理解性。

受众匹配性：评估学生所编写的景区服务应知应会手册的内容设计是

否符合目标受众(西溪湿地景区员工/管理者/游客)的需求和特点,是否能够满足受众的实际需求和期待。

3. 项目三:服务与产品定制

【实训步骤】

①教学讲解与调研培训:对景区服务与产品定制设计的基本原则、步骤流程和常见问题进行详细讲解,引导学生分析国内外优秀的景区服务与产品定制案例。教师还应提前对学生进行访谈调研的相关培训。

②现场考察与问题识别:带领学生前往桃源七里景区进行现场考察,记录桃源七里景区现有的服务与产品、人员配置等基础现状。识别桃源七里景区现有产品和服务存在的问题。

③访谈调研与记录:组织学生根据访谈计划,与桃源七里景区管理者和游客进行面对面的交流和访谈。

④需求分析与设计定位:基于现场考察和访谈调研收集到的数据和信息,进行需求分析,确定定制的服务与产品的主题、受众等。

⑤初步设计与方案讨论:草拟定制服务与产品的初步设计方案。

⑥方案深化与细节设计:深化方案设计,提升方案的落地性。

⑦实践演练和调整:引导学生在桃源七里景区进行实践演练和调试工作,检验服务和产品的实际效果,及时调整和改进。

⑧宣传推广方案制定:基于鼍定的桃源七里景区服务与产品定制方案制定宣传推广计划。

⑨指导和观摩:指导老师(校为及桃源七里景区)对学生进行指导和监督,提供针对性的反馈。

⑩实训总结和经验分享:各组之间进行现场互评,教师组织学生进行经验总结和分享。

⑪评价和反思提升:教师对学生的表现进行评价,并提出改进意见和建议。

【实训评价】

访谈调研效果:

调研方法和技巧的运用:评估学生在调研过程中是否运用了适当的调

研方法和技巧,是否能够有效地与桃源七里景区管理者和游客进行沟通和交流。

数据整理和分析能力:评估学生对收集到的数据和信息是否能够进行合理、系统的整理和分析,是否能够提炼出重要的调研结果,是否完整、准确地反映了桃源七里景区和游客的需求和意见。

数据结果表达:评估学生对于调研结果的表达方式是否清晰、流畅,是否能够准确地传达调研结果和建议。

设计方案效果:

创意和创新性:评估设计的景区服务与产品定制方案是否具有独特的创意和创新性,是否能够吸引游客的注意和兴趣。

实用性和需求匹配:评估设计的景区服务与产品定制方案是否满足景区游客的实际需求和偏好,是否能够提供有用且实用的服务和产品。

可行性和可操作性:评估设计的景区服务与产品定制方案是否在资源、技术和成本等方面具有可行性,是否能够顺利实施和执行。

体验和用户满意度:评估设计的景区服务与产品定制方案是否能够提供良好的用户体验,是否能够满足游客的期待并带来愉悦的体验。

可持续发展和市场潜力:评估设计的景区服务与产品定制方案是否考虑了可持续发展和市场潜力,是否具有长期发展和竞争优势。

创造价值和影响力:评估设计的景区服务与产品定制方案是否能够创造经济价值和社会影响,是否能够为景区提升服务水平和吸引力带来实质性的贡献。

4. 项目四:服务质量检查与整改

【实训步骤】

①教学讲解与检查培训:对景区服务质量检查与整改的基本原则和常见问题等进行详细讲解,引导学生分析收集到的景区服务质量检查与整改报告。教师还应提前为学生进行景区服务质量检查的相关培训。

②现场考察与问题识别:带领学生前往塘栖古镇进行现场考察,考察塘栖古镇在员工服务规范、服务质量等方面的现状,记录检查过程中发现的问题和不足。

③访谈调研与记录:组织学生根据访谈计划,在塘栖古镇开展调研,与景区员工和游客进行面对面的交流和访谈。

④外部数据收集:利用互联网,在美团、携程、驴妈妈等含有塘栖古镇评价信息的网站进行数据搜集。

⑤数据整理与分析:对塘栖古镇各部门及软件与硬件设施各个方面存在的问题进行系统梳理,明确责任部门,细化问题清单。

⑥反馈与优化:根据梳理出的问题清单,与塘栖古镇管理方进行沟通反馈。

⑦整改方案制定:制定塘栖古镇服务质量整改提升方案,提出具体的整改措施和时间计划。

⑧指导和观摩:指导老师(来自校内及塘栖古镇两方)对学生进行指导和监督,提供针对性的反馈。

⑨实训总结和经验分享:各组之间进行现场互评,组织学生进行经验总结和分享。

⑩评价和反思提升:教师对学生的表现进行评价,引导学生反思实训过程中的问题和不足。

【实训评价】

服务检查准备和执行:评估确定检查重点、熟悉检查标准等方面的准备工作,以及检查的专业性、严谨性和高效性。

问题发现和记录:评估问题的描述、具体位置、照片或视频等相关信息,以便后续整改。

整改方案效果:评估整改措施的合理性、可操作性、时间计划的合理性等方面。

团队协作和沟通:评估团队成员之间的配合和协调,信息传递和沟通的顺畅性,是否能够共同完成服务质量检查和整改任务。

综合能力和创新性:评估对问题的综合分析能力、提出解决方案的创新性和实用性,是否能够综合运用所学知识和技能解决实际问题。

五、《景区运营管理实务》实训项目与评价细则

(一)实训项目简介

【实训项目】景区运营管理实务

【实训场所】浙旅院国际教育旅游体验区、蜗牛产业学院、浙江省智慧旅游体验中心、景区综合模拟实训室,以及具备教学条件的校外景区景点。

【实训目的】依据景区运营与管理岗位的实际工作要求组织实训任务,让学生在完成具体项目的过程中执行相应工作任务,使学生掌握景区管理的基础理论和基本方法,熟悉景区管理的规律和特殊性,学会分析景区管理的现状问题及发展趋势,掌握景区管理的制度制定及管理流程,实现理论到实践的转化,完成校园教学到工作场所实践的衔接。

【课时分配】4 个模块,共 32 课时,包括景区服务质量调查及提升、景区游客管理、景区人力资源管理、景区设施设备及安全管理。

【教学方法】案例分析法;讨论式教学法;导师指导法;场景模拟法;项目驱动法;实地考察法;角色扮演法。

(二)实训内容

表 6-5 《景区运营管理实务》课程实训内容及要求一览表

实训任务	知识点	技能点	素养点
景区服务质量调查及提升	1.景区服务质量概念内容:接待服务、交通服务、餐饮服务、住宿服务等 2.景区各部门服务质量管理的方法和措施,明确景区各部门服务质量管理的体系和标准	开展景区各部门服务质量管理的基本流程训练;系统收集景区服务质量的各种信息,制订景区服务质量调查的工作方案和有效的工作流程;系统处理景区服务质量各种信息,制订景区服务质量提升的工作方案及有效的工作流程	培养学生从实践中学习自我管理的职业精神,培养学生沟通协调的表达能力,能积极开展团队协作
景区游客管理	1.旅游景区游客管理的手段及游客不文明旅游行为的管理措施 2.景区游客承载量的概念体系及其测定方法	1.能够独立进行景区游客管理,学会疏散和分流游客 2.掌握景区游客最大承载量计算方法	学会处理突发事件,培养与提高学生与游客之间的沟通及协调能力

续表

实训任务	知识点	技能点	素养点
景区人力资源管理	1.分析景区人力资源结构,预测景区人力资源需求 2.开展员工培训的方式方法 3.景区员工薪酬绩效体系内容	编制定编定岗方案,组织员工的招聘、奖惩、调动及管理干部的考核、评议等;制定景区公司的人事培训计划,并组织实施;制定各部门认真贯彻执行《××景区员工行为规范》和《××员工奖惩条例》;建立并管理员工人事档案	培养和增强学生的团队意识与合作意识,提高学生计划与组织能力
景区设施设备及安全管理	1.旅游设施的使用流程及规范,旅游设施的功能及用途 2.旅游设施使用过程中常见问题及解决方法 3.景区自然灾害、安全事故的处理流程 4.景区突发疾病事故的处理流程	学会使用景区安全设施设备,使用景区器械安全设施设备;熟悉和掌握景区自然灾害安全事故的处理流程;熟悉和掌握景区突发疾病事故的处理流程	培养和增强学生的安全意识,锻炼学生在实践中的突发事故应急和处理能力,提升学生公关技能

(三)实训项目分解

1. 项目一:编写景区服务质量调查及提升报告

【实训步骤】

①理论学习与案例分析:详细讲解景区服务质量概念与内容,使学生从案例中了解景区服务内容与质量评价标准,掌握旅游服务质量调查计划与提升报告内容的撰写方法,使学生初步掌握相关技能。

②收集景区相关资料,完成对景区服务的初步了解与认识,如景区有哪些服务设施与服务项目。

③根据景区服务质量调查具体内容,组成相关调研小组,可按照区域或服务内容进行初步分类。

④现场考察与服务质量评价:学生前往目标景区观察、访谈并记录目标景区的服务项目、服务内容与服务人员态度,并根据评价标准进行评价。

⑤编写景区服务质量调查及提升报告。

⑥审阅修改:经过初稿编写后,由景区指导老师进行审阅指导,并给出

修改意见,以进一步完善。

⑦反馈改进:对报告进行适当的修改和改进,确保内容的实用性和有效性。

⑧指导和观摩:指导老师(校内及企业)对学生进行指导和监督。

⑨实训总结和经验分享:各组之间进行现场互评,组织学生进行经验总结和分享。

⑩评价和反思提升:教师对学生的表现进行评价,并提出改进意见和建议。

【实训评价】

景区服务质量调查:评价学生对服务质量评价标准掌握是否全面,服务等级是否可靠与准确。

内容完整性:评估学生所编写的景区服务质量调查及提升报告是否根据相关标准进行评价,是否涵盖了景区所有的服务项目。

信息准确性:评估学生所编写的景区服务质量调查及提升报告中提供的信息是否准确无误,是否符合行业规范和标准,是否具有权威性和可信度。

表达清晰性:评估学生所编写的景区服务质量调查及提升报告中的文字表达是否清晰明了,是否条理清晰、逻辑严谨,是否避免了歧义和模糊不清的表述。

图文并茂:评估学生所编写的景区服务质量调查及提升报告中是否适当添加了图片、图表或示意图等辅助性素材,是否提升了报告的可读性和理解性。

2. 项目二:景区游客管理

【实训步骤】

①教学讲解与案例分析:对景区游客管理的定义和行为特征、基本内容与管理办法等辅以多案例的详细讲解;

②设置虚拟问题组织学生课上进行模拟演练和处理。

③选择特定景区,结合学生意愿选择景区内人流量比较大的景点,要求每组学生选择1—2个景点。

④组织学生前往景区进行实地演练。

⑤要求学生记录所在景点人数,并对游客人流量大、排队、冲突等问题给出解决办法。

⑥指导和监督:指导老师对学生进行现场指导和监督。

⑦实训总结和经验分享 各组之间对解决措施进行相互评分,教师组织学生进行经验总结和分享。

⑧评价和反思提升:教师对学生的表现进行评价,引导学生反思实训过程中的问题和不足。

【实训评价】

服务态度:评估是否亲切礼貌、耐心细致,是否主动热情地为游客提供帮助。

专业知识掌握情况:评估是否准确地向游客介绍景区信息、规定和服务项目,是否按照岗位职责和工作流程向游客提供规范服务。

沟通能力:评估是否能够与游客进行有效的交流和互动,是否能够清晰表达信息。

突发问题处理能力:评估是否能够冷静应对、迅速解决问题,并维护景区和自身良好的服务形象。

团队协作:评估是否能够有效地与团队成员合作,协调任务分工,共同完成模拟服务任务。

3. 项目三:景区人力资源管理岗位认知

【实训步骤】

①教学讲解与案例分析:对景区人力部门的基本情况、岗位情况、岗位职责等进行讲解;组织和引导学生学习景区人力资源相关知识。

②个人形式实训:

岗前准备和角色分配:到达景区后,对学生进行岗位准备和岗位分配。

实地模拟服务:学生按照具体岗位分配,到达指定岗位进行岗位认知。

③小组形式实训:

设计布置岗位任务:根据岗位认知情况细分实训任务,并随机配置一个任务如薪酬计算、招聘流程、日常培训等。

岗位认知模拟演练:小组自行进行角色分工,共同完成相关人力工作岗位的模拟演练任务。

④指导和监督:指导老师对学生进行现场指导和监督。

⑤实训总结和经验分享:各组之间对岗位任务的表现进行现场互评,教师组织学生进行经验总结和分享。

⑥评价和反思提升:教师对学生的表现进行评价,引导学生反思实训过程中的问题和不足。

【实训评价】

岗位认知:评估学生对景区人力资源重要性的认知,人力相关岗位的运营与管理需求认知等。

专业知识掌握情况:评估是否准确地掌握相关人力岗位知识,如薪酬如何计算、招聘流程演练是否合理等。

沟通能力:评估是否能够与员工进行有效的交流和互动,是否能够清晰表达信息。

问题处理能力:评估是否能够冷静应对、迅速解决问题。

团队协作:评估是否能够有效地与团队成员合作,协调任务分工,共同完成模拟服务任务。

4. 项目四:景区设施设备及安全管理

【实训步骤】

①教学讲解与案例分析:对景区设施设备管理概念、特点及分类进行深入讲解,使学生掌握景区安全的重要性、突发事故处理流程及方法技巧。

②现场考察与问题识别:学生前往目标景区观察、访谈并记录目标景区的设施设备等基础资料,访谈调查景区员工对于目前安全管理的看法和建议。

③编写一份设备管理和安全管理手册:确定此次设施设备的涵盖程度,并针对服务领域和目标对象,明确制定手册的目标和范围,确定手册的目标受众,并针对性地设计内容和形式。

④审阅修改:经过初稿编写后,由景区指导老师进行审阅指导,并给出修改意见,以进一步完善。

⑤示范演练:在手册内容修改完成后,引导学生进行示范演练,以加深对手册内容的理解和应用。

⑥反馈改进:对手册进行适当的修改和改进,确保内容的实用性和有效性。

⑦指导和观摩:指导老师(校内及企业)对学生进行指导和监督。

⑧实训总结和经验分享:各组之间进行现场互评,组织学生进行经验总结和分享。

⑨评价和反思提升:教师对学生的表现进行评价,并提出改进意见和建议。

【实训评价】

内容完整性:评估学生所编写的设备管理和安全管理手册是否覆盖了景区所有的设备及可能发生的安全事故。

信息准确性:评估学生所编写的设备管理和安全管理手册中提供的信息是否准确无误,是否符合行业规范和标准,是否具有权威性和可信度。

表达清晰性:评估学生所编写的设备管理和安全管理手册中的文字表达是否清晰明了,是否条理清晰-逻辑严谨,是否避免了歧义和模糊不清的表述。

实用性和操作性:评估学生所编写的设备管理和安全管理是否具有一定的实用性和操作性,

图文并茂:评估学生所编写的设备管理和安全管理手册中是否适当添加了图片、图表或示意图等辅助性素材,是否提升了手册的可读性和理解性。

受众匹配性:评估学生所编写的设备管理和安全管理应会手册的内容设计是否符合目标受众(景区员工/管理者/游客)的需求和特点,是否能够满足受众的实际需求和期待。

六、《研学旅行课程设计》实训项目与评价细则

(一)实训项目简介

【实训项目】研学旅行课程设计

【实训场所】蜗牛产业学院、浙江省智慧旅游体验中心、景区综合模拟实训室、校企合作平台微景天下及戋扑旅游,以及具备开展智慧旅游模块化实

训教学条件的校外环境。

【实训目的】研学旅行作为一种体验式学习模式，能够有效补充传统课堂教学的缺漏，使学生在实践中学习和成长。本次实训旨在通过对研学旅行主题的确立、目标的设定、内容的选取、教学模式的采用、研学资源的开发及主题课程和专题课程的设计等内容的分析，提高学生课程设计的基本技能，同时基于实训要求，实训内容设计以自然类研学旅行课程设计、历史类研学旅行课程设计、人文类研学旅行课程设计、体验类研学旅行课程设计等为主，可为校企共育共建共享，培养"懂审美、明理论、悉政策、精设计、善创新"的新时代智慧化研学旅行课程设计人才。

【课时分配】4 个模块，共 16 课时，包括自然类研学旅行课程设计、历史类研学旅行课程设计、人文类研学旅行课程设计、体验类研学旅行课程设计。

【教学方法】任务驱动教学法；讲授法；案例教学法；小组合作法。

（二）实训内容

表 6-6 《研学旅行课程设计》课程实训内容及要求一览表

实训任务	知识点	技能点	素养点
自然类研学旅行课程设计	1. 了解自然类研学旅行课程设计的基本内涵 2. 了解自然类研学旅行课程设计的发展趋势和实际应用	1. 运用知识分析自然现象，对感兴趣的自然问题进行探索 2. 通过科学的方法开展自然类研究，经历问题研究的过程，获得探究体验和经验，形成发现、提出、分析并解决问题的能力	1. 培养可持续发展理念，形成保护自然的意识和社会参与的精神 2. 提升自然知识和素养，培养批判质疑、勇于创新的科学精神 3. 养成文明礼貌和积极参与和谐社会建设的意愿和能力，形成社会责任感及积极履行公民义务的意识和行动能力
历史类研学旅行课程设计	1. 了解历史类研学旅行课程设计的基本知识性目标 2. 掌握历史类研学旅行课程设计的基本内容	1. 提升历史类研学旅行课程设计的认知能力 2. 学会应用实际案例解决问题 3. 形成合作探究能力	1. 树立正确的唯物史观 2. 更加全面、立体地认识历史 3. 传承优秀传统文化、弘扬民族精神

续表

实训任务	知识点	技能点	素养点
人文类研学旅行课程设计	了解传统节日人文类研学旅行课程设计	组织学生深入各地体会不同地域人们的生活方式、风俗习惯、风土人情、信仰等	1.弘扬和培养中华民族的人文精神,增强民族自信心和自豪感 2.关注人生价值,提升个体的精神境界 3.树立正确的人生观、价值观,追求内心的和谐与安宁
体验类研学旅行课程设计	1.体验不同职业的艰辛、乐趣、功能和责任 2.了解各行各业及整个社会的运转	唤起学生体验,通过增进学生的各种特殊体验,丰富学生的生活	1.丰富学习者的情感世界与精神生活 2.树立正确的职业观、价值观

(三)实训项目分解

1.项目一:自然类研学旅行课程设计

【实训步骤】

①明确目标与主题设定:明确研学旅行的目标,例如提升学生对自然科学的认识,增强环保意识,提高实践操作能力等。

②设定研学主题:如生态环保、地质地貌探索、动植物研究、气候变迁观测等。

③前期调研与资源评估:选择合适的研学地点,根据主题研究内容选取具有代表性的自然保护区、科研基地、森林公园等场所。

④对选定地点进行详细调研,了解其自然资源、生态环境、安全条件等情况。

⑤课程内容设计:结合实地环境,设计系列学习任务和实践活动,如实地考察、样本采集、实验操作、专题讲座等。

⑥制定详细的日程安排:确保既有科学理论的学习,又有实践操作的机会。

⑦安全保障与应急预案制定:制定详尽的安全管理规定和应急预案,包括交通、食宿、野外活动等方面的安全保障措施。

【实训评价】

课程目标与内容设计:考查实训项目是否紧密围绕自然学科知识,能否通过实地考察、实践操作等形式让学生深入了解和掌握相关理论知识,同时提升学生的观察力、实践能力和创新能力。

实践活动组织与实施:评价活动行程规划的合理性,安全措施是否到位,指导教师的专业素养及现场指导效果。包括但不限于野外生存技能训练、生物标本采集制作、地理地貌考察等环节的实际操作性与教育价值。

学生参与度与反馈:了解学生在研学过程中的主动参与程度,他们是否能将所学知识应用于实际场景中,以及他们在活动结束后对所学内容的理解深度和体验感受,可通过问卷调查、个别访谈等方式收集反馈。

成果产出与影响:评价学生在研学活动后形成的研究报告、心得感悟等成果的质量,以及活动对学生科学素养、环保意识等方面的长远影响。

资源整合与利用:考查实训项目如何整合和利用自然资源、社会资源、教育资源等,形成有效的教学载体,促进学生全面发展。

持续改进与优化:根据评价结果,看实训项目是否具备自我完善和更新迭代的能力,以适应不同阶段学生的需求变化和教育发展趋势。

2. 项目二:历史类研学旅行课程设计

【实训步骤】

①确定目标与主题:明确研学旅行的教育目标,比如增强学生的历史文化认知,培养爱国主义情怀,锻炼史料分析能力等。确定研学主题,如古代文明探索、重要历史事件回顾、文化遗产考察等。

②前期调研与资源筛选:根据主题选择具有丰富历史文化背景的目的地,如历史博物馆、古迹遗址、文化名城、革命旧址等。对目标地点进行详尽调研,包括其历史背景、文物价值、教育意义及接待设施条件等。

③课程内容设计:结合实际场地,设计一系列学习活动和任务,如参观讲解、现场教学、文物鉴赏、历史重现角色扮演、专题研讨等。

④制定详细的行程计划:确保覆盖从史实学习到思考讨论、从宏观历史脉络到微观实物解读等多元化的学习体验。

⑤资源整合与教材准备:整理相关历史文献资料,编写研学手册或课

件,为学生提供必要的学习背景知识。沟通联系目的地相关部门,获取必要的支持和服务,如专业解说、特别开放区域等。

⑥安全保障与应急预案:制定详细的安全保障措施,包括交通、餐饮、住宿等方面的安全预案。针对可能发生的突发状况,如天气变化、人员伤病等,提前准备应急预案。

⑦实施与反馈改进:实施研学旅行活动,并在过程中及时调整优化课程内容和执行方案。结束后收集学生的反馈意见和教师评价,总结经验教训,为进一步完善课程设计提供依据。

【实训评价】

课程目标达成度:观察和评估学生在研学过程中是否达到了预期的学习目标,如是否提升了对相关历史时期或事件的理解,是否增强了历史分析和批判性思维能力,以及是否形成了正确的历史观和价值观。

课程内容设计合理性:评价课程内容是否紧密围绕主题展开,是否充分利用了实地资源进行教学,活动设计是否具有趣味性和启发性,能否激发学生主动探究的兴趣。

教学方法与实施效果:考量教师引导方式、讲解深度、互动环节设计等方面,看是否有利于学生理解和吸收知识,实地操作、小组合作等活动形式是否有助于提升学生的实践能力和团队协作精神。

学生反馈与参与度:通过问卷调查、访谈等方式收集学生对研学课程的满意度,关注他们在课程中的活跃度、投入程度及收获感。

安全保障与组织管理:评价整个研学旅行过程中的安全管理措施是否到位,应急预案是否完善,组织安排是否合理有序。

课程成果展示与转化:考查学生在研学后提交的研究报告、心得感悟、作品创作等形式的成果,评估其实质性学习成果及创新能力。

3. 项目三:人文类研学旅行课程设计

【实训步骤】

①需求分析与目标设定:明确实训对象(学生年级、专业背景等)及研学旅行的主题,例如中国传统文化、地方民俗文化、世界文化遗产等。设定具体的学习目标,包括知识技能目标(理解特定的人文现象,提高审美鉴赏力

等)、情感态度目标(培养人文情怀,增强文化自信等)及行为能力目标(学会观察、思考、表达、研究等)。

②课程内容策划:研究选定主题下的具体内容,选择具有代表性的历史文化遗址、博物馆、艺术馆等地作为实地考察点。结合理论学习与实践体验,设计一系列的教学活动,如专题讲座、现场解说、实践活动、互动研讨等。

③行程规划与资源配置:制定详细的研学路线,确保各个考察点之间的逻辑连贯性,合理安排交通、住宿、餐饮等后勤保障。配备必要的教辅材料,如地图、手册、读物等,并准备相关的教学工具和技术支持。

④实施方案制定:细化每项活动的执行流程,明确任务分工,设置时间表和进度计划。制定安全预案和紧急处理措施,确保学生在研学过程中的安全。

⑤执行研学旅行计划:实时跟踪学生的学习进展和反馈,适时调整活动方案以保证最佳教学效果。在过程中注重引导学生记录心得、撰写报告或者创作作品,以此深化学习成果。

【实训评价】

课程目标达成度:评估学生是否达到预期的知识技能目标,如是否对所学人文主题有深入的理解和掌握,是否提升了解读、分析人文现象的能力;在情感态度上,观察学生是否形成积极的人文关怀和文化尊重意识;在行为能力上,检查学生是否能够在实地考察中独立思考、有效沟通并完成相关研究报告或作品。

课程内容与实施情况:考查课程内容是否丰富多元,是否贴近主题且有深度,能否激发学生的学习兴趣;实施过程中,是否按计划顺利推进,各环节组织是否紧凑有序,是否充分调动了学生的参与积极性。

实地教学效果:对于实地考察部分,评价学生在参观、体验过程中的表现,是否能将理论知识与实际观察相结合,是否有深刻的感悟和独特的见解;参观地点的选择和利用是否得当,能否切实帮助学生理解和感受人文内涵。

4. 项目四:体验类研学旅行课程设计

【实训步骤】

①明确目标与定位:根据教育目的和学生需求确定研学旅行的主题,比如历史文化、自然生态、艺术创作等,并明确期望学生通过此活动获得哪些

知识技能、情感态度及行为能力的提升。

②课程内容策划:根据主题选择具有代表性的学习地点,结合当地资源设计研学活动,包括但不限于实地考察、专家讲座、互动体验、专题研讨等。同时,编写详细的课程大纲,确保内容的科学性、系统性和趣味性。

③活动方案制定:制定详细的行程安排和活动流程,包括交通、住宿、餐饮等后勤保障,以及每个活动环节的时间分配、任务说明、安全预案等内容。

④教学方法设计:结合体验式学习理论,采用情境模拟、角色扮演、问题导向等多种教学手段,鼓励学生主动探索、实践操作,以提高学习成效。

⑤评价与反馈机制建立:设计研学过程中的观察记录表、小组讨论、成果展示等多元评价方式,以便实时了解学生学习进度与成效,并根据反馈调整教学策略。

【实训评价】

目标达成度:检查课程设计是否准确地针对预设的学习目标,学生在研学旅行结束后,是否在知识掌握、技能提升、情感态度等方面有所收获。

课程内容合理性:评价课程内容是否丰富多样,是否紧密结合主题,是否能激发学生兴趣,是否有利于学生深度学习和实践操作。

教学活动设计:评估各类实践活动的设计是否有助于提高学生的参与度,是否能够引导学生主动探究、解决问题,是否有效利用了研学基地或目的地的教育资源。

实施过程管理:考查课程执行过程中,组织管理、安全保障、应急预案等是否到位,是否保证了活动的顺利进行。

反馈与改进机制:了解是否有对学生学习成果的有效反馈机制,如考核评价、反思总结等环节,以及对课程本身的持续改进和完善机制。

七、《新媒体运营》实训项目与评价细则

(一)实训项目简介

【实训项目】新媒体运营

【实训场所】浙旅院国际教育旅游体验区、蜗牛产业学院、浙江省智慧旅

游体验中心、景区综合模拟实训室,以及具备教学条件的校外景区景点。

【实训目的】依据新媒体运营岗位的实际工作要求组织实训任务,让学生在完成具体项目的过程中并执行相应工作任务,使学生建立景区新媒体运营营销的整体概念,重点突出景区产品新媒体产品运营、内容运营、用户运营、活动运营、数据运营等各种运营工作方向的实战技能训练,实现理论到实践的转化,完成校园教学到工作场所实践的衔接。

【课时分配】4 个模块,共 32 课时,包括文案设计与写作、活动运营、短视频营销、直播运营。

【教学方法】案例分析法;讨论式教学法;导师指导法;场景模拟法;项目驱动法;实地考察法;角色扮演法。

(二)实训内容

表 6-7 《新媒体运营》课程实训内容及要求一览表

实训任务	知识点	技能点	素养点
文案设计与写作	1. 新媒体文案概念与分类 2. H5 海报设计步骤与要点 3. 不同新媒体平台文案特点 4. 文案写作技巧与方法	能够写作并排版新媒体文案,制作精美的封面图、GIF 图、表情包等,能够制作富有创意和吸引力的创意字与 H5 海报,掌握不同新媒体渠道文案写作的特点与区别,并能针对不同渠道进行文案设计与写作	培养文案、图片等的素材收集、分类整理的能力,培养实际操作能力、思维创新能力、审美能力
活动运营	1. 活动运营的关键流程及关键环节 2. 做好整合规划与跨界活动的方法 3. 活动运营方案撰写技巧 4. 数据复盘方式与方法	能够基本设计活动运营方案,掌握活动运营的关键过程及相关技巧,知晓数据或效果评估方法	认识职业能动性的重要性;了解团队合作的重要性;具备案例分析和汇报的基本素养要求

实训任务	知识点	技能点	素养点
短视频营销	1.短视频账号的运营定位与主页设置 2.短视频账号的阶段性运营规划 3.短视频选题策划的基本原则 4.短视频内容结构设计步骤 5.短视频拍摄景别,画面构图,拍摄角度,光线应用,运镜设计等知识,脚本的撰写方法 6.运用平台功能为短视频推广引流的方法;短视频粉丝运营策略;短视频账号矩阵化运营的方法 7.短视频平台付费推广方式 8.短视频 IP 价值衍生变现的方式	能够进行短视频的内容策划、拍摄与后期剪辑,创作出高质量的短视频作品;能够做好短视频企业号运营,扩大品牌传播范围,帮助企业获得更多曝光,提高品牌的辨识度;能够运用各种方式进行推广引流,并做好粉丝运营,使短视频获得超高的流量;能够通过广告变现、内容付费、平台渠道收益、IP 价值衍生变现等方式实现短视频商业变现	具备短视频行业的基本职业道德,热爱工作,虚心学习,勤奋工作,遵守行业法律、法规;培养用户思维、流量思维、产品思维、大数据思维等运营思维
直播运营	1.直播团队组织架构,直播团队的组建,主播人设的打造,商家直播选择主播的策略 2.直播营销话术设计要点、原则和常用话术、直播营销"三点"方法论、直播间商品讲解要点 3.直播间数据分析常用指标,包括粉丝画像数据指标、流量数据指标、互动数据指标和转化数据指标	能够策划直播活动脚本;能够组建直播团队,打造主播人设;能够布置直播间设备、环境与灯光;能够选择、陈列与管理直播间商品;能够利用各种手段提升直播间氛围;能够对直播间数据进行分析与复盘	具备直播行业的基本职业道德,热爱直播工作,虚心学习,勤奋工作,遵守行业法律、法规,遵守市场和平台规则;建立正确的职业操守和职业荣誉感。培养用户思维、流量思维、产品思维、大数据思维等运营思维

(三)实训项目分解

1.项目一:文案设计与写作

【实训步骤】

①教学讲解与案例分析:对新媒体文案的体例、撰写要求与技巧、推广等进行系统讲解,组织和引导学生对新媒体行业或景区的优秀文案进行搜集和学习。

②个人形式实训：

认识多体例文案：寻找旅游、景区、旅游产品等专业相关的，自认为经典或优秀的文案，分析其体例、特点、目标受众以及策划的核心亮点、效果。

③小组形式实训：

文案标题撰写：针对不同类型的景区产品进行高自由度的文案标题创意撰写，每组每个产品撰写不少于 3 条标题，并对文案创意进行简要描述。

文案创意思维练习：拟定可供学生挑选的基本概念或事物，每组学生随机获取一个概念或事物为原点，围绕该原点深入发散思维并记录。

针对特定产品的文案写作与推广：根据实训任务，模拟与实训景区进行合作，对其某一特定产品进行文案的写作与推广实践。

④指导和监督：指导老师对学生进行现场指导和监督。

⑤实训总结和经验分享：各组之间对实训任务小组上交作业情况进行互相打分与评比，教师组织学生进行经验总结和分享。

⑥评价和反思提升：教师对学生的表现进行评价，引导学生反思实训过程中的问题和不足。

【实训评价】

多体例文案搜集：评估前期准备环节的资料素材收集整理情况（规范性、完整性、丰富性）等。

文案标题：评估文案标题五功能的完成度、文案标题四要素的完成度及标题练习数量完成度。

创意思维：评估发散思维的数量多少、发散思维的新颖度和创意度等。

文案完成度：评估文案的创意度、与产品的贴合度、体例选取的合适度。

文案流量：评估文案渠道选取的合适度、排版的美观程度及文案发表之后获得的流量多少。

团队协作：评估是否能够有效地与团队成员合作，协调任务分工，共同完成模拟服务任务。

2. 项目二：活动运营

【实训步骤】

①教学讲解与案例分析：对活动运营概念、运营需求与目标、活动主题

与玩法及运营方案等进行系统讲解,使学生掌握围绕景区某一产品在新媒体平台开展整个活动运营的实践技能。

②分析活动运营需求与目标:要求学生选择一家订单班企业、一个特殊节日设定为此次运营的实训对象,开展活动运营需求分析,并开展小组讨论或与指导教师确定本次运营目的(从拉新、促活、留存、转化中任意选择一个),并明确产品生命周期、产品节奏和活动面向的用户群体属性。

③设置本次活动主题与活动玩法。

④进行活动资源评估:评估此次活动需要占用哪些资源,有哪些可用资源,怎么让资源利用最大化等。首先明确,我们一个活动需要用到的资源主要分为三部分:活动奖品资源、活动执行资源、活动推广资源。

⑤设计活动方案:依据以上对活动需求及目标、活动玩法及活动资源开展评估,形成本次活动运营策划方案,并形成相关文档可供展示。

⑥指导和监督:指导老师对学生每一个步骤和每份方案的进行开展指导和监督。

⑦实训总结和经验分享:各实训任务小组之间对上交作业情况进行互相打分与评比,教师组织学生进行经验总结和分享。

⑧评价和反思提升:教师对学生的表现进行评价,引导学生反思实训过程中的问题和不足。

【实训评价】

需求与目标:考查活动需求调研数据的真实性、目标设定的合理性及对景区产品的掌握度等。

活动玩法:考查活动玩法的丰富性、创新性和适应性。

活动资源:考查活动奖品资源、活动执行资源、活动推广资源三种资源种类的丰富度和具体意义等。

方案完成度:考查方案的创意度、与产品的贴合度、体例选取的合适度。

汇报清晰度:考查分析汇报时的知识掌握情况、知识应用能力、思维逻辑性、条理性、语言组织及表达能力。

团队协作:考查是否能够有效地与团队成员合作,协调任务分工,共同完成模拟服务任务。

3. 项目三：短视频营销

【实训步骤】

①教学讲解与案例分析：对短视频的体例、文案撰写要求与技巧、推广等进行系统讲解，组织和引导学生对新媒体行业或景区的优秀文案进行搜集和学习。

②个人形式实训：

收集新媒体时代下的短视频：寻找旅游、景区、旅游产品等专业相关的，自认为经典或优秀的短视频，分析其体例、特点、目标受众及策划的核心亮点、效果。

③小组形式实训：

开设一个短视频账号：要求每组学生开设一个短视频账号，确定账号主题（美食、摄影、学习、旅游或其他主题），掌握短视频账号的运营定位方法；掌握短视频账号的阶段性运营规划方法；掌握短视频账号的主页设置方法；掌握短视频运营团队的组建方式。

拍摄短视频：要求每位学生拍摄一个短视频，了解常用的短视频拍摄设备和辅助设备；掌握短视频拍摄景别、画面构图、拍摄角度、光线应用、运镜设计等知识；掌握短视频脚本的撰写方法；掌握用手机与单反相机拍摄短视频的参数设置的方法。

短视频推广引流：每个小组对运营账号进行推广引流，给定学生一个旅游产品进行推广，学生需掌握短视频的标题、文案、封面的设计方法；掌握运用平台功能为短视频推广引流的方法；掌握短视频粉丝运营策略；掌握短视频账号矩阵化运营的方法；了解短视频平台付费推广的方式。

④指导和监督：指导老师查看学生上交的短视频或搜索学生短视频账号进行查看，课上进行指导和监督。

⑤实训总结和经验分享：各实训任务小组之间对上交作业情况进行互相打分与评比，教师组织学生进行经验总结和分享。

⑥评价和反思提升：教师对学生的表现进行评价，引导学生反思实训过程中的问题和不足。

【实训评价】

多种短视频搜集：评估前期准备环节的资料素材收集整理情况（规范性、完整性、丰富性）等。

短视频账号：评估短视频账号定位的合理性及短视频账号的粉丝量增长情况。

短视频拍摄：评估短视频脚本和拍摄参数的规范性；短视频的播放量、点赞量和转发量。

短视频推广引流：评估短视频标题、文案、封面设计的吸睛度，推广引流量、粉丝量，短视频浏览量、播放量、转发量和评论量等。

团队协作：评估是否能够有效地与团队成员合作，协调任务分工，共同完成实训任务。

4. 项目四：直播运营

【实训步骤】

①教学讲解与案例分析：使用多观察多案例等方式对直播运营的基本流程、脚本策划、营销话术设计、直播间设施设备、场景布置等进行讲解，使学生加深对现阶段直播运营与营销的了解，培养学生通过直播销售景区产品的能力。

②个人形式实训

观看学习直播账号：寻找旅游、景区、旅游产品等专业相关的，直播销量数据较好的直播账号，分析其特点、目标受众及策划的核心亮点、效果。

③小组形式实训

撰写一份直播营销方案策划：要求学生撰写一份直播方案策划，内容包括直播营销活动的基本流程、直播营销活动流程规划、直播活动脚本策划等内容。

设计一组直播间效果图：要求学生设计一组直播间效果图，主题设定为与景区相关，内容要求能够配置直播设备，布置直播间和灯光。

开展一次真正的直播：要求学生以小组为单位，选择其中一个订单班企业进行直播推广，开展一次真正意义的直播。掌握直播前预热、设置直播标题、打造直播封面图、调动直播间人气、提升直播间氛围、开展平台内付费推广等方法。

④指导和监督：指导老师对直播数据，课上进行指导和监督。

⑤实训总结和经验分享：各组之间对实训任务小组上交作业情况进行互相打分与评比，教师组织学生进行经验总结和分享。

⑥评价和反思提升：教师对学生的表现进行评价，引导学生反思实训过程中的问题和不足。

【实训评价】

多种短视频搜集：评估前期准备环节的资料素材收集整理情况（规范性、完整性、丰富性）等。

直播营销方案：评估直播方案策划的完整性、合理性。

直播间场景设置：评估直播设备效果与主题的契合性。

直播数据：评估直播间粉丝人数、购买人数、成交量。

团队协作：评估是否能够有效地与团队成员合作，协调任务分工，共同完成实训任务。

八、《解说系统设计与应用》实训项目与评价细则

(一)实训项目简介

【实训项目】解说系统设计与应用

【实训场所】蜗牛产业学院、浙江省智慧旅游体验中心、景区综合模拟实训室、校企合作平台微景天下及麦扑旅游，以及具备开展智慧旅游模块化实训教学条件的校外环境。

【实训目的】随着旅游业的快速发展，游客的需求日益多元化，不再局限于传统的观光游览，而是更加注重深度体验、教育意义及文化互动，解说系统设计需要适应这种趋势，提供更丰富、更有深度的信息服务。本次实训旨在通过全面系统地论述解说系统的基本内涵、展示方式、设计流程、设计的应用场景及其更新与维护技术，为推动旅游可持续发展奠定坚实的知识基础。同时，基于实验资源模块化、教学体系系统化、过程管理信息化、人才培养导向化、组织管理协同化等实训要求，实训内容设计以自然风光景区、历史人文景区、文博场馆、主题乐园等为主，旨在丰富和培养学生运用智慧化

的手段和方法,激发学生的内在动力,培养具有创新精神、批判思维和团队协作能力的优秀人才。

【课时分配】4个模块,共16课时,包括自然风光景区、历史人文景区、文博场馆、主题乐园。

【教学方法】任务驱动教学法;讲授法;案例教学法;小组合作法。

(二)实训内容

表6-8 《解说系统设计与应用》课程实训内容及要求一览表

实训任务	知识点	技能点	素养点
自然风光景区	1.了解景区的自然环境、地理地貌、气候特点等基本信息 2.熟悉景区内的主要景点、动植物资源及保护措施	1.学习如何进行生态解说,引导游客正确欣赏自然风光 2.掌握户外解说技巧,如徒步、登山等活动的安全知识 3.学习自然风光摄影技巧,为游客提供拍照建议	1.培养自然环境保护意识 2.正确认识人与自然和谐共生
历史人文景区	1.学习古城历史文化、建筑风格、历史人物等背景知识 2.熟悉古城街区的布局、景点分布和游览路线	1.掌握导游讲解技巧,让游客更好地领略古城风情 2.学习如何进行文化解说,让游客深入了解古城的历史变迁 3.研究古城旅游资源的开发与保护策略,为景区可持续发展提供建议	1.培养良好的职业道德和服务意识 2.学会尊重不同文化和习俗
文博场馆	1.了解场馆的背景、历史、使命和特色 2.熟悉场馆内的展品、陈列和展览内容	1.掌握场馆解说技巧,为游客提供专业解说服务 2.学习如何设计富有创意的互动展示,提高游客的参与度 3.研究场馆的教育意义和社区参与策略,促进景区的普及与推广	1.增强社会责任感 2.增强和提升文化自信和自豪感 3.增强对国家的认同感和归属感
主题乐园	1.了解主题乐园的定位、特色、游乐项目和设施 2.熟悉乐园的运营管理、安全措施和应急预案	1.掌握乐园解说技巧,为游客提供愉悦的游玩体验 2.学习如何策划主题活动,提升游客的满意度 3.研究乐园的市场营销策略,提高景区的知名度和影响力	1.树立正确的职业观、价值观 2.树立良好的服务意识

(三)实训项目分解

1. 项目一:自然风光景区

【实训步骤】

①组织专业培训:提高学生对本景区的自然环境、历史文化、民俗风情等方面的认识,确保他们能够为游客提供准确、生动的解说服务。

②解说素材整理:搜集和整理与景区相关的资料,包括景区历史、地理、生态、文化等方面的信息,以便于编写解说词和制作解说标识牌。

③解说词撰写:根据景区特色和游客需求,撰写具有教育性、趣味性和实用性的解说词,使之成为游客了解景区的窗口。

④解说标识牌设计:设计清晰、美观、具有创意的解说标识牌,放置在景区关键位置,引导游客参观和了解景区。

【实训评价】

实训目标与课程内容:检查实训项目是否明确以培养旅游管理、生态环保、解说导览等相关专业人才为目标,课程内容是否涵盖了自然景区规划、生态保护、旅游资源开发、景区管理、游客服务、解说导览技巧等方面的知识和技能。

实地资源与教学条件:评价实训基地(自然风光景区)的自然资源丰富度、独特性及科研价值,是否能为学生提供丰富的实践案例和素材。同时,考察实训设施设备是否齐全,安全措施是否到位,满足实训教学需求。

实践操作环节:评价实训项目是否设置了实地考察、生态调研、解说实践、应急预案演练等实操环节,使学生在实际操作中提升专业技能和问题解决能力。

可持续发展教育:评价实训项目是否强调绿色发展理念,教授如何在保护生态环境的前提下合理开发利用旅游资源,促进旅游业可持续发展。

实训效果与成果展示:通过查看实训结束后学生提交的报告、研究成果或实际操作表现等方式,评估实训项目的成效,看学生是否真正掌握了理论知识并能在实践中运用,从而有效提升其在未来职业生涯中的竞争力。

2. 项目二：历史人文景区

【实训步骤】

①调研与策划：在进行解说系统设计前，首先要对历史人文景区进行深入的调研，了解景区的历史、文化、自然资源等方面的特点。然后根据调研结果，制定详细的解说系统策划方案。

②解说内容编写：根据策划方案，编写解说系统的文字内容。内容应包括景区简介、历史文化、地域特色、生态环境、旅游指南等方面。

③设计视觉元素：设计解说系统的视觉元素，如标识、海报、宣传册等。视觉元素应简洁明了，易于识别，体现景区特色。

④选择传播渠道：根据景区的特点和目标游客群体，选择合适的传播渠道，如传统媒体、网络媒体、社交媒体等。

⑤建立解说设施：在景区内设置解说设施，如解说牌示、多媒体触摸屏、展览馆等。解说设施应布局合理，形式多样，便于游客参观和了解。

⑥监测与评估：定期对解说系统的运行情况进行监测和评估，了解游客满意度，不断优化解说系统。

【实训评价】

定位合理性：考查实训项目是否紧密结合历史人文区的历史文化背景进行规划设计，能否真实反映和传承历史文化，同时在保护历史文化遗产的前提下，实现旅游开发的可持续性。实训内容与形式创新性：观察实训课程是否丰富多元，能否涵盖旅游管理、历史文化讲解、商业运营等方面，以及是否采用实地操作、案例分析等多种实训教学方法，提高学生的实践能力。

基础设施与服务配套：评价景区内的公共设施建设情况，如游客服务中心、标识系统、卫生设施等，以及相关的旅游接待、解说、安全保障等服务是否完善。

教学效果与学生反馈：通过跟踪了解参与实训的学生的学习成果、技能提升情况及满意度调查，来评价实训项目的实际效果。

3. 项目三：文博场馆

【实训步骤】

①了解文博场馆：包括文博场馆的定义、特点、分类及在我国旅游业中

的地位和作用。每一个文博场馆都有其独特的主题,如科技、历史、艺术等,这使得景区具有很高的专业性和教育性;文博场馆通过各种展示手段,如实物、影像、互动体验等,充分展现了我国的历史文化底蕴;馆类景区注重游客的参与和体验,让游客在参观过程中能够亲身感受和理解景区的主题和文化。

②确定文博场馆的主题和内容:历史文化类场馆如博物馆、纪念馆等,主要展示我国的历史文化;科技类场馆如科技馆、天文馆等,主要展示科技发展和科学知识;艺术类场馆如美术馆、艺术馆等,主要展示艺术作品和艺术创作;自然类场馆如动物园、植物园等,主要展示自然生态和生物多样性。

③设计文博场馆导游服务的解说内容:提供专业、热情的导游服务,让游客更好地了解和欣赏景区。

④确定文博场馆解说形式:口头解说、多媒体解说、互动式解说、自助式解说等。

【实训评价】

实训目标与内容设计:评价实训项目是否结合场馆特色和行业需求设定明确的实训目标,并围绕目标设计科学合理的实训内容,比如博物馆讲解服务、展览策划与布置、场馆运营管理、活动组织与推广等。

实训设施与环境:考察实训场馆的硬件设施是否齐全且先进,包括但不限于展示设备、安全防护设施、教育互动设施等;同时,评估实训环境是否舒适、有序,能否提供良好的实训体验。

实训方法与实施过程:评价实训教学方式是否灵活多样,如角色扮演、模拟实操、案例分析等,以及实训过程中教师指导是否到位,是否注重理论与实践相结合。

实训效果与学生反馈:通过考核、评估学生在实训后的专业技能提升程度、问题解决能力、团队协作能力等方面的变化,收集并分析学生对实训项目的满意度及改进建议。

4. 项目四:主题乐园

【实训步骤】

①深入了解目标受众:在进行解说系统设计之前,首先要深入了解游客

的需求和特点。通过市场调查、问卷调查等方式收集游客的基本信息、兴趣爱好、参观目的等数据，以便为设计符合游客需求的解说系统提供依据。

②确定解说系统主题和目标：根据收集到的数据，明确景区解说系统的主题和目标。主题应紧密围绕景区的特色和核心价值，目标应包括教育、娱乐、生态保护等多方面内容。如景区以科普教育为主题，那么解说系统应着重强调科学知识传播和环保意识培养。

③选择合适的解说形式：根据景区的特点和游客需求，选择多样化的解说形式，如向导式、自导式、多媒体、互动体验等。向导式解说系统以导游人员为主导，为游客提供实时、动态的信息服务；自导式解说系统则通过标识牌、导览图等设施，引导游客自主游览。此外，多媒体触摸屏、虚拟现实等技术也能为游客带来丰富的互动体验。

④设计解说内容和载体：结合景区特色，策划丰富多样的解说内容。内容包括景区历史、文化、自然资源、生态保护等方面，力求寓教于乐，提高游客的参观体验。同时，根据不同的解说形式，选择合适的载体，如文字、图片、声音、视频等，使解说内容更具吸引力。

⑤落实解说系统实施方案：在设计完成后，需将解说系统实施方案落地，包括招聘培训专业导游、制作解说标识牌、搭建多媒体设施、制定解说服务规范等。此外，要定期对解说系统进行评估和优化，以满足游客不断变化的需求。

⑥推广与宣传：通过线上线下多渠道进行解说系统的宣传和推广，提高游客对景区解说的认知度和满意度。线上可通过官网、社交媒体等平台发布解说相关信息；线下则可于展主题活动、举办讲座等方式，吸引游客参与。

【实训评价】

实训目标与课程设计：考查实训项目是否具有针对性，是否紧密结合主题乐园运营的实际需求，如游客服务管理、游乐设施操作与维护、主题活动策划与执行、安全管理、市场营销策略等。并且看课程设计是否系统、全面，有助于学生掌握相关职业技能。

实训设施与环境：评价实训场所（即主题乐园）提供的实训设施是否完备且符合行业标准，能否提供真实的运营环境和场景供学生实践。同时，关注乐园的安全管理、卫生条件等因素，确保实训过程的安全性和舒适性。

实训操作与实操经验：评估实训过程中，学生是否有机会深度参与乐园的各项实际工作，获得一手的运营和服务经验，如售票、检票、游客接待、游乐项目运营、应急处理等。

九、《景观设计》实训项目与评价细则

（一）实训项目简介

【实训项目】景区景观设计

【实训场所】小营江南红巷景区、桃源七里风景区、塘栖古镇景区、之江文化中心、宋城景区、西溪国家湿地公园，以及具备开展景观设计模块化实训教学条件的校外环境。

【实训目的】通过有目的的实践活动，使学生掌握从理论到实践的转化，培养其在景区工作中进行专业的景观设计的实际技能。实训着重于培养学生的创新思维、审美素养、团队合作与项目管理能力，同时使学生熟练掌握设计软件，能够在实际工作中紧扣景区主题，对主入口景观、道路景观、商业业态景观、休憩空间景观等进行系统化设计。培养学生将现代信息技术融入景观设计的能力，提升景区智能化水平，优化游客体验。

【课时分配】4 个模块，共 16 课时，包括主入口景观、道路景观、商业业态景观、休憩空间景观。

【教学方法】案例教学法；问题导向教学法；实践操作教学法；互动讨论教学法；项目驱动教学法。

（二）实训内容

表 6-9　《景观设计》课程实训内容及要求一览表

实训任务	知识点	技能点	素养点
主入口景观设计	1.掌握主入口的交通流线规划、标志性构建物设计、游客引导系统等 2.掌握游客流线和视觉效果的分析方法 3.掌握标识性构建物与主题元素的融合技巧	1.能运用设计软件绘制平面图、立面图，以及制作效果图 2.能在设计中强调视觉引导和第一印象的打造	培养对景区核心主题和文化特征的深刻理解力，实现设计与景区内涵的和谐统一，提升场所精神和品牌形象

续表

实训任务	知识点	技能点	素养点
道路景观设计	1.掌握路面材料的耐磨与美观性相关知识点 2.熟悉指示标识系统的可视性与准确性相关知识点 3.掌握照明设备的布局与光效相关知识点	1.能运用技术手段创新路径规划,设计符合行人动线的路面图案,确保使用的舒适性与安全性	强化对道路景观与自然环境和谐共融的认识,关注生态保护与资源可持续利用
商业业态景观设计	1.掌握商业空间布局与经营策略的关系 2.掌握店面设计与品牌形象统一的方法 3.掌握商业展示手法的创新	1.能合理规划商铺分布与顾客流线 2.能设计具有较强吸引力的商业界面 3.能创造互动式购物体验	培育对商业流行趋势的敏锐洞察力,结合审美与创新思维,打造有特色的、富有活力的商业景观环境
休憩空间景观设计	1.掌握休憩空间在满足功能需求的同时融入景观设计语言的方法 2.了解植物配置的环境适应性和美学价值 3.熟悉环境心理学在休憩空间中的应用	1.能精心设计各类座椅、凉亭等家具设施 2.能考虑与环境的协调性,提供符合人体工程学原理的舒适度	注重营造和谐、放松的休憩氛围,兼顾不同年龄层、不同身体条件游客的需求,体现人性化设计理念

(三)实训项目分解

1.项目一:主入口景观设计

【实训步骤】

①调研与分析:学生需考察相应类型的景区(该项目适用于乡村旅游景区、红色旅游景区、自然风光景区、历史人文景区、主题乐园、文博场馆),了解其特性和需求;收集相关景区的主题定位和游客构成信息;分析淡旺季游客流量变化,考虑不同时期的需求。

②游客需求分析:通过问卷调查、访谈等方式获取不同游客的需求和期望,确保设计方案具有广泛的适应性。

③方案创意开发:根据调研结果,确立设计目标和风格,确保与景区主题高度契合。提出创意方案,画出草图,准备初步展示。

④技术整合与应用:选择合适的智慧技术,如智能导览系统、数据分析平台等,提高景区管理水平和游客体验。

⑤方案修正与细节深化：完善设计方案，细化景观元素，如植物配置、铺装材料、照明等；解决功能性问题，如流线规划、安全监控、指示标识系统等；适应淡旺季变化，设计临时活动空间或可调整功能区域。

⑥成果展示与评估：完成最终设计图纸，方案模拟演示，并进行专业评审和公开展示。

【实训评价】

问题解决能力：评估学生是否能有效识别和解决主入口景观设计中的常见问题。评估设计是否解决了实际问题，如流线、安全、指示等；评价设计对淡旺季变化的适应性和多功能性。

主题与文化契合度：检验主入口景观设计与景区主题的一致性和文化内涵的传达；评价设计是否能够增强游客对景区特色的感知和体验。

市场适应性：考查设计是否满足市场趋势，是否具有商业价值和吸引游客的能力。

政策合规性：评价方案是否符合国家对智慧景区发展的政策和计划。

设计创新性：评判设计是否具有创新思维，能否为景区带来新的体验和价值。鼓励采用创新的设计手法和材料利用，提升设计的独创性。评价设计的环保性和可持续性，包括植物选择、材料回收等方面。

技术运用程度：审视智慧技术的应用是否恰当，是否提升了景区的管理水平和游客体验。

沟通能力与实际应用：对实训过程中的学生表现、参与度和问题解决能力进行评价。通过学生的汇报，检验其沟通能力以及设计在实际环境中的可行性；综合考察实际完成的主入口景观设计是否满足最初的设计意图和需求。

2. 项目二：道路景观设计

【实训步骤】

①调研与分析：学生需考察相应类型的景区（该项目适用于乡村旅游景区、红色旅游景区、自然风光景区、历史人文景区、主题乐园、文博场馆）。同时，考察现有道路状况和游客动线，识别关键问题点。

②设计概念：根据调研结果，形成道路景观设计的初步概念，确保概念

与景区主题高度契合。

③方案制定:依次确定主要园路和支路的走向、宽度和两侧景观设计,以及铺装材料的选择和施工工艺,绘制详细的设计方案。

④技术评估:针对设计中可能遇到的技术难题,如排水、照明、材料耐用性等,进行深入分析和解决方案制定。

⑤方案修正与细节深化:完善设计方案,细化景观元素,如植物配置、铺装材料、照明等;解决功能性问题,如流线规划、安全监控、指示标识系统等。

⑥成果展示与评估:完成最终设计图纸,方案模拟演示,并进行专业评审和公开展示。

【实训评价】

设计质量:评价设计是否创造性地解决了实际问题,是否具有良好的美观性和实用性。

主题契合度:评估道路景观设计与景区主题之间的融合程度,是否能体现景区特色。

功能性与舒适性:检验道路设计是否满足了游客在不同季节和旺季淡季的通行需求,以及是否提供了良好的舒适性。

材料与工艺:考查所选铺装材料和施工工艺是否恰当,维护是否方便,耐久性是否达标。

环境适应性:评估设计是否考虑了当地气候、生态等因素,是否实现了环境可持续发展。

沟通能力与实际应用:对实训过程中的学生表现、参与度和问题解决能力进行评价。通过学生的汇报,检验其沟通能力以及设计在实际环境中的可行性;综合考查实际完成的道路景观设计是否满足最初的设计意图和需求。

3. 项目三:商业业态景观设计

【实训步骤】

①项目分析与准备:学生需考察相应类型的景区(该项目适用于乡村旅游景区、红色旅游景区、自然风光景区、历史人文景区、主题乐园、文博场馆),以理解不同景区对商业业态景观的特殊要求。同时,考虑景区淡旺季

的客流量变化,预判对商业活动的影响。

②需求调研:组织学生开展现场调研,对现有商业街道、餐饮庭院及外部环境景观的使用状况进行观察,并收集游客对购物和居住体验的需求信息。

③概念设计:引导学生基于调研成果发展设计概念,重点在于创造有吸引力的商业界面,并考虑商铺分布与顾客流线优化,促进互动式购物体验。

④方案制定:协助学生综合前述分析和概念,形成具体的设计方案,确保其满足智慧景区的建设标准,同时兼顾人才培养的目标。

⑤技术落实:教授学生如何将设计想法转化为可实施的技术方案,包括材料选择、构造方法等,并考虑环境可持续性。

⑥成果展示:指导学生准备汇报材料,将设计思路和最终成果进行展示,接受专业评审的评议。

【实训评价】

过程评价:根据学生参与度、创新性思考、问题解决能力和团队合作精神等方面进行持续跟踪评价。

设计评价:通过评估学生提出的设计方案的实用性、创意性、环境适应性及是否有效回应了景区内部商业业态的需求来评定设计质量。

技术实现:对学生如何将设计理念落实到具体施工细节的能力进行评价,特别是对新材料和技术的应用情况。

成果呈现:通过学生的成果展示,评价其沟通能力及能否准确、清晰地表达设计意图。

反思与总结:鼓励学生自我反思,评价整个设计过程中的学习收获,并提出改进意见。

4. 项目四:休憩空间景观设计

【实训步骤】

①教学讲解与准备:教师首先对休憩空间景观设计的重要性、基本原则、设计流程等进行详尽的讲解,强调以用户为中心的设计理念。分析国内外优秀的休憩空间案例,指出其成功的关键点,如空间布局、材料运用、环境融合等。

②现场考察与资料收集：学生需考察相应类型的景区（该项目适用于乡村旅游景区、红色旅游景区、自然风光景区、历史人文景区、主题乐园、文博场馆）。记录现有休憩空间的使用情况，包括游客的行为模式、活动类型、停留时间等。收集景区的自然条件、文化背景、现有设施状况等相关资料，为后续设计提供依据。

③需求分析与主题创意：基于现场考察和资料收集，学生进行需求分析，确定游客对休憩空间的实际需求。根据需求分析结果，学生提出设计主题，创意思考如何打造具有特色的休憩空间。

④初步设计与方案制定：学生根据主题创意，进行初步设计，草拟休憩空间的布局、风格、功能分区等。利用手绘或设计软件，如 AutoCAD、SketchUp 等，制作初步设计方案。

⑤方案评审与优化：在完成初步设计后，进行小组内部评审，讨论设计方案的优劣，提出改进建议。根据评审反馈，学生对设计方案进行优化调整，完善设计细节。

⑥详细设计和技术制图：进一步细化设计方案，制作施工图纸和技术说明，确保设计能够准确实施。运用 Photoshop 等软件进行效果图渲染，展现休憩空间的设计效果。

⑦设计方案展示：组织设计方案展示会，邀请教师、同学及行业专家参观评议。学生通过平面图、效果图、模型和数字模拟等多种方式展示设计成果。

【实训评价】

休憩空间布局与功能划分合理性：评估学生设计的休憩空间是否合理规划了不同功能区域，如休息区、活动区、观赏区等，并确保它们之间的流线和逻辑清晰。包括空间是否根据不同的使用需求进行有效划分，以及是否考虑了游客流动和活动对休息空间的影响。

舒适性与可达性：检查学生设计的休憩空间是否提供了舒适的环境，包括适宜的微气候、充足的绿化以及合适的家具选择。包括这些空间是否为所有游客提供了便利性和可达性，包括残疾人士和老年人。

景观设计与周边环境协调性：审查学生设计的休憩空间是否与周边的自然环境和人文景观相协调。包括设计是否尊重并融入了现有的地形、植被和文化元素,以及是否创造了有吸引力的视觉焦点。

创意休憩设施的运用:评估学生在休憩空间设计中如何运用创意元素和设施,以提升游客的体验。包括是否引入了新颖的家具设计、互动艺术装置或者结合了科技元素的休闲设施。

空间氛围营造与文化表达:检查学生的设计是否有效地营造了宜人的休憩氛围,并表达了当地的文化特色。包括设计是否通过使用地方特色的材料、色彩和纹理来传达文化信息,以及是否创造了有助于游客放松和享受自然的环境。

休憩功能的实现与效率:评估学生设计的休憩空间是否高效地实现了其功能,包括提供休息、娱乐和社交的场所。包括空间布局是否最大化了使用效率,家具和设施是否满足不同游客群体的需求,以及是否提供了灵活的使用方式以适应不同的活动和事件。

十、《旅游设施与工程设计》实训项目与评价细则

(一)实训项目简介

【实训项目】景区旅游设施与工程设计

【实训场所】江南红巷景区、桃源七里风景区、塘栖古镇景区、之江文化中心、宋城景区、西溪国家湿地公园,以及具备开展旅游设施与工程设计模块化实训教学的校外环境。

【实训目的】通过实践教学活动培养符合国家旅游产业发展需要的专业设计人才,加强学生对旅游景区规划与管理的全局视野和实际操作能力,促进旅游业的创新发展和品质提升。特别注重提升学生的人性化设计思维和服务意识,使学生通过实训能够深刻理解并满足现代游客的多元化需求,设计出既舒适便捷又环保智能的旅游设施,提升景区竞争力和游客满意度。通过有目的的实践活动,使学生掌握从理论到实践的转化,培养其在景区工作中进行专业的景观设计的核心技能,为他们未来在旅游景区规划设计和旅游设施产品设计方面的职业生涯打下坚实的基础。

【课时分配】4 个模块,共 16 课时,包括景区游客中心设计、旅游公共厕所设计、景区停车场设计、景区室外家具小品设计。

【教学方法】案例教学法；问题导向教学法；实践操作教学法；互动讨论教学法；项目驱动教学法。

（二）实训内容

表6-10　《旅游设施与工程设计》课程实训内容及要求一览表

实训任务	知识点	技能点	素养点
景区游客中心设计	1.掌握游客中心的基本功能与服务范围,包括信息提供、休息区、娱乐设施等 2.熟悉游客中心的建筑设计原则,如可持续发展、环境友好型设计、文化特色融入等 3.了解智慧景区技术的应用,例如导览系统、实时信息发布、互动体验装置等	1.能够进行游客中心的空间布局与流线设计,确保高效与舒适性 2.能使用设计软件进行方案效果图制作和施工图绘制 3.能够结合建筑声学、光学和材料学知识,进行室内环境质量的提升设计	1.增强学生的服务意识和对游客体验的关注,培养以用户为中心的设计思维 2.提升跨学科协作能力和项目管理能力,能够在团队中发挥协调和领导作用 3.强化学生的创新能力和批判性思维,鼓励对传统设计方案的改进与创新
旅游公共厕所设计	1.掌握公共卫生间的功能需求与设计标准,包含无障碍设计、性别比例划分、隐私保护等 2.掌握环境工程基本知识,如污水处理技术、节水器具选择、通风系统设计等 3.了解生态环保材料的选择和应用,以及绿色建筑评价标准	1.能够完成厕所内部空间的设计工作,包括详细尺寸的定位和卫生间设备的选择 2.能运用专业软件进行模拟分析,优化空间环境和降低能耗	1.培育学生的社会责任感和职业道德,特别是在涉及公共卫生和安全的问题上的敏感性和责任心 2.提高学生对细节的关注度和审美意识,创造舒适、美观、实用的公共卫生设施
景区停车场设计	1.掌握交通工程基础知识,包括车辆行驶和停放理论、交通标志和信号、道路结构组成等 2.掌握停车场规划设计原则,诸如车位尺寸标准化、车流动线优化、停车引导系统等 3.熟悉智能化停车技术和管理系统,如车牌识别系统、电子支付、预约停车等	1.能使用绘图软件进行总体布局设计和视觉效果展现 2.能利用模拟软件评估停车场运行效率,进行方案迭代优化	1.强化学生的空间逻辑能力和系统思维,能够在宏观和微观层面上进行综合性思考 2.提升学生对新技术的接受度和应用能力,适应快速变化的技术环境

续表

实训任务	知识点	技能点	素养点
景区室外家具小品设计	1.掌握家具设计的人体工程学原理,确保室外家具的舒适性和实用性 2.了解不同材料的特性及其适应外界环境的能力 3.熟悉室外环境设计的景观美学原则和文化主题表达方式	1.能进行创意草图的绘制、三维建模和渲染表现,展现设计效果 2.能进行耐久性和可持续性的评估,包括抗风、防腐处理等 3.能进行家具的功能性和多功能性设计,提升空间利用效率	1.培育学生的环境意识和可持续发展理念,强调使用环保材料和节能设计的重要性 2.提高学生的审美能力和对文化内涵的理解力,使设计与当地文化和环境相融合

(三)实训项目分解

1.项目一:景区游客中心设计

【实训步骤】

①课题调研与分析:学生需考察相应类型的景区(该项目适用于乡村旅游景区、红色旅游景区、自然风光景区、历史人文景区、主题乐园、文博场馆),记录游客流线、周边环境、现有设施等信息;通过问卷调查、访谈等方式了解游客的需求和预期;分析景区游客中心应满足的功能需求;确定设计中可能面临的问题,例如如何合理布局游客流线以避免拥堵、如何将地方文化融入设计中等。

②创意草图与方案讨论:基于前一阶段的调研成果,学生绘制创意草图,展现对游客中心的基本构想。

③概念设计方案的深化:对选定的草图进行深化,开发具体的概念设计方案。这包括平面布局、立面处理、材料选取等方面的初步设计。设计方案遵循相关建筑规范与标准,特别是安全、无障碍和可持续性方面的要求。

④方案修改与优化:经过多轮讨论调整并优化设计方案。在方案基本定型后,着手进行详细设计,解决具体的构造问题和技术难题。

⑤环境影响评估:使用模拟软件分析设计方案对环境的影响,包括日照、通风、能耗等方面。根据分析结果调整设计,以提高能源效率和环境友好性。

⑥成果展示:指导学生准备汇报材料,将设计思路和最终成果进行展示,接受专业评审的评议。

【实训评价】

功能布局设计合理性：评估学生设计的景区游客中心是否合理规划了各功能区，例如接待区、咨询区、休息区、展览区等，并考虑了人流密度和游客行为路径。例如，设计中应确保从入口到各功能区的流线清晰，避免交叉和拥挤，确保游客能够顺畅地完成咨询、购票、休息等行为。

空间利用效率：检查学生在设计中如何有效利用空间，尤其是在有限的地理条件下，如何通过合理的布局和设计，最大化功能区的利用率。评价标准包括空间布局的灵活性、多功能性，以及是否能够适应不同季节或时间段的游客量变化。

无障碍设计：审查学生的设计是否充分考虑了无障碍通道和设施，确保所有游客，包括残疾人、老年人和儿童，都能安全方便地使用游客中心。评价内容包括无障碍卫生间、坡道、导视系统等的设计和布局。

设计创新性：评估学生在景区游客中心设计中如何融入独特的文化元素或创新的设计理念，以提升建筑的标志性和吸引力。例如，通过使用当地特色的建筑材料、采用地方传统艺术形式作为装饰，或者引入现代建筑技术，如采用智能玻璃调节室内光线，来展现设计的独特性。

设计可行性：评估学生在设计游客中心时所选材料的经济性、可持续性及可获得性。同时，考查学生是否考虑到了材料的耐久性和维护成本等。

设计实用性：评估学生设计的景区游客中心是否全面考虑了游客的实际需求，实现了一个综合性的游客体验中心。评价内容涵盖从基本的信息服务、票务处理到休闲娱乐、餐饮服务等多方面功能的实现情况，以及这些功能如何满足不同游客群体的需求。

设计可持续性：评估学生在设计景区游客中心时是否采取了有效的生态环保措施。评价内容包括建筑设计是否有利于节能减排，如使用太阳能板、雨水收集系统等，以及是否采用了本地植被进行景观设计，增强生物多样性。

2. 项目二：旅游公共厕所设计

【实训步骤】

①课题研究与资料收集：学生需独立完成特定景区的旅游公共厕所相

关资料的搜集,包括景区特点、游客构成、气候条件等。分析国内外旅游公共厕所的设计趋势,如智能化、绿色环保等,并收集相应的设计案例。

②现场调研与分析:学生需考察相应类型的景区(该项目适用于乡村旅游景区、红色旅游景区、自然风光景区、历史人文景区、主题乐园、文博场馆),记录现有公共厕所的位置、规模、使用情况等。通过问卷调查、访谈等方式,收集游客和管理人员对现有旅游公共厕所的满意度和改进建议。

③设计方案的初步构思:根据收集的资料和现场调研结果,学生团队进行头脑风暴,提出初步的设计构思。结合景区特色和文化背景,探讨设计方案的创新点,如利用地形优势设计具有地标性的厕所外观。

④设计方案的详细制定:学生需运用所学知识,绘制设计方案的平面图、立面图和剖面图,并进行详细标注。选择合适的建筑材料和技术方案,如采用节水马桶、太阳能照明等环保节能技术。

⑤设计方案的汇报与评审:模拟专家评审过程。学生团队向师生展示设计方案,师生对学生的设计方案进行评审,提出专业性的建议和改进措施。

【实训评价】

设计合理性与功能性:学生需对自己的设计方案进行自我评估,分析其是否满足旅游公共厕所的基本功能需求,如男女分厕、第三卫生间、母婴室等。通过对比设计前后的使用流线和空间布局,评估设计方案是否提高了厕所的使用效率和游客满意度。

设计创新性与特色:鼓励学生在设计方案中融入创新元素,如采用新型材料、智能管理系统等,评估其创新性和可行性。评价设计方案是否能够体现所在景区的文化特色和环境特点,如某古城景区厕所设计中融入了古城墙元素,增强了文化体验。

设计可行性与经济性:评估学生设计方案的可实施性;评估设计方案的经济性,包括建设成本、维护成本和运营成本,评估方案的经济合理性。

设计可持续性与环保性:评估设计方案是否符合绿色建筑和可持续发展的要求,如使用节水器具、绿色建材、太阳能供电等环保措施。评价设计方案是否有利于资源节约和环境保护,如雨水收集系统的设计减少了对地下水资源的依赖。

3.项目三:景区停车场设计

【实训步骤】

①课题研究与资料收集:学生需考察相应类型的景区(该项目适用于乡村旅游景区、红色旅游景区、自然风光景区、历史人文景区、主题乐园、文博场馆),分析国内外景区停车场的设计趋势,如智能化、绿色环保等,并收集相应的设计案例。

②现场调研与分析:学生分组前往选定的旅游景区,进行实地考察,记录现有停车场的位置、规模、使用情况等。通过问卷调查、访谈等方式,收集游客和管理人员对现有景区停车场的满意度和改进建议。

③设计方案的初步构思:根据收集的资料和现场调研结果,学生团队进行头脑风暴,提出初步的设计构思。结合景区特色和文化背景,探讨设计方案的创新点,如利用地形优势设计具有地标性的停车场外观。

④设计方案的详细制定:学生需运用所学知识,绘制设计方案的平面图、立面图和剖面图,并进行详细标注。

⑤设计方案的汇报与评审:模拟专家评审过程。学生团队向师生展示设计方案,师生对学生的设计方案进行评审,提出专业性的建议和改进措施。

【实训评价】

设计合理性与功能性:学生需对自己的设计方案进行自我评估,分析其是否满足景区停车场的基本功能需求,如车辆流动性、安全性和便捷性。通过对比设计前后的使用流线和空间布局,评估设计方案是否提高了停车场的使用效率和游客满意度。

设计创新性:鼓励学生在设计方案中融入创新元素,如采用新型材料、智能管理系统等,并评估其创新性和可行性。评价设计方案是否能够体现所在景区的文化特色和环境特点,如某古城景区停车场设计中融入了古城墙元素,增强了文化体验。

设计可行性与经济性:评估学生设计方案的可实施性;评估设计方案的经济性,包括建设成本、维护成本和运营成本,以评估方案的经济合理性。

设计可持续性与环保性:评估设计方案是否符合绿色建筑和可持续发

展的要求,如使用绿色建材、太阳能供电等环保措施;评价设计方案是否有利于资源节约和环境保护。

4.项目四:景区室外家具小品设计

【实训步骤】

①课题研究与资料收集:学生需独立完成特定景区的室外家具小品相关资料的搜集,包括景区特点、游客构成、气候条件等。分析国内外景区室外家具小品的设计趋势,如智能化、绿色环保等,并收集相应的设计案例。

②现场调研与分析:学生需考察相应类型的景区(该项目适用于乡村旅游景区、红色旅游景区、自然风光景区、历史人文景区、主题乐园、文博场馆)。记录现有室外家具小品的类型、布局、使用情况等。通过问卷调查、访谈等方式,收集游客和管理人员对现有景区室外家具小品的满意度和改进建议。

③设计方案的初步构思:根据收集的资料和现场调研结果,学生团队进行头脑风暴,提出初步的设计构思。结合景区特色和文化背景,探讨设计方案的创新点,如利用地形优势设计具有地标性的家具小品外观。

④设计方案的详细制定:学生需运用所学知识,绘制设计方案的平面图、立面图和剖面图,并进行详细标注。选择合适的建筑材料和技术方案,如采用耐候性强的合金材料等环保节能材料。

⑤设计方案的汇报与评审:模拟专家评审过程。学生团队向师生展示设计方案,对学生的设计方案进行评审,提出专业性的建议和改进措施。

【实训评价】

设计合理性与功能性:学生需对自己的设计方案进行自我评估,分析其是否满足景区室外家具小品的基本功能需求,如游客休息、遮阳、信息指引等。通过对比设计前后的使用效果和游客反馈,评估设计方案是否提高了家具小品的使用效率和游客满意度。

设计创新性:鼓励学生在设计方案中融入创新元素,如采用新型材料、集成智能系统等,评估其创新性和可行性。评价设计方案是否能够体现所在景区的文化特色和环境特点,如某海滨景区家具小品设计中融入了海洋元素,增强了文化体验。

设计可行性与经济性:评估学生对设计方案的可实施性;评估设计方案的经济性,包括建设成本、维护成本和运营成本,以评估方案的经济合理性。

设计可持续性与环保性:评估设计方案是否符合绿色建筑和可持续发展的要求,如使用绿色建材、太阳能供电等环保措施。评价设计方案是否有利于资源节约和环境保护,如采用可回收材料、雨洪管理系统的设计减少了对地下水资源的依赖等。

十一、《园林植物识别与应用》实训项目与评价细则

(一)实训项目简介

【实训项目】景区园林植物识别与应用

【实训场所】江南红巷景区、桃源七里风景区、塘栖古镇景区、之江文化中心、宋城景区、西溪国家湿地公园,以及具备开展园林植物识别与应用模块化实训教学的校外环境。

【实训目的】实训以培养适应当代科技发展和旅游市场需求的高素质专业人才为核心。通过实践教学活动培养符合国家旅游产业发展需要的专业设计人才,加强学生对景区园林植物识别与应用的实际操作能力,促进旅游业的创新发展和品质提升。通过实训,学生能对园林植物的应用进行调查并作出合理规划,能够正确阐述园林植物的形态特征和识别知识,理解园林植物分类的原理和方法,从而提高解决实际问题的能力。

【课时分配】4个模块,共26课时,包括花箱/花钵设计、花境设计、花坛设计、垂直绿化设计。

【教学方法】案例教学法;问题导向教学法;实践操作教学法;互动讨论教学法;项目驱动教学法。

(二)实训内容

表 6-11　《园林植物识别与应用》课程实训内容及要求一览表

实训任务	知识点	技能点	素养点
花箱/花钵设计	1.掌握适宜容器种植的植物品种,熟悉其生长习性、观赏特性及养护要求 2.掌握花箱/花钵设计的基本原则,包含尺寸确定、材料选择、排水与透水系统设计 3.掌握花箱/花钵在不同环境中的布置方法,如商业街道、园路、建筑周边等	1.能够进行花箱/花钵的创意设计方案构思,综合考量植物配置、视觉效果及功能要求 2.能制作花箱/花钵设计图纸,包括植物布局图、植物配置表等 能在现实环境中实施和管理花箱/花钵项目,解决施工过程中的技术问题	1.培养审美意识,提高花箱/花钵设计的创新性与艺术性,确保其与环境和谐相融 2.强化团队合作意识,提升未来与客户、供应商及其他设计团队成员的沟通与协作能力 3.强化学生的创新能力和批判性思维,鼓励对传统设计方案的改进与创新
花境设计	1.掌握花境设计的基本概念及其在园林景观中的作用,包括生态功能和美学价值 2.掌握不同风格花境的特点,例如英式花境的混合边界和中式花境的自然野趣 3.掌握适用于花境的植物种类及其生态习性,以实现色彩、形态和季相的和谐搭配	1.能够分析特定场地条件(光照、土壤、湿度等)并进行适宜的植物选择和组合设计 2.能运用设计软件绘制花境效果图,准确表现设计意图,包括植物层次和视觉焦点	1.培养对自然和生态敏感的设计思维,在植物配置时注重生态平衡和可持续性 2.加强细节观察力和创造性解决问题的能力,以确保设计效果和植物生长的最优结合 3.提升跨学科融合能力,将园艺学、植物学、生态学等知识应用于花境设计中
花坛设计	1.掌握花坛的类型(如盛花花坛、模纹花坛、主题花坛等)及其设计原则和表现形式 2.掌握花坛中常用植物的特性,包括它们的生长周期、色彩变化、形态特征及适应性 3.掌握花坛的设计流程,从概念提出到方案制定,再到具体的植物选择和施工实施	1.能够根据不同的文化背景和节日活动设计具有特定主题的花坛,如国庆花坛、春节花坛等 2.能运用 CAD、Photoshop 等软件工具绘制精确的花坛设计图纸,包括平面图、立面图和剖面图	1.培养审美判断能力和创新设计思维,创造视觉冲击力强且富有艺术性的花坛 2.加强团队领导和协作能力,未来可以有效地组织设计和施工团队,确保项目顺利进行 3.注重细节和质量控制,以保证花坛设计在现实中的完美呈现和长期维护

实训任务	知识点	技能点	素养点
垂直绿化设计	1.掌握垂直绿化的原理及其在景区中的应用,如提高生物多样性、改善空气质量等生态效益 2.掌握不同类型的垂直绿化技术,包括绿墙、爬藤植物、模块式垂直花园等 3.掌握适合垂直绿化的植物种类及其生长习性,确保植物在特定环境中的健康生长	1.能够设计符合建筑结构和环境条件的垂直绿化方案,考虑因素包括建筑表面材质、光照条件、水分供应等 2.能运用专业软件模拟垂直绿化的效果,包括植物覆盖效果和对建筑外观的影响	1.培养创新设计思维,将垂直绿化与现代建筑设计相结合,创造生态友好型的绿色空间 2.加强项目管理和协调能力,与建筑师、工程师和施工团队紧密合作,确保设计的顺利实施 3.注重持续学习和技术创新,跟进垂直绿化领域的最新发展,以提高设计实用性

(三)实训项目分解

1.项目一:花箱/花钵设计

【实训步骤】

①设计理念的确立:学生需考察相应类型的景区(该项目适用于乡村旅游景区、红色旅游景区、自然风光景区、历史人文景区、主题乐园、文博场馆)。明确花箱/花钵的设计目的(如美化环境、标识导向)、使用场景(如商业街区、居住区、办公楼宇)和用户群体(如游客、居民、工作人员)。基于任务分析,提出设计理念,如"生态共融""现代简约",并规划如何通过植物配置和容器设计体现这一理念。

②植物选择与搭配:根据设计理念和实际条件,选择适宜的植物种类,考虑植物的色彩、形态、花期及适应性。进行植物组合设计,确保植物之间的相容性和整体的观赏效果,同时考虑季节变化对植物景观的影响。

③设计方案的绘制:制作设计图纸,包括花箱/花钵的平面图、立面图、剖面图和详细构造图,确保设计细节准确无误。创建植物材料表,详细列出所需植物的名称、规格、数量和预期成本,为采购和施工提供参考。

【实训评价】

设计的实用性和创新性:分析设计是否满足了初定的功能需求,例如花箱是否有效地美化了城市空间,或者花钵是否提升了室内环境的舒适度。

评价设计中的创新元素,如是否使用了新型环保材料、独特的排水系统设计或者原创的艺术造型。

植物配置的科学性:检验所选植物是否适应了花箱或花钵的环境条件,比如耐旱植物是否被放置在阳光充足的位置。评估植物配置是否符合生态原则,如是否采用了本地植物、是否创造了生物多样性的环境。

经济性与环境适应性:计算设计方案的总成本,包括植物、材料、制作费用,并与预算进行对比,确保方案的经济可行性。讨论设计对环境的适应性,如使用的材料是否可持续,植物是否对当地生态系统有益。

设计表达与沟通能力反思:回顾设计过程中的表达方式,如图纸、模型和演示文稿是否清晰准确地传达了设计意图。

2. 项目二:花境设计

【实训步骤】

①设计理念的确立:学生需考察相应类型的景区(该项目适用于乡村旅游景区、红色旅游景区、自然风光景区、历史人文景区、主题乐园、文博场馆),了解其对花境的功能需求(如休闲观赏、生态保护)、风格偏好(如传统、现代、自然式)和预算限制。结合客户需求和场地条件,确定一个具体的设计主题,如"四季花开""野生之美"等,并阐述该主题如何体现在植物选择和布局上。

②现场勘察与测量:记录场地的具体尺寸、地形起伏、光照条件、土壤状况等,拍摄现场照片,为设计提供依据。分析场地周边环境,如建筑风格、水体位置、交通流线等,确保花境设计与周围环境协调一致。

③植物选择与搭配:根据设计主题和场地条件,选择适宜的植物种类,考虑植物的色彩、形态、花期和生长习性等因素。进行植物搭配,创建植物材料清单,包括植物名称、数量、预期购买成本等,确保植物组合的多样性和季节性。

④设计方案的绘制:制作花境设计图纸,包括平面布局图、立面图和效果图,标明植物的具体位置和高度。编写植物材料说明和施工维护指南,为客户提供详细的植物信息和维护建议。

⑤实际操作演练:根据设计方案,进行实地植物种植,包括土壤准备、植

物摆放和支撑固定等。实施后期维护计划,如浇水、施肥、修剪等,确保花境的长期美观和健康生长。

【实训评价】

设计合理性:评估设计方案是否满足初定的目标和主题,例如,如果目标是"四季花开",检查所选植物的花期是否覆盖全年。分析植物配置的空间关系和植物生长习性是否合理,如高大植物是否遮挡了低矮植物,喜阳植物是否种植在充足的阳光下。

设计创新性:总结设计中的独特之处,如使用了罕见的植物品种、创新的搭配方式或者独特的空间布局。举例说明如何在设计中融入新技术或新材料,比如使用环保型生物降解肥料、采用自动滴灌系统等。

环境适应性:分析植物选择是否适应当地气候和土壤条件,确保植物能够健康生长,减少维护成本。讨论花境设计如何对环境产生积极影响,例如提高生物多样性、改善微气候等。

经济性与可行性:计算设计方案的成本,包括植物购买、材料、人工和维护等费用,并与预算进行对比,确保方案的经济可行性。根据实际操作经验,评估设计方案的实施难度,提出可能遇到的问题,如植物供应问题、施工难度大等。

3. 项目三:花坛设计

【实训步骤】

①设计理念的确立:学生需考察相应类型的景区(该项目适用于乡村旅游景区、红色旅游景区、自然风光景区、历史人文景区、主题乐园、文博场馆),确定花坛设计的主要目标,如提升景区美观度、庆祝特定节日或活动、展示品牌形象等。根据目的和场地特点,选择适合的设计风格,如传统、现代、抽象或自然主义等,并考虑与周围环境的和谐性。

②现场勘察与测量:实地考察花坛预定地点,评估环境条件,如日照、水源、土壤质量、周边建筑和植被等。使用测量工具准确记录场地尺寸、形状和地形特征,为设计图纸的制作提供精确数据。

③植物选择与搭配:根据设计理念和场地条件,选择适宜的植物种类,考虑植物的季节性、色彩、形态和生长习性。进行植物搭配设计,确保植物

之间的色彩和形态相协调,同时考虑植物的生长周期和维护需求。

④设计方案的绘制:制作设计图纸,包括花坛的平面布局图、立面图和效果图,确保设计细节准确无误。创建植物材料表,详细列出所需植物的名称、规格、数量等。

【实训评价】

设计的合理性与创意性:评估花坛设计是否适应了特定的场地条件,如光照、土壤和气候等,以及是否满足了预定的功能和审美要求。审视设计中是否有新颖的元素,如独特的植物组合、创新的布局方式或使用新型环保材料等。

成果展示的深度与完整性:准备完整的设计报告书,评价其图纸的深度及整个成果的完整性。制作PPT或其他视觉展示材料,清晰地展示设计过程和最终成果,确保信息传达的准确性和吸引力。

植物配置的科学性与艺术性:考查所选植物是否适合花坛所在的环境,以及其是否考虑了植物之间的相互作用和生态平衡。分析植物的色彩搭配、形态组合和整体布局是否符合美学原则,以及是否创造出吸引人的视觉效果。

设计表达与沟通能力反思:评估设计图纸、模型和演示文稿是否清晰准确地传达了设计意图,以及是否需要进一步改进。分析设计过程中遇到的问题及解决方案,如如何处理花坛与周边环境的关系,确保两者和谐共存。

4.项目四:垂直绿化设计

【实训步骤】

①设计理念的确立:学生需考察相应类型的景区(该项目适用于乡村旅游景区、红色旅游景区、自然风光景区、历史人文景区、主题乐园、文博场馆),确定垂直绿化的主要目标,如改善城市热岛效应、提高空气质量、增强建筑美观等。根据目的和场地特点,选择适合的垂直绿化风格,如自然式、现代简约式或主题式等,并确保设计与周围环境和谐统一。

②现场勘察与测量:实地考察预定垂直绿化的墙体,评估墙体材料、结构稳定性、可利用资源等。使用测量工具准确记录墙体尺寸、形状和周边环境特征,为设计图纸的制作提供精确数据。

③植物选择与搭配：根据设计理念和场地条件，选择适宜的植物种类，考虑植物的生长习性、适应性、形态和色彩。进行植物搭配设计，确保植物之间的色彩和形态相协调，同时考虑植物的生长速度和维护需求。

④设计方案的绘制：制作设计图纸，包括垂直绿化的平面布局图、立面图和效果图，确保设计细节准确无误。创建植物材料表，详细列出所需植物的名称、规格、数量。

【实训评价】

设计的合理性与创意性：评估垂直绿化方案是否适应了特定的墙体条件，如光照、风向、墙体材质等，以及是否满足了预定的功能和审美要求。审视设计中是否有新颖的元素，如使用新型材料、独特的植物组合或创意的灌溉系统等。

成果展示的深度及完整性：准备完整的设计报告书，评价其图纸的深度及整个成果的完整性。制作演示文档或其他视觉展示材料，清晰地展示设计过程和最终成果，确保信息传达的准确性和吸引力。

植物配置的科学性与艺术性：检验植物选择的科学性，考察所选植物是否适合垂直绿化的环境，以及是否考虑了植物之间的相互作用和生态平衡。评估植物配置的艺术性，分析植物的色彩搭配、形态组合和整体布局是否符合美学原则，以及是否创造出吸引人的视觉效果。

设计表达与沟通能力：评估设计图纸、模型和演示文稿是否清晰准确地传达了设计意图，以及是否需要进一步改进。分析设计过程中遇到的问题及解决方案，如如何处理垂直绿化与周边环境的关系，确保两者和谐共存。

第七章　智慧景区开发与管理专业基于综合实训的模块化教学设计

　　随着旅游业在全球范围内的蓬勃发展,对于具备专业技能和良好职业素养的旅游人才的需求愈发旺盛。传统的旅游教学方法,往往过于注重理论知识的传授而忽视实践操作能力的培养,这在很大程度上限制了学生的全面发展和行业的实际需求。因此,探索一种新型的教学模式,以更好地满足行业需求和学生发展,成为旅游教育面临的重要课题。模块化教学改革将教学内容划分为若干个相对独立但又相互关联的模块,充分满足学生的个性化需求,提高教学效果和学习效率。智慧景区开发与管理专业综合实训是一个集合了职业技术课程及职业基础课程知识和技能的实践教学环节,主要目的是通过实际操作和问题解决,使学生能够将理论知识与实践相结合,提升其综合素质和专业技能。这种综合实训具有高度的灵活性和可变性,因此可以带动整个学期的模块化教学改革。

第一节　智慧景区开发与管理专业综合实训课程教学

一、改革综合实训课程的重要意义

　　一是深化理论与实践结合。智慧景区开发与管理专业综合实训作为实践教学的重要环节,有助于将课堂理论知识与实际景区运营管理紧密结合,从而使学生更深入地理解和掌握相关理论。

　　二是提升职业技能与就业能力。通过综合实训,学生能够亲身体验景区运营的各个环节,有效锻炼和提升自己的职业技能,为未来的职业生涯奠定坚实基础。

三是促进团队协作与沟通能力培养。综合实训过程中,学生需与团队成员密切合作,共同完成实训任务,这有助于培养他们的团队合作精神和沟通协调能力。

二、基于模块化教学的综合实训设置原理

综合实训课程开发是一个复杂而系统的过程,需要多个角色和机构的共同参与和合作。只有在教育部门的组织和支持下,在课程专家的指导下,以及企业专家与教师的紧密合作下,才能开发出高质量的项目课程,满足学生和行业的实际需求。在新时代的工作体系中,实训课程的基本构成单元将由任务转变为产品(或服务),而任务仅作为实现产品(或服务)整个生成过程的一个阶段。在这一工作体系中,员工在体验全新工作价值的同时,其职业能力也需朝向综合方向发展。具体而言,学生们须具备以产品(或服务)为核心,整合工作情境中各要素的能力,而非仅仅能完成单一孤立的工作任务。此类职业能力的培养离不开综合实训课程的支持。职业教育的人性化要求我们超越任务本位的课程模式,让学生以产品(或服务)为基准,体验完整的工作过程。对于高职教育的学生而言,更应通过综合实训课程来培养其综合职业能力,以彰显职业教育的高级定位。

综合实训课程开发最终目标指无数个实训模块最终要达到的教学要求,其陈述应尽可能接近未来职业生活和现实的真实工作情境,并表达出实际工作成果。智慧景区开发与管理专业综合实训课程以任务为逻辑线索开展各门课程,例如《大数据分析与市场营销》完成市场调研及游客画像,《智慧旅游与信息技术》完成智慧景区场景构建及技术服务设计,《景区接待服务》完成岗位接待服务模拟及服务定制,等等,让学生知道这些岗位需要完成哪些工作任务,并学会如何完成这些工作任务,正如人体的基本构成单元是细胞,但细胞并非人体的最小微粒。只有以工作体系的基本构成单元为参照点设计课程,才能按照工作体系的组合方式组合课程内容的各个要素,从而达到最为有效地培养学生职业能力的目的。从教学的一开始一直到教学的结束,促成目标始终可用来帮助指导学生的学习。在这个过程中,职业

教育院校的教师应当发挥核心作用。他们不仅参与课程的设计和开发,还要负责实施和评估课程。教师的专业知识和经验对于课程的质量和效果至关重要。他们需要根据学生的实际情况和反馈,不断调整和改进课程内容和教学方法,确保学生能够真正掌握所需技能和知识。

三、基于模块化教学的综合实训项目设置理念

综合实训项目的学习结果主要包括职业行动能力、对知识本身的记忆与理解、对知识的行动意义的理解、综合职业素养四个方面。相对于讲授法、问答法等基于认知逻辑的教学模式,模块化教学在这些学习结果方面独具优势。

(一)职业行动能力

这是综合实训项目在教学目标上的首要追求,即培养学生做事的能力、胜任工作任务的能力。职业行动能力不仅仅指操作技能,会操作的人并不一定就是一个会工作的人。除了操作技能外,职业行动能力还包括计划工作的能力、利用资源做事的能力、运用知识解决问题的能力等。对于综合实训项目教学法来说,后者更能体现其优势。因为操作技能通过一般的技能训练教学法就可有效获得,而且集中训练对操作技能的掌握来说效果更好,而要发展学生计划工作、利用资源做事等能力则必须通过模块化教学法。

(二)对知识本身的记忆与理解

对知识本身的学习不是综合实训项目教学的优势,对于系统化的理论知识学习而言,讲授法等传统教学模式更具优势。但综合实训相比教学在知识记忆与理解的某些方面还是有着不可替代的价值。一是对于实践知识,如安全规范、操作方法等,不适合采用基于认知逻辑的教学模式来进行学习,综合实训项目是其首要选择,在综合实训项目实践过程中,这些知识的记忆与理解会比较容易,而在讲授教学中,这些知识的学习则会变得极度无聊和难懂。二是对于有些理论知识而言,如工作中需运用的复杂原理,如能用综合实训项目进行教学,给学生提供学习这些原理的经验基础,其记忆与理解也会容易得多。

(三)对知识的行动意义的理解

知识要在行动中发挥作用:学习者必须构建这些知识在行动中的意义,即学习者应当清晰地知道:当遇到什么情境时可运用什么知识,以及如何运用这些知识。否则,知识对学习者来说就只是一个符号。我们要学会借助经验这个中间要素构建知识在行动中的意义。获得经验的唯一途径是行动,因而综合实训项目教学是可能产生这一学习结果的教学模式。

(四)综合职业素养

职业素养是职业教育中备受重视的教学内容,其重要性有时超过了专业知识与技能,这是因为它不仅包括了使工作进行得更好的内容,如爱岗敬业意识、团队合作意识,还包括了使产品或服务质量得到保证的内容,如对生产规程的遵守、严谨认真的工作态度等。有些职业院校倾向于针对综合职业素养的培养单独设课程,然而最为有效地发展职业素养并检验学习效果的方法是把其融入综合实训项目教学中。以上对综合实训项目教学中学习结果的分类为我们挖掘综合实训项目教学各个环节可能的学习内容,并建立项目教学各个环节与学习内容之间的合理联系提供了分析思路。在具体的项目教学设计中,应依据这一思路明确项目教学各个环节的具体学习内容。对综合实训项目教学来说,做不是目的,学才是目的。所谓的"做中学"也是要明确,做了一定要学,并坚信只有做了才能学。

第二节 基于模块化教学的智慧景区开发与管理专业综合实训方案

一、综合实训定位

智慧景区开发与管理专业综合实训项目是学生巩固理论知识、增强劳动观念、练就实践能力、实现角色转换、培养综合职业素质的实践性学习课程。浙江旅游职业学院智慧景区开发与管理专业综合实训充分对接《大数据分析与市场调查》《智慧旅游与信息技术》《景区运营管理实务》《新媒体运营》《旅游规划实务》《旅游策划》《景观设计》《旅游设施与工程设计》等课程，实训内容以从简单到复杂或同结构但不同类型的典型产品或服务为主线展开，每个项目都包括专业核心课程全部任务所构成的完整工作过程，且工作过程基本一致。综合实训需要让学生完成乡村旅游景区、红色旅游景区（2个必选景区）及自然风光景区、历史人文景区、主题乐园、文博场馆（4个景区中任选2个），共计4个景区的工作任务，项目设计从简单到复杂，每个项目都重复学习工作任务，尽管工作过程是重复的，但由于项目不同，具体内容不会重复。随着项目的推进，学生的职业能力得以不断提升，实现课堂教学、实践教学、综合实训的全面融合，提升学生的综合系统应用能力，检验模块化课程之间的有效衔接。

二、综合实训设计思路

综合实训的一个重要环节是教学阶段划分及各阶段学与教的活动设计。对一般教学模式下的教学设计来说，这一环节是直接进行的。然而综合实训项目教学的特殊性在于，它需要借助项目实施过程来展开教学过程，因此在进行项目教学阶段划分之前，首先需要完成对实训项目实施过程的划分。

(一)实训项目内容

智慧景区开发与管理专业综合实训项目紧紧围绕培养创新型、复合型高素质智慧景区开发与管理技能人才的总目标，面向服务管理岗位和开发管理岗位的学生，以培养学生在面对错综复杂旅游项目开发与运营时的思辨能力、旅游产品策划能力和开发设计能力为核心，全面融合德育、体育、美育、劳育要素，并有效依托蜗牛产业学院、宋城产业学院、浙江省文化和旅游发展研究院、浙江省旅游发展研究中心等平台，系统推进"项目导向、任务驱动"教学方法，有效依托智慧景区开发与管理专业教学资源库及智慧职教的职教云平台，有序推进线上线下混合式教学，使之成为智慧景区开发与管理专业课堂教学的重要补充。对应的实训项目主要有乡村旅游景区、红色旅游景区、自然风光景区、历史人文景区、主题乐园、文博场馆六个项目，再加上一个旅游综合实训汇报项目。教学过程中，每个模块应包括6项模块任务，根据这几个实训项目，制定了对应的实训指导任务书，让学生分别围绕市场调研与营销、智慧景区建设、游客接待服务、景区产品策划、景区运营管理、研学产品开发、景区宣传推广、解说导览系统开发、景区环境设计、景区设施设计、植物景观美化等主要工作内容，模拟操作的工作流程，感受岗位工作的真实情境，其中市场调研与营销、智慧景区建设、景区产品策划、景区接待4项模块任务对应的职业技术课程，为必选任务；景区运营与管理岗位同学在必选任务以外完成景区管理与景区运营2项任务，景区开发与管理岗位学生在必选任务以外完成解说系统开发与景区设计2项任务。

（二）实训方法

智慧景区开发与管理专业实训项目主要采取实地考察法、企业专家培训指导法、企业专家现身示范教学法、学生角色扮演法、学生情景模拟法、学生项目任务操作法、专家点评法等综合方法，全方位地发挥企业专家的作用，全方位地锻炼学生的综合能力和素养，全方位地应用学生所学的各学科知识，全方位地检验学生对企业项目的实施操作的效果。在当前信息化时代背景下，我们可以充分利用"信息化＋教学"的新技术，结合文化和旅游融合发展的新形势，为学生提供更加生动、实用的学习内容。

（三）实训类型

1. 乡村旅游景区实训

乡村旅游景区实训是一次深度探索与实践，涉及多个方面，包括特色定位、规划设计、服务管理、营销推广以及持续发展与创新。通过全面深入的实训，有助于提升乡村旅游景区的综合竞争力，为当地旅游业的发展注入新的活力。专业选择桃源七里风景区进行实训任务，实训过程中让学生明确景区的特色和定位，这离不开前期课程的精心铺垫和深入学习。通过深入调研，了解当地的自然景观、历史文化、民俗风情等，根据《旅游策划》课程知识确定景区的主题和特色。明确了景区的特色和定位后,接下来的任务便是进行策划与设计。这包括景区的整体布局、游览线路设计、景观节点设置等。实训中,通过《解说系统设计与应用》《智慧旅游与信息技术》课程的学习,学生需要在服务管理中关注游客的体验感,合理规划游览线路,确保游客能够在有限的时间内充分领略景区的魅力。《景区运营管理实务》课程则要求学生关注景区的环境保护和可持续发展,避免过度开发对当地生态造成破坏。结合课程,优质的服务和高效的管理是乡村旅游景区成功的关键。实训过程中,《景区接待服务》课程要求学生关注员工的服务态度、服务技能及景区的日常运营管理。在乡村旅游景区的发展过程中,营销推广同样不可或缺。实训中,《大数据分析与市场营销》课程要求学生关注市场动态,了解游客需求,制定合适的营销策略。《新媒体运营》课程的要点是通过线上线下的宣传推广,提高景区的知名度和影响力。此外,还可以与旅行社、酒店等合作,拓展客源渠道,吸引更多游客前来游览。乡村旅游景区的持续发展与创新是保持其竞争力的关键。在实训过程中,学生需要关注行业发展趋势,不断创新景区的产品和服务。例如,引入现代科技手段,打造智慧旅游景区,提升游客的游览体验。同时,关注游客的反馈意见,不断改进和优化景区的管理和服务,确保景区始终保持较高的游客满意度。

2. 红色旅游景区实训

红色旅游景区实训是一次具有重要意义的实践活动。我国红色旅游资源丰富,涵盖了革命历史、革命文化、革命精神等方面。红色旅游景区实训旨在让学生更深入地了解革命历史,传承革命文化,弘扬革命精神,进一步提高思想政治觉悟。实训活动分为四个阶段:第一阶段为理论学习,学生需要系统地学习我国革命史、党的历史、红色旅游知识等内容,为实地参观做好准备。第二阶段为实地参观,组织学生走进红色旅游景区,亲身感受革命先烈的丰功伟绩。第三阶段为互动交流,鼓励学生与景区工作人员、当地居民交流,了解红色旅游资源的保护与开发情况。第四阶段为成果展示,要求学生撰写实训报告,展示成果。在《旅游策划》课程中,学员需要学习如何进行旅游项目的策划,包括目的地选择、活动策划、线路设计等,为红色景区提供可持续发展的策略。而在《景区运营管理实务》课程中,学员需要掌握景区运营的基本知识,如人员管理、财务管理、营销策划等,确保景区的正常运作。《研学旅行课程设计》课程教授学生如何结合红色旅游景区特色,设计富有教育意义的研学旅行课程,吸引更多家庭和学生游客。在《新媒体运营》课程中,学生需要学习如何运用新媒体工具进行景区宣传和推广,扩大红色景区知名度。《解说系统设计与应用》课程则着重于解说系统的构建,为游客提供丰富、生动的解说服务。总之,这次红色旅游景区实训涵盖了多个方面,旨在全面提升红色旅游景区的综合实力,打造更具吸引力的红色旅游目的地。通过实地考察,学生可以更深入地了解红色旅游景区的历史文化和管理运营等方面的知识,亲身体验红色旅游景区的魅力,了解其吸引游客的因素,同时也可以提高自己的实践能力和综合素质。

3. 自然风光景区实训

自然风光景区以其独特的自然美景成为我国旅游业的重要支柱。那巍峨的山脉、美丽的海滨、静谧的湖泊、壮观的瀑布、幽深的峡谷,等等,都吸引了无数游客前来欣赏。这些景区的美丽风光,不仅为当地旅游业的发展注入了强大的动力,也成为我国旅游资源的一张亮丽名片。然而随着旅游业的快速发展,如何更好地保护和开发这些珍贵的自然资源,提高旅游景区的服务质量和管理水平,成了我们必须面对的重要问题。为了更好地满足游客的需求,提高从业人员的服务水平和游客满意度,进行自然风光旅游景区的实训显得尤为重要。在《大数据分析与市场营销》的课程中,学生完成市场调研及用户画像的研究,以更好地了解游客的需求和喜好。在《智慧旅游与信息技术》的课程中,学生完成智慧景区场景构建及技术服务设计,以提升景区的服务质量和效率。在《景区接待服务》的课程中,学生模拟岗位接待服务,并设计服务定制,以提升服务水平和游客满意度。实训过程中,学生深入了解如何保护这些自然资源,避免过度开发和破坏。他们通过实地考察和案例分析,学习如何合理规划景区布局,控制游客流量,减少环境污染,确保自然资源的可持续利用。同时,实训还应提高学生的技能水平,增强学生的服务意识。在导游讲解技巧方面,学生学习如何运用生动的语言、丰富的表情和恰当的手势,为游客描绘出一幅幅美丽的自然风光画卷。在游客接待礼仪方面,学生学习如何以热情、友好的态度为游客提供周到的服务,使他们感受到宾至如归的温暖。在旅游产品销售方面,学生学习如何根据游客的需求和兴趣,推荐合适的旅游产品,为他们留下难忘的回忆。此外,实训还让学生掌握安全知识和技能,学习应急救援知识,了解如何在突发情况下迅速采取措施,以保障游客的生命安全;学习安全设施的使用,如消防器材、救生设备等,确保在紧急情况下能够迅速有效地进行救援。在游客安全管理方面,学生学习如何制定安全管理制度,加强游客的安全教育,预防意外事故的发生。通过实训,学生更好地了解自然风光景区的运营和管理,以提高自身的专业素养和实践能力。同时,实训还有助于提升整个旅游行业的服务质量和管理水平,为游客提供更加优质、安全的旅游体验。

4.历史人文景区实训

在旅游行业的蓬勃发展中,历史人文景区以其独特的魅力和深厚的文化底蕴,吸引了越来越多的游客。为了更好地满足游客的需求,提升历史人文景区的服务质量和游客体验,进行实训是至关重要的一环。实训的初心,是让学生全面深入地了解和掌握此类景区的历史文化、旅游资源、服务标准等方面的知识。为此,《景观设计》让学生深入了解历史人文景区的历史沿革、文化传承、建筑风格、民俗风情等,为将来的服务工作打下坚实基础。在实训过程中,学生还将根据《景区接待服务》课程学习如何为游客提供更优质、更个性化的服务。这包括运用《大数据分析与市场营销》了解游客的需求和期望,掌握与游客沟通的技巧,以及提供贴心、周到的服务。通过实训,学生可以提升自己的专业素养和服务水平,运用《旅游策划》课程为游客打造出更加丰富特别的旅游产品。通过《景区运营管理实务》课程,学生学习如何不断创新和完善历史人文景区的服务内容,以更好地满足游客的需求。《智慧旅游与信息技术》课程则致力于通过引入新技术、开发新项目、提升服务质量等方式,让游客在历史人文景区获得更加丰富、多样的旅游体验。在这个过程中,实训的作用不言而喻。只有通过实训,学生才能真正了解游客的需求,才能提供更加精准、贴心的服务,才能不断创新和完善服务内容,提升游客的旅游体验。在实训过程中,学生可以将所学的理论知识应用到实际工作中,通过实际操作来检验和巩固所学知识,还可以提高他们解决实际问题的能力。

5. 主题乐园实训

随着旅游业的蓬勃发展,主题乐园在吸引游客、提升旅游体验方面发挥着举足轻重的作用。因此,对于从事旅游行业的人员来说,掌握主题乐园的运营管理和服务技能显得尤为重要。本次实训旨在帮助学员深入了解主题乐园的运营特点,提升服务水平和综合素质,为未来的职业发展打下坚实的基础。专业选择订单班企业进行实训,例如宋城、迪士尼、欢乐谷等主题公园/乐园。在实训过程中,学员将通过《旅游策划》《景观设计》《旅游设施与工程设计》等课程重点掌握主题乐园的创意策划、景观设计、游乐设施选型等方面的知识,全面了解其运营特点及产品开发。首先,创意策划是主题乐园成功的关键之一。一个成功的主题乐园需要有独特的主题创意和故事情节,以吸引游客的眼球。因此,学员需要学习如何进行创意策划,包括主题的选择、故事情节的设计、角色形象的塑造等。同时,他们还需要通过《大数据分析与市场营销》课程内容的应用,根据市场需求和游客喜好进行市场调研和定位,以制定更具吸引力的主题乐园规划。其次,景观设计是主题乐园的重要组成部分。学员学习如何运用景观设计手法,营造出富有主题特色的景观环境,这包括景观规划、植被配置、景观设施设计等方面。学员了解如何通过应用《智慧旅游与信息技术》课程的知识点来营造独特的氛围,提升游客的沉浸感和体验感。此外,通过《景区运营管理实务》课程,学生了解各类游乐设施的特点、适用人群、运营成本等方面的知识,以便为游客提供丰富多样的游乐体验。

6. 文博场馆实训

文博场馆实训课程则借助历史遗址、博物馆等资源,让学生有机会亲身感受历史的厚重。以良渚博物院为例,学生在这里进行实训课程,可以深入了解良渚文明的历史底蕴,更加珍视和乐于传承我国优秀的民族文化。在实训过程中,《大数据分析与市场营销》课程要求学生研究客户画像的构建,通过对客户行为、偏好等数据的深入分析,为文博场馆制定更具针对性的市场营销策略。《智慧旅游与信息技术》课程要求学生学会运用信息技术提升游客体验,如智能导览、在线预订、实时信息推送等。同时,探讨技术服务设计,以满足游客在景区内的多样化需求。《景区接待服务》课程通过文博场馆模拟实际接待场景,提升学生服务技能和服务质量,确保为游客提供优质的旅游体验。《旅游策划》课程要求学生进行旅游产品、线路和活动的创意设计。《景区运营管理实务》课程教授学生如何高效运营景区,提升游客满意度,推动景区可持续发展。《新媒体运营》课程需要学生掌握如何利用新媒体工具开展文博场馆宣传和推广,提升景区的知名度和影响力。《解说系统设计与应用》需要学生设计和实施一套完善的解说系统,为游客提供丰富的旅游信息和深刻的文化体验。《景观设计》需要学生掌握如何创造美观且实用的景观环境,提升景区的整体品质和吸引力。《旅游设施与工程设计》要求学生掌握科学设计和建设符合旅游需求的设施和工程项目,确保游客能够享受到安全、舒适的旅游环境。通过《园林植物识别与应用》课程,学生学习掌握如何运用园林植物提升文博场馆的美观度和生态效益。值得一提的是,文博场馆实训还注重传统手工艺的体验。《研学旅行课程设计》的动手体验,不仅提高了学生的实践动手能力和创造力,也在这个过程中让学生因感受到传统手工艺的独特魅力而产生敬意,更加珍惜博大精深的民族文化,自觉担负起传承的责任感。综合实践教育方式不仅有助于培养学生的专业技能,还能提升他们的创新思维和解决问题的能力。这种教育模式下,学生将具备更高的综合素质,为未来的职业生涯打下坚实基础。

第三节 智慧景区开发与管理专业综合实训项目实施过程

智慧景区开发与管理专业实训项目的实施主要选择在乡村旅游景区、红色旅游景区、自然风光景区、历史人文景区、主题乐园、文博场馆等景区进行,借助景区让学生能更容易进入真实的工作情境开展学习和实训。浙江旅游职业学院智慧景区开发与管理专业的实训中,本节具体选择介绍的是2022级景区班,他们进行了为期一周长达40课时的项目实训学习,分别由企业专家和专业教师共同担当实训指导老师。智慧景区开发与管理专业实训项目总共设计了6大类景区项目的所有工作流程内容,在实际教学过程中选择4类开展实训,让学生们对智慧景区开发与管理专业整个工作流程和所涉岗位的工作内容、工作要求、操作要领都有了全方位细致的认识和操作。

一、综合实训的项目场景

(一)乡村旅游景区

为进一步推动校地合作,构建学校、政府、企业共同参与的合作模式,提升人才培养质量及能力,助力文旅融合赋能乡村,实现共同富裕目标,智慧景区专业选择在衢州市柯城区七里乡开展综合实训。桃源七里风景区为衢州市首个乡村休闲游4A级旅游景区,以保存良好的传统村落、绿水青山粉墙黛瓦出名,更以特色生态游和特色民宿被大家喜爱,此地依山傍水、山高谷深、空气凉爽。早田自然村蔬果长廊是景区的特色产业景点,可提供高山蔬菜采摘游,让游客充分感受蔬菜采摘的乐趣。七里乡于2022年6月创新推出"我在七里有块地"菜地认购活动,认购方可以拥有一块菜地一年的使用权,并成为农场会员,配备专属菜地管家,享受蔬菜的免费配送服务,还可获得价值不等的农家乐、民宿抵金券及漂流体验券、农产品大礼包等福利,此方案使农户的抛荒地得到了利用、满足了城市居民的乡愁需求、带动了旅游消费的升级,很多农户被"返聘"回来种地也相当于开拓了生意,这一创举真可谓一举多得,极大拉动了乡村整体经济发展。本次实践教学活动旨在使景区专业学生深入分析七里乡的现有旅游资源,同时运用所学课程知识为当地景区进行科学的就业机会规划,同时带动民宿、农家乐的策划、建设、运营和管理,推动学生走进乡村这一实践课堂,培养学生知识、技能、素养和道德的全面发展,同时促进当地文旅产业的高质量发展。

(二)红色旅游景区

专业就近选择了小营江南红巷红色旅游景区,景区位于杭州市上城区,是一个集红色旅游、历史文化、科普教育于一体的综合性景区。小营江南红

巷承载了革命历史的波澜壮阔,积淀了红色文化的深厚底蕴,闪烁着小营人
"敢为天下先,甘做孺子牛"的精神光辉。景区内拥有众多历史底蕴深厚的
场馆,如毛主席视察小营巷纪念馆、全国爱国卫生运动纪念馆、中共杭州小
组纪念馆、钱学森故居等,这些场馆充分展示了中国共产党领导中国人民进
行革命斗争的历程和成果。小营江南红巷还是浙江省党史教育基地、浙江
省爱国主义教育基地、科学家精神培育基地等称号的获得者,是杭州市红色
旅游的重要组成部分。景区内还有众多特色活动,如红色文化讲座、革命历
史主题展览等,让游客在游览中深入了解红色文化的内涵和价值。学生前
往红色旅游景区进行实地考察,可以了解景区的历史文化、建筑风格、景点
布局等方面的情况,还可以深入考察红色旅游景区的历史沿革和管理运营,
以提高自己的观察力和分析能力。

(三)历史人文景区

梅城古镇依山傍水,风光秀丽,距今已有 1700 多年历史,最早可追溯至
三国时期,如今的梅城为隶属于建德市的千年古镇。千余年风雨飘扬,让这
座小镇历史文化底蕴格外深厚。站在城墙上俯瞰梅城古镇,一座座粉墙黛
瓦的建筑坐落在山水之间,古朴的气息将人一下子拉入景区特有的氛围。
城有两湖,东西点缀,外有双塔,南北对峙。登塔眺望,新安江自西向东,兰
江自南而来,烟波浩渺,形如"丁"字。古城新建,如今古镇内遗留的古迹并
不多,大多已是后人新建,但或许是因为地处三江交汇之处,或许是因为背
靠乌山,秀丽的山水风景、江水的婉转流长让一座梅城依然保留着许多古镇
气韵,看上去格外舒服雅致。整座古城不算大,主要就是一横一纵两条街,
平整的石板路两边是充满了韵味的江南建筑,鳞次栉比,自成一道风景。通
过实训,学生能了解游客的需求,提供更加精准、贴心的服务,从而不断创新
和完善服务内容,提升游客的旅游体验,也提升自身的思辨能力、动手能力
及解决问题的能力。

(四)文博场馆

良渚博物院位于杭州市余杭区良渚街道美丽洲公园内,是一座收藏、研
究、展示和宣传良渚文化的考古遗址博物馆,建筑面积约 10000 平方米。博

物院常规展览面积4000余平方米,分为3个展厅。教师导入真实项目，利用职教云平台发布工作任务分析国家考古遗址景区游客兴趣与市场特征，学生按要求开展线上线下调研,完成数据收集。教师全程精准指导，实现数据呈现到产品落地的有效转化，突破重点;学生团队协作开展任务,实现教学过程与工作过程科学对接。实训课程培养学生的动手能力和创造力,不仅能使他们体会到传统手工艺的独特魅力,更能深入了解良渚文明的历史底蕴,从而产生敬意和传承的责任感。这种体验让学生深刻感受到民族文化的博大精深,激发他们更加珍惜和传承优秀的民族文化。

二、综合实训的目的与目标

根据《智慧景区开发与管理专业人才培养方案》确定的实训周,结合模块化教学改革要求,其实训目标分为知识、能力、职业素养三个层次。

(一)乡村旅游景区(衢州七里乡)

1. 知识目标

①掌握乡村旅游产品策划的原理和原则;

②掌握乡村旅游产品体系的特点和内容。

2. 能力目标

①能够进行乡村旅游核心、配套、延伸及扩展产品的策划;

②能够定制设计乡村旅游产品体系;

③能够撰写乡村特色活动策划案;

④能够根据实际情况,设计特定主题并开展主题产品的头脑风暴,设计完整的乡村文旅产品策划方案。

3. 职业素养目标

①通过为定向设计乡村旅游产品,培养学生"以人为本"的核心策划理念;

②通过实地考察、定制策划等基于工作流程的团队任务,培养学生团队协作意识,精益求精、创新探索的工作态度;

③通过对乡村资源的设计策划,深入理解、内化"两山"理论,聚焦共同富裕,增强学生的家国情怀,坚定道路自信;

④根据岗位需求,对标乡村振兴大赛,增强策划岗位认知及责任感,提升职业认同感。

(二)红色旅游景区(小营江南红巷)

1.知识目标

①掌握红色旅游市场调研的方法;

②掌握红色旅游产品的设计组成的具体要素;

③掌握红色旅游产品设计的基本原则与总体流程。

2.能力目标

①能够有效收集、筛选、整合红色旅游资源信息;

②能够运用各线路要素进行红色旅游线路的设计;

③能够定制设计乡村旅游产品体系;

④能够针对不同类型旅游者的需求设计红色旅游产品。

3.职业素养目标

①通过小组合作创作红色旅游产品,厚植家国情怀,培养团队协作、分析问题、解决问题的能力;

②通过针对游客最感兴趣的话题反复修改策划,具备不断探索文化内涵的学习态度和精益求精的学习精神;

(三)历史人文景区(梅城古镇)

1.知识目标

①了解古城街区的历史背景和文化底蕴,掌握其主要文化特色和历史价值;

②熟悉古城街区旅游资源并能进行资源分类;

③掌握旅游接待服务基本知识,旅游接待服务的规范和技巧;

④熟悉旅游市场营销策略,掌握旅游市场分析和推广的能力。

2.能力目标

①熟练掌握古城街区旅游资源的调查、评价和开发方法;

②面对旅游服务中出现的问题,运用所学知识和技能进行分析和解决;

③能够定制设计古城街区旅游产品体系。

3. 职业素养目标

①培养学生对旅游行业的热爱和敬业精神，树立良好的职业形象；

②培养学生团队精神和竞争意识，实事求是、精益求精的职业品质；

③通过综合考量经济效益和社会效益等多方面因素，对古城街区旅游类景区的游客参与度进行深入分析，旨在培养学生的宏观意识、整体观念及可持续发展的理念。

（四）文博场馆实训（良渚博物院）

1. 知识目标

①掌握文博场馆旅游产品策划的原理和原则；

②掌握文博场馆旅游产品体系的特点和内容。

2. 能力目标

①能够进行文博场馆旅游核心、配套、延伸及扩展产品的策划；

②能够定制设计文博场馆旅游产品体系；

③能够撰写文博场馆旅游产品说明。

3. 职业素养目标

①通过实地考察、定制策划等基于工作流程的团队任务，培养学生团队协作意识，精益求精、创新探索的工作态度；

②通过为文博场馆定向设计旅游产品，培养学生"以人为本"的核心策划理念；

③通过对文博场馆旅游资源的设计策划，深入理解、聚焦文化遗产保护传承，营造传承中华文明的浓厚社会氛围，引导群众特别是青少年更好地认识和认同中华文明，增强做中国人的志气、骨气、底气，坚定道路自信。

三、以乡村旅游景区项目为例开展综合实训

本实训周旨在通过模块化任务，深化学生对乡村景区转型与提升的理解，覆盖资源调查、旅游规划、景区设计、创建及运营管理。学生将通过实地调研收集信息，编制报告，参与设计和视频拍摄，以实践学习。在成果答辩中，学生展示规划方案，接受专业评审，锻炼专业技能和沟通能力。这一过

程旨在提升学生解决实际问题的能力,为职业生涯打下坚实基础。

智慧景区开发与管理专业实训周实践教学共计40学时,分为外业调研、成果编制、成果答辩三个阶段,详见表7-1。

表7-1　乡村旅游景区项目实训阶段

序号	阶段	任务描述	学时
1	外业调研	进行乡村景区的实地考察,收集旅游资源相关信息,为后续规划与开发打下基础。	8
2	成果编制	基于调研数据,编制旅游资源调查报告,制定旅游发展规划,并设计景区创建评估与整改、自媒体视频、运营方案。	24
3	成果答辩	展示实训成果,进行答辩,接受教师和行业专家的评审与反馈。	8
合计			40

四、综合实训的评价细则

(一)评价主体与过程

一个全方位的考核体系能够全面反映学生在实训中的学习成果和实践能力。因此,评价细则应首先从评价主体与过程的全方位入手。

评价主体多元化,包括校内指导教师、行业专家、企业导师、地方合作伙伴,以及学生自我评价。这种多元化的评价主体确保了评价结果的全面性和客观性。

评价过程覆盖整个实训周期,从外业调研、成果编制到成果答辩,每个阶段都设定了明确的评价标准和任务要求。在外业调研阶段,评价侧重于学生的信息收集能力、实地考察技巧和数据整理能力。成果编制阶段则更注重学生的问题分析、解决问题的能力以及创新思维。成果答辩阶段则主要评价学生的表达能力、沟通技巧和团队协作精神。

(二)评价方式与标准

综合实训的评价方式应确保评价的全面性和深入性,以准确反映学生在实训中的表现和学习成果。评价标准围绕学生的专业知识掌握、实际操作能力、创新思维、团队协作和沟通表达等方面展开。评价方式结合了定性与定量的方法,包括教师评价、行业专家评审、同伴评价三种形式。

在专业知识掌握方面,评价标准着重考查学生对旅游管理、景区开发、文化传承等相关理论知识的理解和应用能力。实际操作能力的评价则通过学生的调研报告、规划方案、设计方案等成果来衡量,重点关注其方案的可行性、创新性和专业性。创新思维的评价鼓励学生在实训过程中展现出独特的视角和新颖的解决方案。团队协作和沟通表达能力则通过团队项目合作、成果展示和答辩等环节来考察。

评价过程中,教师和行业专家将根据学生在各个实训环节中的具体表现,按照预定的评价标准进行打分。这些标准包括但不限于:调研数据的准确性和全面性、规划方案的科学性和创新性、设计方案的实用性和美观性、视频拍摄的创意和技术质量、运营管理方案的合理性和实施性等(表7-2)。此外,学生在团队合作中的贡献度、沟通协调能力以及自我评价的深刻性和真实性也是评价的重要内容。

为了确保评价的公正性和透明性,评价结果将由评价小组共同讨论决定,并及时向学生反馈。评价结果不仅包括分数或等级,还应包含具体的反馈意见,帮助学生认识到自己的优势和需要改进的地方。通过这种全面、细致的评价体系,我们期望能够激励学生在实训中不断进步,提升自己的专业技能和综合素质。

表 7-2　综合实训的评价细则表

评价阶段	评价内容	评价指标	详细评分标准	分值	评分构成
外业调研	信息收集能力	数据全面性	是否收集了所有相关方面的数据,如市场、客户、竞争对手等	10	教师评价:60% 行业专家评价:40%
		数据准确性	数据是否准确无误,来源是否可靠	10	
	实地考察技巧	考察方法科学性	考察方法是否科学,是否使用了合适的工具和技术	10	
		考察效果	考察结果是否有效,是否能够为后续工作提供支持	10	
	数据整理能力	数据整理逻辑性	数据整理是否逻辑清晰,是否便于后续分析	10	
		数据整理条理性	数据整理是否条理分明,是否能够快速查找所需信息	10	

续表

评价阶段	评价内容	评价指标	详细评分标准	分值	评分构成
成果编制	分析问题能力	问题分析深度	是否深入分析了问题的根本原因，是否考虑了多种可能性	10	教师评价：50% 行业专家评价：30% 同伴评价：20%
		问题广度	是否全面考虑了问题的各个方面，是否涉及所有相关因素	10	
	解决问题能力	解决方案创新性	解决方案是否具有创新性，是否提供了新的思路或方法	10	
		解决方案实用性	解决方案是否实用，是否能够在实际工作中实施	10	
	创新思维	创新点独特性	创新点是否独特，是否与众不同	10	
		创新点实施性	创新点是否具有实施的可能性，是否考虑了实施的可行性	10	
成果答辩	表达能力	表达清晰性	答辩时是否能够清晰地表达观点，语言是否流畅	10	教师评价：50% 行业专家评价：30% 同伴评价：20%
		表达逻辑性	答辩时是否能够逻辑清晰地组织语言，是否有条理地展开论述	10	
	沟通技巧	沟通有效性	是否能够有效地与听众沟通，是否能够理解并回应听众的问题	10	
		沟通互动性	是否能够与听众进行有效的互动，是否能够引导听众参与讨论	10	
	团队协作精神	团队协调性	团队成员之间是否能够协调一致，是否能够共同推进项目	10	
		团队合作性	团队成员是否能够相互合作，是否能够共享资源和信息	10	

注：优秀（90—100 分）、良好（80—89 分）、中等（70—79 分）、及格（60—69 分）。评价结果由评价小组共同讨论决定，并及时向学生反馈。评价结果不仅包括分数或等级，还应包含具体的反馈意见。评价过程中，教师、行业专家、同伴的评价比重可能会根据实际情况进行调整。

第八章 智慧景区开发与管理专业模块化教学改革与实践的保障措施

加强模块化教学改革与实践的保障和落实工作,既可有效促进模块化教学长远有序持续开展,更是强化高校教育质量、提高高校社会影响力的重要举措。本章从体制机制保障、政策要素保障、专业建设保障和日常管理保障四部分详细论述了智慧景区专业模块化教学改革与实践中产生的各项措施与具体做法。

第一节 体制机制保障

一、坚持院系主体地位,提高教学管理自主性

院系是具有较强专业性学术性的中、基层教学管理机构,也是学校履行教学、科研等主体职能的实体组织。其具体承担着教学科研、学科建设、学生管理、行政管理等多方面任务,发挥着承上启下、政策执行和微观协调等作用。此次浙江旅游职业学院模块化改革与实践中,学校注重发挥院系主体作用,明确院系职责,确保其在课程设置、教学安排、学生管理等方面拥有足够的自主权。首先,此次模块化改革由学院与智慧景区教研室共同制定人才培养方案与教学计划,根据岗位确定需要开展的教学与实践模块;其次,在师资力量和教学资源的配备上,学院自主决定模块化改革的师资、设备配置并做好相应资金保障,确保模块化教学工作的顺利开展;最后,灵活的排课制度允许院系根据教学需要和学生需求调整课程安排。模块化排课由二级学院教学秘书具体负责,且教室安排也是分配

至二级学院由其进行自行调节,在一定程度上促进了模块化改革的具体实施。

二、坚持四级管理体系,提高课程团队协同性

四级管理体系通常是校级－院系级－专业级－课程团队级四个层次。每个层次都有其特定的职责和角色,共同构成一个完整的管理体系。这种体系有助于明确各个层次之间的责任和权力关系,促进资源的合理配置和高效利用。由分管副校长主持教学管理工作,通过教务处等机关职能部门,明晰全校教学管理的目标,实现教学任务的下达、教学计划的编排和教学资源的调配;二级学院是衔接层,主要负责教学工作的细化安排、细致运作和细密检查;智慧景区开发与管理专业教研室是执行层,主要负责教学计划、课程建设等教学工作的一线执行和具体实施等;课程团队是模块化课程的具体操作层,由教研室教师与相关课程团队教师组成模块化课程备课小组,定期开展关于模块化具体教学的集体备课活动,探讨不同模块理论课程与实训项目如何有效衔接与具体实施,且每门模块化课程实训项目的现场指导与评价细则也皆由集体备课小组商讨确定。集体备课这一形式建立了有效的沟通渠道和协作机制,促进课程团队内部以及与其他层次之间的信息共享和合作,每个课程组都建立相关的组织交流群并参与了智慧景区开发与管理教学资源库的建设。

三、坚持教学改革创新,提高教学方式多样性

模块化教学改革是学校开展教学改革创新的主要抓手,可有效促进教学方式多样化。主要体现在以下四方面:一是智慧景区模块化教学可以根据学科发展和市场需求,灵活调整教学内容,使教学内容更加贴近实际、更加具有前瞻性;二是模块化教学促进教学方法创新,为教学方法创新提供了广阔的空间,教师可以根据不同的教学模块和学生的实际情况,尝试采用不同的教学方法和手段,如案例教学、小组讨论、角色扮演等,以激发学生的学习兴趣和积极性;三是坚持岗课赛证的有效统一,各个模块课程来源于不同的工作模块,每位教师专注于一项课程的某个模块课程进行专门研究、试验

探索,将国赛、省赛、"1＋X"职业等级证书融入课程和教学,如乡村振兴大赛,红色旅游策划大赛、新媒体营销大赛等,且本专业学生可考取导游证、研学导师等证书,满足模块化教学实施要求;四是培养学生综合能力,模块化教学注重学生的实践能力和创新能力培养,通过实践教学环节和项目式学习等方式,让学生在实践中锻炼能力、提升素质,为未来的职业发展奠定坚实基础。

模块化教学通过精准定位模块化课程教学单元的培养目标和框架结构,重构课程教学单元和教学内容,逐级提升核心技能的知识点,依照任务标准和岗位规范,将专业课程开发成内容相对独立、边界清晰又环环相扣的多个教学单元,创新构建模块化课程教学体系,推进职业能力培养目标有效达成。

第二节　政策要素保障

一、师资团队保障

模块化改革的师资团队保障是确保教学改革顺利进行的关键要素之一,目前浙江旅游职业学院智慧景区开发与管理专业共有专任教师10名,其中高级职称教师4名,中级职称教师4名,初级职称教师2名。每位教师都具有高校教师资格和本专业领域有关证书;有理想信念,有道德情操,有扎实学识,有仁爱之心;具有旅游管理、人文地理、城乡规划、计算机技术、网络技术等相关专业本科及以上学历;具有扎实的智慧景区开发与管理专业相关理论功底和实践能力;具有较强信息化教学能力;能够开展课程思政和教学改革、科学研究;能够跟踪新经济、新技术前沿发展。

此外,学校也从多方面多措施不断促进师资团队的建设,如为师资团队提供定期的专业培训和发展机会,以确保他们具备教授模块化课程所需的知识和技能。这包括新技术、教学方法和课程设计理念等方面的培训;为其提供充足的教学资源和支持,如教材、教学软件、在线资源等;鼓励并支持师资团队进行教学研究和课程开发,以不断优化和完善模块化课程体系。这包括对新模块的设计、旧模块的修订，以及教学方法和策略的创新。对师资团队进行定期的教学评估和反馈，以了解他们的教学水平和需求，及时发现问题并提供改进建议。

二、实践经费保障

实践经费的保障是确保模块化顺利进行的重要环节。浙江旅游职业学院设置了智慧景区模块化教学改革相关资金用于支持改革过程中的教学资源开发、教学实践考察、教师培训、实验实训设施建设、教学改革研究等方面，在二级学院教学经费中每年每学期设有专业实训经费，并对经费进行详细的预算与规划，包括对每项改革活动的预计费用、预期的效益、时间线等因素的综合考虑。学校还与多家企业如蜗牛景区管理集团、杭州宋城景区、上海迪士尼度假区等建立了长期稳定的合作关系，企业为学校学生发放实践经费及专项奖学金（表 8-1）。

表 8-1　部分实践经费项目

序号	经费名目	经费来源	年份
1	实践、实训项目开发及建设提升	浙江旅游职业学院 教学建设项目经费	2024 年
2	国家级教学资源库及 专业核心课程建设		
3	岗课赛证融合及模块化 教学改革实践		
4	二级学院教学公用		
5	"七里七百"行动计划建设项目	衢州市柯城区人民政府	
6	旅游规划学院实训项目	浙江旅游职业学院"双高计划" 导游专业群建设经费	2023 年
7	建成景区开发与管理专业 国家级教学资源库		
7	订单班奖学金	相关订单班企业	每年
8	蜗牛奖学金	蜗牛（北京）景区管理 有限公司蜗牛产业学院	每年

三、产教融合保障

第一,浙江旅游职业学院作为产教融合的主要推动者和实践者,建立并不断完善校企合作机制,加强校企合作平台建设。这不仅可以为学生提供实践的机会,同时也可以为企业的研发和技术创新提供支持。除校内相关实训基地外,学院联合蜗牛(北京)景区管理有限公司共建特色产业学院——蜗牛产业学院,联合杭州宋城共建宋城产业学院,联合浙江省文化广电和旅游厅创建乡村旅游运营导师工作室及景区运营管理工作室,其皆以智慧景区开发与管理专业为核心,共同培养面向旅游目的地(景区、度假区)开发建设、运营与管理、宣传与营销、产品设计与运营等方面的综合型高素质技能人才。

第二,产教融合的具体项目载体是实现产教融合目标的关键。这些载体可以包括师资发展共同体、技术研发中心、实习实训基地等。通过这些载体,学校和企业可以共同开展项目研发、人才培养、技术转移等工作,实现资源共享和优势互补。近年来,学院在相关产业学院和工作室及浙江省各地区(尤其是山区 26 县)旅游景区的有力支持下,在联合培养学生与师资,创新人才培养模式,共建专业、共编教材,共同开展科研与社会服务等方面取得显著成效,如 2022 年学院依托蜗牛产业学院共同申报浙江省旅游业“微改造、精提升”技术导则,成功列入浙江省文化和旅游厅第一批浙江省旅游业“微改造、精提升”技术导则名单;2022 年我院联合宋城产业学院成功申报第二期供需对接就业育人项目等。

在实训模块化教学中,学院多次以产业学院和工作室为连接点前往相关企业开展课程实践与实训教学,如与衢州市柯城区桃源七里风景区开展多层面、深层次的助力“七里七百”行动计划,将实训地点设在风景区,以实训实际需求与课程相连接,全新设置实训任务,共同为校地合作赋新能,探索文旅发展新业态。

第三,产教融合提供的项目建设资金也是实现产教融合的重要保障。学校和企业需要投入大量的资金用于项目建设和人才培养,以确保产教融合工作的顺利进行。这些资金来自政府、企业、社会等方面的支持,以确保项目的顺利实施和可持续发展。智慧景区开发与管理专业开展订单班培养模式（图 8-1），分别与杭州宋城景区、上海迪士尼度假区、宁波方特东方神画、上海海昌海洋公园及杭州 Hello Kitty 乐园等共同开设订单班课程，并设置了订单班奖学金，学生可在第三学期进行景区岗位认知课程并于第四学期前往景区进行课程实践与开展实习工作，增强学生对景区运营管理的理论认知和实践认知。此外，学院在蜗牛产业学院与宋城产业学院的支持下，多次开展学生课程实训与比赛项目，如多次与蜗牛产业学院合作开展横向课题，与宋城产业学院联合举办浙江旅游职业学院"景区体验师大赛"等。

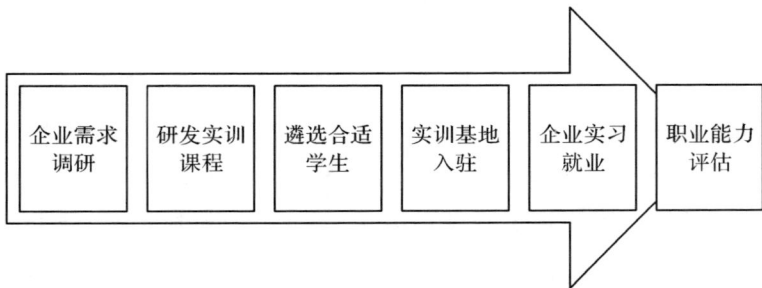

| 企业需求调研 | 研发实训课程 | 遴选合适学生 | 实训基地入驻 | 企业实习就业 | 职业能力评估 |

图 8-1 智慧景区开发与管理专业订单班培养模式

第三节 专业建设保障

一、人才需求预测

开展智慧景区开发与管理专业人才需求预测并设计相关教学模块，是推动智慧景区发展和提高人才培养质量的重要举措。浙江旅游职业学院智慧景区开发与管理专业对接区域经济和社会发展需要，定期开展智慧景区专业人才需求调研，通过深入行业、企业调研，了解智慧景区的发展情况、市场规模，调研智慧景区运营、管理、维护等方面的实际需求，了解各岗位的职责、技能要求和人才缺口情况。结合实际岗位能力要求，进行职业能力分析，设置相关教学模块，如依据现阶段数字技术与网络技术的快速发展，开设智慧旅游、大数据分析与营销、新媒体运营等课程；将专业模块化课程体系基于职业工作过程重构"岗课赛证"融通的技能方向模块,及时将新标准、新规范等融入课程标准和教学内容,同时将相关职业和岗位技能融入模块课程内容。依据"职业－岗位－技能－模块－课程"构建课程主题与体系,建设以旅游行业、景区实际需要为标准,以职业能力为导向,以高素质技术技能人才培养为目标的课程体系。在此基础上形成智慧景区开发与管理专业人才培养方案,依据人才需求变化合理更新制定人才培养方案,形成系统化的课程体系。

二、课程体系设计

浙江旅游职业学院智慧景区开发与管理专业智慧景区模块化教学改革课程体系中每个模块都围绕着特定的主题或技能进行组织,学生可以根据自己的兴趣和需求选择相应的模块进行学习。模块化改革的课程体系设计注重实践性和应用性。在模块化改革的课程中,学生不再仅仅是被动地接受知识,而是需要积极参与和主动探索。课程通常包括实践项目、案例分析、团队合作等实践性环节,以培养学生的实践能力和解决问题的能力。

根据《智慧景区开发与管理专业人才培养方案》,专业在第二个学年采用模块化教学形式。6个景区类别分别对应6个教学模块,景区类别有乡村旅游景区、红色旅游景区、自然风光景区、历史人文景区、主题乐园、文博场馆,每个模块的教学时长建议在8周左右,即以8周为一个模块循环,将景区特色、景区实践与课堂教学相融合,促进学生对教学内容的深度理解与有效掌握。为响应岗课赛证融合要求,课程思政建设及乡村振兴的国家战略,乡村旅游景区模块与红色旅游景区为必选模块,安排在大二上半学期进行教学。对于大二下半学期的教学模块,专业教师应结合教学实际,通过教研室活动的形式,在寒假前从另外4个模块中选取两个,学院2022级智慧景区开发与管理专业学生选取历史人文景区和主题乐园景区。教学过程中,每个模块应包括6项模块任务,其中市场调研与营销、智慧景区建设、景区产品策划、景区接待4项模块任务对应职业技术课程,为必选任务;在必选任务之外,景区运营与管理岗位同学完成景区管理与景区运营

2 项任务,景区开发与管理岗位学生完成解说系统开发与景区设计 2 项任务。

表 8-2 智慧景区开发与管理专业模块化课程安排

模块	模块任务		对应课程
①乡村旅游景区 ②红色旅游景区 ③自然风光景区 ④历史人文景区 ⑤主题乐园 ⑥文博场馆	市场调研与营销	职业技术课	大数据分析与市场营销
	智慧景区建设		智慧旅游与信息技术
	景区产品策划		旅游策划
	景区接待		景区接待服务
	景区管理	运营与 管理岗位	管理学基础、 景区运营管理实务
	景区运营		旅游服务心理 新媒体运营 研学旅行课程设计
	解说系统开发	开发与 管理岗位	解说系统设计与应用
	景区设计		景观设计 旅游设施与工程设计 旅游商品设计

此外,模块课程考核评价注重线上与线下考核相结合、过程性与终结性考核相结合、相关利益群体考核相结合的原则。模块课程的最终总评成绩中,平时成绩的占比应≥50％。

模块化教学开始前安排学生组成 6 人左右的固定学习小组,小组应汇编相关课程任务成果,形成针对模块景区的详细建设咨询报告,并以 PPT 的形式呈现。每个模块教学结束后,本专业教师应组织学生进行答辩,答辩成绩应计入模块课程平时成绩,占比应≥60％。

三、标准体系建设

随着科技的飞速发展和社会的日益变化,教育教学的标准体系也需要不断地更新和完善。在浙江旅游职业学院智慧景区开发与管理专业智慧景区模块化教学进程中,标准化体系建设是一项重要任务,主要从以下四方面开展:一是依托学院产教融合基地建设发展,与相关企业牵头或合作制定相关行业标准和职业技能标准;二是举办或参与旅游职业教育相关专业课程标准的建设;三是模块化教学中的相关课程体系建设,在构建课程标准体系的过程中,为加强不同模块化课程间的沟通和协作,充分考虑课程间的衔接关系,共同制定课程标准和教学内容,不同模块课程之间的知识与技能要求是相互关联、相互支撑的,在制定课程标准时,尤其是课程实施方案设计、课程实训项目清单制作过程中,注重不同课程之间的衔接和配合,避免知识的重复和遗漏,确保学生能够全面、系统地掌握知识和技能;四是对课程标准体系的建设进行反思和调整,在实际教学过程中,智慧景区教研室定期对课程标准进行评估和调整,以确保其与时俱进、符合教育教学的实际需要。

四、资源建设保障

教学资源为教学的有效开展提供各类教学素材,它主要包括能够满足学生专业学习、教师专业教学研究和教学实施需要的教材、图书及数字资源等。浙江旅游职业学院智慧景区开发与管理专业加强教材建设,编写符合教学标准和规范的高质量教材,为学生提供系统、完整的知识体系,目前多本已经出版或在编的教材分别入选国家级或省级教材建设项目,如学院郎富平、陈蔚编写的《景区服务与管理》入选全国旅游职业教育教学指导委员会旅游职业教育系列教材。智慧景区开发与管理专业拥有教育部认证的"智慧景区开发与管理专业教学资源库",学院多门课程入选国家级教学资源库,如郎富平《旅游资源调查与评价》、陈蔚《旅游策划》、徐莉《解说系统设计与应用》等,教学资源库以智慧职教、职教云课堂 App 等平台端口,融合海量教学资源,实现全天候、立体化、线上线下融合式教学。通过对资源库的有效利用,教师可以更加便捷地备课和授课,提高教学效率和质量。同时,学生也可以更加方便地获取学习资料和进行学习,增强学习效果和兴趣。

五、实训设施建设

根据模块化教学的特点和需求,浙江旅游职业学院统筹实训设施的整体布局和功能区域,确保设施能够满足不同模块的教学需求,包括理论教室、实践操作区等,并配置相应的教学资源,如教材、教具、教学器材等,确保教学资源的数量和质量能够满足学生的实训需求;积极与企业合作,共同建设实训设施,引入企业的实际项目和案例,提高学生的实践能力和就业竞争力;建立了完善的设施管理制度,确保设施的正常运行和维护,定期对设施进行检查、维修和更新,确保设施的安全性和实用性。

浙江旅游职业学院目前拥有较为稳定的校内校外实训基地,可提供各专业课程实习、实训,固定场所规模要求至少能容纳1个教学班;与相关合作企业建立校企合作共建实训基地的长效机制,并采用联合实体、协议合作等形式设立,以确保实践教学质量。根据行业企业实际发展需要,不断动态调整和更新校企合作实训基地建设,创新教学模式。

(一)校内实训设施

拥有数量充足的普通多媒体教室以及景区综合模拟实训室、规划设计实训室等专业综合实训教室。

(二)校外实训设施

坚持遵循长期规划、深度合作、共建共享的原则,选择经营情况比较理想,拥有专业技术能手,人才培养、选拔体系比较完善的行业龙头企业为校外实训基地,选择国家4A级及以上旅游景区或国内外知名连锁品牌主题公园(如迪士尼、欢乐谷、方特等)作为校外专业实训基地;规划设计类实训基地为国家旅游规划乙级及以上、园林景观乙级及以上资质的规划设计与策划类公司。

表8-3 部分实训基地名单

序号	单位名称	单位性质	备注
1	杭州宋城演艺旅游有限公司	私营企业	知名连锁品牌
2	杭州西溪湿地旅游发展有限公司	国有企业	5A级景区
3	杭州 Hello Kitty 乐园	私营企业	知名连锁品牌
4	蜗牛(北京)景区管理有限公司	私营企业	知名品牌
5	浙江省旅游发展研究中心	国有企业	国家乙级

序号	单位名称	单位性质	备注
6	上海迪士尼度假区	合资企业	知名连锁品牌
7	深圳华侨城欢乐谷旅游发展有限公司	国有企业	5A级景区
8	乌镇旅游股份有限公司	国有企业	5A级景区
9	杭州乐园有限公司	私营企业	4A级景区
10	华强方特文化科技集团股份有限公司	国有企业	知名连锁品牌
11	浙江朗域标识工程有限公司	国有企业	专精特新企业

第四节　日常管理保障

一、院系教务服务精准

在浙江旅游职业学院智慧景区模块化教学改革日常管理中,院系教务人员发挥了十分重要的作用。第一,在模块化课程体系建设、课程标准适应性建设及具体的教学计划、教学大纲和课程安排中,教务人员依据模块化改革教学的实际适时而变,与师资团队紧密合作,共同制定和完善模块化课程体系,灵活调整管理机制,确保教学的顺利进行,了解模块化教学的需求和困难,并提供必要的支持和帮助,如模块化排课、模块化教学设备的安排及模块化课程实训的安排等事宜。第二,教务人员为教师提供必要的教学支持和帮助,如教学技能培训、教学资源分享等,促进教师的专业成长和教学能力的提升。第三,院系教务人员依据实际引导和安排学生进行选课,为学生提供精细的选课指导和服务。在模块化教学改革中,学生选课的自主性和灵活性得到了提高,但同时也面临着更多的选择和挑战。因此,教务老师分别为学生提供专业的选课指导和服务,帮助学生了解各个模块的课程特点、教学要求、学分分配、课时安排等情况,有序引导学生根据自己的兴趣、能力和职业规划进行合理选课。第四,教务人员在教学模块化改革中十分注重与其他相关部门(如教务处、科研处等)进行密切的协调合作,通过加强沟通和协作形成合力,共同推动模块化改革的顺利进行。

二、多元教学质量监管

为加强对学校教学质量的监管，促进教师教学能力的提高，浙江旅游职业学院依托内部质量诊改系统、多元化听课系统实施多元教学质量监管。每年定期开展课程诊改，通过对教学计划的执行、教学资源的利用、教学实施过程、师生互动的效果等方面进行深入剖析，学院能够及时发现问题并提出改进意见。这种自我诊断、自我改进的机制，使教学工作更加精细化、科学化。而多元化听课（督导评教）系统则通过邀请校内外的资深教师、退休老教师及其他教师组成校内外督导团队，并要求学校内部教师之间也相互听课并进行评分，从多个角度对教学活动进行评价。这种评价方式不仅增加了听课的广度和深度，也提高了评价的客观性和公正性。听课结果及时反馈给授课教师，帮助他们及时调整教学策略，提高教学效果；听课评分与教师年终绩效考核、职称评定等直接相关。此外，坚持教师坐班制度，每周三和周五下午围绕教科研开展不同主题的活动，主题围绕模块化改革与教学实践的探讨、学生综合实训周的开展、实训项目地点的考察等，对模块化教学实践中产生的新问题新现象进行多主体讨论。多元教学质量监管模式的实施，不仅促进了教师教学的规范化、专业化，也提高了学生的学习效果和学习满意度。同时，它也为学校模块化教学管理提供了有力的支持，推动了模块化教学质量的不断提升。

第九章　浙江旅游职业学院智慧景区专业模块化教学实践与反思

在数字化和智能化趋势的推动下,智慧景区已成为旅游行业的重要发展方向,其建设与发展对于提升旅游服务质量和游客体验具有重要意义。在此背景下,智慧景区开发与管理专业模块化教学应运而生。本章通过介绍浙江旅游职业学院专业综合实训和模块化教学实践的设计与实施情况,包括基本情况、实训地点和主要成果等,深入总结和反思智慧景区开发与管理专业模块化教学实践。此外,本章分析了教学过程中存在的痛点问题与现实挑战,评估了模块化教学实践的整体效用,并在此基础上提出了相应的改进措施与未来发展方向,以期为提高教学质量和培养学生能力提供有益参考。

第一节　2023 年上半年综合实训实践与反思

一、基本情况

本次综合实训以"携手山区 26 县,助力共同富裕"为主题,围绕《旅游标准知识》《旅游资源调查与评价》《旅游规划实务》《旅游策划》《大数据分析与市场调查》《景观设计》《旅游设施与工程设计》等职业基础课与职业技术课展开。根据 2021 级专业人才培养方案中的课程安排,结合学生专业方向选择,将学生分若干小组,每组每个成员有确定的任务,每个小组设实训组长 1 名,副组长 1 名,各个任务小组成员分配由组长、副组长在征求各成员意见并结合各自特长进行分配。为了使学生全面了解智慧景区开发与管理的实际操作流程,掌握产品开发、项目管理、营销策划等方面的技能,专业教研室在实际教学计划中精心设计和安排了丰富的实训项目,涵盖实地考察、方案设计、项目实施等环节,旨在帮助学生深入理解智慧景区开发与管理的内涵和外延,更好地掌握专业知识和技能。专业综合实训周为期 5 天,共计 40 学时,分为外业调研、成果编制、成果答辩这三个阶段。其中,外业调研为期 2 天,调研地点为浙江省衢州市龙游县;成果编制内容包括现状调研、旅游资源调研、市场调研、旅游产品开发、场地设计;成果答辩在实训周最后一天下午举行,从 PPT 陈述内容、PPT 制作、项目陈述表现、应答能力、回答内容五个方面进行考核评分。

二、实训地点

衢州市龙游县作为浙江省山区 26 县之一,文化底蕴厚重、历史文脉绵长,拥有丰富的旅游资源。专业教研室将龙游县作为 2023 年上半年综合实训地点,旨在充分发挥师生自身特色优势,依托旅游业拉动力强、辐射面广的特点,助力山区 26 县旅游业高质量发展。实训第一天师生来到了历史人文景区——龙游红木小镇,它是浙江省第四批省级特色小镇,入选全国优秀旅游项目。红木小镇建有全国体量最大的红木建筑群,分为南部文化旅游、北部产业制造两大板块,小镇规划面积 350 万平方米,建设面积 260 万平方米,汇集了众多红木艺术作品和手工艺品。实训第二天师生又来到了自然风光景区——龙游石窟,它地处龙游瀫中央核心带之上,是一处气势恢宏、瑰丽壮观、谜团百结的古代地下人工建筑群,被誉为世界第九大奇迹,是衢州第一家国家级 4A 旅游景区,也是龙游的"金名片"。

三、主要成果

根据学生的实际情况和课程要求,专业教研室设计了一系列具有针对性和实用性的实训项目,涵盖了智慧景区开发与管理的核心课程、知识、技能,且难度适中,能够满足不同层次学生的需求。各小组的实训成果包括但不限于旅游景区调查报告、旅游市场调研报告、旅游产品策划方案等,主要对龙游两个景区文化旅游资源进行评价,通过问卷调查、访谈调研等方式收集龙游县旅游景区发展数据，熟练运用统计方法进行数据分析形成旅游市场调研报告，并根据目标客户群体特点设计具有吸引力且符合预算要求的旅游产品策划方案，通过制作宣传视频、构建社交媒体平台等多种媒介手段来推广旅游产品和服务。本次实训成果为学生组队参加2023年浙江省乡村振兴大赛积累了前期素材，并为龙游县旅游业发展提供了有价值的参考依据。

四、问题与不足

在实际开展与推进过程中，专业综合实训仍存在以下不足之处：第一，在人员配备和过程管理方面缺乏监管与指导，存在部分学生无法充分利用实训教学资源、未能得到有效指导的情况，还有部分学生缺乏时间管理技巧，导致实训任务延误或质量下降。第二，学生对综合实训缺乏认知，对实训的意义和目的认识不深，部分学生存在敷衍了事、态度不认真、缺乏学习动力和兴趣的情况。第三，部分学生没有掌握所需专业知识和技能，导致无法有效地参与实训项目，过于依赖专业教师的指导和帮助，遇到问题时缺乏自主思考和创新的能力。第四，部分学生在平时的学习和生活中缺乏团队合作的经验和训练，在项目实施过程中缺乏有效的沟通和协调机制，导致了信息传递不畅、任务分配不均等问题。

五、反思与改进

综上，未来专业综合实训仍需从以下四方面持续改进和完善：第一，在项目体系设计和实施方式方面，需要以岗位能力需求为融通主线，针对岗位能力需求设置实训模块，对应课程模块设计项目模块，在实施过程中，以实训任务为载体，充分发挥学生主体作用和教师主导作用，实现"教、学、练、实、考"一体化。第二，加强学生思想方面的引导和教育，让学生认识到实训的重要性，促使他们认真对待实践课程，激发他们的学习热情和兴趣，同时通过增加实训的趣味性和实用性来吸引学生的参与。第三，加强对学生独立思考和创新能力的培养。在实践中，可以鼓励学生自主发现问题、分析问题和解决问题，培养他们的自主学习和创新能力，同时通过组织小组讨论和交流活动来促进学生的互动和合作，提升他们解决问题的能力。第四，教师在日常教学环节加强对学生沟通和协作能力的培养，例如，组织团队训练和拓展活动，让学生通过团队合作来提升自己的沟通和协作能力，在课程中设置中融入团队合作项目，让学生在实践中锻炼自己的沟通和协作能力，为未来的职业发展打下坚实的基础。

第二节　2023年下半年模块化教学实践与反思

一、基本情况

智慧景区开发与管理专业基于国家级教师教学创新团队建设目标与任务，于2023年9月正式开始实施模块化教学，2023年11月举办小营江南红巷景区的模块化教学成果汇报会，2024年1月举办"塘栖古镇"景区的模块化教学成果汇报会。通过深刻剖析，精准定位模块化课程教学单元的培养目标和框架结构，重构课程教学单元和教学内容，逐级提升核心技能的知识点，依照任务标准和岗位规范，将专业课程开发成内容相对独立、边界清晰又环环相扣的多个教学单元，形成了逻辑体系完整、支撑关系明确的课程组合。

二、主要成果

本次模块化教学以真实工作任务为学习抓手，通过小组协作、校企双导师精准指导等方法组织教学，任务驱动作用力强，"岗课赛证"融通成效显著，学生所学知识技能快速得到验证，提升了学生的获得感，激发了学生的学习兴趣。在模块化教学成果汇报会上，学生针对前期问卷调研、旅游市场营销、智慧景区建设、景区产品策划、景区接待服务、景区运营管理等模块化课程单元，围绕模块一的教学主题小营江南红巷景区和模块二的教学主题塘栖古镇景区，以PPT形式展示学习成果，阐述方案构思及策略，专业教师悉心指出各组在产品设计、市场分析及营销策略等方面所存在的问题，各组在原有方案的基础上持续优化和完善。最终，从两大模块中分别筛选出成绩优异的 3 组作为参加 2024 年全国大学生红色旅游创意策划大赛和全国大学生乡村振兴创新创意创业大赛的种子队伍进行重点培养。

三、作用价值

智慧景区开发与管理专业模块化教学被用于支持学生的实习和项目式学习,通过模拟真实工作场景来提高学生的职业技能,将课程内容分解为若干个相对独立又相互关联的教学单元或模块,每个模块围绕特定的学习目标和内容展开,学生可以根据自己的学习进度和兴趣选择不同的模块进行学习,强调了学习的灵活性和选择性,旨在提高教学的针对性和效率,具备以下特点:一是强调课程内容的模块化设计,使得教学更加灵活,便于根据行业发展和市场需求进行调整;二是支持个性化学习路径,学生可以根据自己的职业规划和发展需要选择合适的模块;三是实现教育资源的优化配置,通过模块化组合,可以充分利用教育资源,提高教学质量;四是促进教学方法的创新,鼓励教师采用项目式、案例式等多种教学方法,增强学生的实践能力和创新精神。其作用价值有以下三点。

第一,对专业教师发展的影响。一是促进教学方法的创新。模块化教学要求教师根据不同模块的特点设计和实施相应的教学活动,促使教师不断探索和尝试新的教学方法和技术。例如,教师可以利用项目式学习法在让学生完成模块任务的同时,培养其解决问题的能力。此外,模块化教学要求互动性和实践性,鼓励教师采用翻转课堂、协作学习等创新教学模式,有助于提高教学效果。二是提升教学效率与质量。通过模块化教学,教师可以将复杂的课程内容分解成易于管理和教授的小单元,不仅有助于学生更好地消化和掌握知识点,也使教师能够更有效地组织和实施教学计划。模块化教学的灵活性允许教师根据学生的反馈和学习进度及时调整教学内容和方法,确保教学质量。三是利于教师的专业成长与发展。模块化教学要求教师进行课程设计、教材编写、教学评估等多方面的工作,不仅能够加深教师对专业知识的理解,还能够促进其教学能力和研究能力的提升。同时,模块化教学中的课程更新和模块开发也为教师提供了持续学习和专业发展的平台。

第二,对专业学生发展的影响。一是提高学习动机与兴趣。通过提供多样化的学习选择和自主学习的机会,激发学生的学习兴趣和动机。同时,学生可以根据自己的兴趣和职业规划选择相关的模块进行深入学习,这种个性化的学习路径有助于提高学生的参与度和学习积极性。二是增强学习的针对性与实用性。模块化课程强调与实际工作场景的结合,课程内容通常与行业需求紧密相关,这种实用性导向的教学模式使得学生能够学习到直接应用于职场的技能和知识,增强了学习的针对性和就业竞争力。三是促进个性化学习路径的形成。在模块化教学中,学生可以根据自己的节奏和能力选择合适的模块进行学习,这种灵活性使得每个学生都能形成符合自己特点的学习路径,这种个性化的学习方式更加有助于学生发挥自己的潜力,实现个人职业生涯的规划。

第三,对专业提质升级的影响。一是适应产业升级与技术变革的需要。随着产业的升级和技术的变革,市场对人才的需求也在不断变化,模块化教学能够快速响应这些变化,通过更新或添加新的模块来调整课程内容,确保教学内容与行业标准和技术发展保持同步。二是实现教育资源的优化配置。模块化教学允许高职院校根据学生的需求和行业的变化灵活调配教育资源,通过增加热门领域的模块、淘汰冷门的模块,实现教育资源的优化配置,提高教育服务的质量和效率。三是推进校企合作与产教融合。模块化教学鼓励院校与企业合作开发课程模块,不仅能够确保教学内容的实用性和前瞻性,还能为学生提供实习和就业机会,促进产教融合,加强学生的职业技能培养。

四、问题与挑战

模块化教学作为一种灵活、开放的教学模式,在应用于推广过程中仍面临着诸多挑战。

第一是教师教学方面。一是教学内容与实际需求脱节。模块化教学要求教师根据行业需求设计课程模块,在实际操作中,教师可能缺乏足够的行业实践经验和最新动态,难以准确捕捉市场动态,导致教学内容与企业实际需求存在差距。此外,行业发展迅速,新技术、新工艺层出不穷,教学内容更新滞后,难以跟上时代的步伐。二是模块之间衔接不足。模块化教学要求充分考虑各模块之间的逻辑关系和知识连贯性,不同课程之间能够有效整合,形成系统的知识体系,需要教师重新审视和组织课程内容,确保每个模块具有明确的学习目标和实践价值,又能与其他模块有效衔接。在实际操作中,由于课程设置、教师团队协作等问题,课程之间的衔接存在功能性障碍,导致学生的学习过程中出现断层,难以形成有效的教学协同效应。三是教师专业能力不匹配,模块化教学要求教师掌握传统的讲授法,还要熟悉案例教学、项目式教学、翻转课堂等多元教学方法,同时需要考虑学生个体差异,提供个性化的学习路径和支持,因此需要开发新的评价工具和方法来适应模块化教学的多样性和灵活性,如何科学设置评价标准并有效利用评价结果对教师能力提出更高要求。

第二是学生发展方面。一是模块化教学强调学生的自主学习和个性化发展,学生需要能够自我管理学习进程,合理规划学习时间和内容,对学生的学习适应性提出了更高要求。但是部分学生缺乏自控力和规划能力,因而无法有效适应模块化教学带来的学习方式转变。二是模块化教学强调学习路径的选择与规划,学生需要根据自己的兴趣和职业规划选择合适的学习模块,过多的选择导致学生感到迷茫和压力,部分学生因缺乏足够的职业信息和指导而难以做出明智的选择,影响后续学习路径的有效规划。三是模块化教学要求建立与之相适应的学生评价体系以全面反映学生的学习成效,现有的评价体系对学生的技能掌握和创新能力评价的关注薄弱,过程评价和自我评价等多元评价方式尚未得到广泛应用。

第三是专业建设方面。一是在模块衔接方面,模块化教学要求设计出既符合教育标准又贴合行业需求的教学模块。设计模块化课程时,需要确保各个模块之间既有独立性又能顺畅衔接,这对教学内容的整合提出了较高要求。同时模块化课程需要定期更新,以反映最新的行业发展和技术变革,这要求专业教师不断学习新知识,更新教学内容。二是在教学管理方面。模块化教学管理比传统教学模式更为复杂,涉及多个模块和教师的协调工作,对教学管理提出了更高的要求,尤其是模块选择、组合、时间安排及教师之间的协调。一方面,学生在不同模块间的学习进度可能存在差异,有效管理学生的学习路径和进度,以确保他们能够顺利完成学业,是模块化教学所面临的重要挑战。另一方面,模块化教学需要更加灵活的教学场地和时间安排,对教学资源的配置和利用提出了更高的要求。因此,高效的教学管理系统对于确保模块化教学顺利开展至关重要。三是在校企合作方面。模块化教学中,模块设计和实施需要企业参与和支持,如何建立深入的校企合作关系并维持其稳定性是一个挑战。此外,需要及时调整教学模块以适应企业对人才的多变需求,但会受到企业合作意愿和合作程度的限制。加之部分企业对于教育投入的回报周期长、效益不明显等问题存有顾虑,企业技术保密要求与学校开放教学需要之间存在矛盾,导致校企模块化合作难以深入开展。因此,如何建立深入的校企合作关系,使教学内容和企业实际相结合,需要深入思考和系统谋划。

五、反思与改进

第一,持续完善模块化课程体系。明确其教学目标和原则,包括提高教学质量、增强学生职业技能、促进个性化学习等,强调模块设计的科学性、教学内容的实用性、教学方法的多样性和评价体系的合理性。确定核心模块、开发选修模块、整合资源模块:核心模块应涵盖专业基础知识;选修模块则应根据行业发展趋势和学生兴趣设计;将实验室资源、在线资源等有效整合进课程体系中。在此过程中,需要考虑到模块之间的逻辑关系和知识的系统性。

第二,加强师资队伍建设与培训。推进结构化教师教学创新团队建设改革,团队可以通过集体备课、教学研讨等方式,促进教师之间的交流与合作,还可以开展必要的培训和支持,例如定期组织教师参加模块化教学法的培训、鼓励教师进行教学研究和创新、提供跨学科交流的平台等,使专业教师能够更好地理解模块化教学的要求和特点,提高其教学水平和质量。同时,这种团队还可以促进教师之间的知识共享和技能互补,有利于教师的专业成长和发展。需要进一步探索科学合理的团队组织和管理机制,保证团队的稳定性和可持续性,不断完善结构化教师教学创新团队的建设和管理工作。

第三,强化学习支持系统与评价机制。为了确保模块化教学的有效实施,需要建立健全学习支持系统和评价机制。学习支持系统应提供丰富的学习资源、有效的学习指导和便捷的技术支持。评价机制则应从过程和结果两个维度对学生的学习成绩进行全面评估。过程评价关注学生的学习态度、参与度和进步情况,而结果评价则侧重于学生的知识掌握和技能应用。此外,还需要对模块化教学本身进行定期评估和反馈,以不断优化和改进教学模式。

第四,推进职业技能等级证书融入课程体系。模块化教学注重知识的系统性和完整性,而职业技能等级证书则是衡量学生实践能力和就业竞争力的重要标准,两者的融合有利于提高学生的实践能力和就业竞争力。通过有效结合职业技能等级证书培训内容与模块化课程,能够提升学生实际操作能力和问题解决能力,促进其实践能力和理论知识的同步提高。另一方面,职业技能等级证书的培训和认证需要企业的参与和认可,将职业技能等级证书融入模块化课程体系,有助于推动校企合作和产教融合。

第五,深化教学质量评价机制改革。通过建立科学合理的教师评价机制和质量评价机制,对教师的教学表现和学生的学习成果进行全面、客观、公正的评价,以促使教师不断改进教学方法和手段,提高教学质量和效果。同时,这种评价还可以帮助学生更好地了解自己的学习状况,发现自己的不足之处并加以改进。需要进一步探索和建立科学合理的评价指标和标准,保证评价的公正性和客观性,不断完善教师评价机制、质量评价机制的建立和实施工作。

附　录

　　为更好地让读者了解或开展智慧景区开发与管理专业相关模块化教学改革,编委会附上了《旅游景区人才需求调查问卷》《智慧景区专业(方向)人才培养需求访谈提纲(本科院校)》《智慧景区专业(方向)人才培养需求访谈提纲(中职院校)》《智慧景区专业(方向)人才培养情况调查问卷(毕业生版)》《智慧景区开发与管理专业(方向)发展现状调查问卷(院校版)》等 5 份专题调查问卷,可以扫描下面二维码获取。为保证时效性,相应内容会定期更新,转载使用请注明出处。

参考文献

中文文献

［1］陈一明：《"互联网＋"时代课程教学环境与教学模式研究》，《西南师范大学学报（自然科学版）》，2016 年第 3 期。

［2］董静：《"1＋X"证书制度下高职学前教育专业"课证融合"模块化教学探索》，《创新创业理论研究与实践》，2023 年第 6 期。

［3］何凯、陈湛、孔维广等：《基于知识图谱重构的"一体两翼"模块化教学实践——以 C 语言程序设计课程为例》，《软件导刊》，2024 年第 1 期。

［4］贾清水：《职业教育模块化教学评价的策略研究》，《江苏教育》，2022 年第 20 期。

［5］蒋乃平：《"宽基础、活模块"课程结构研究》，《中国职业技术教育》，2002 年第 3 期。

［6］李海玲：《高职数学课程模块化教学研究》，《中国成人教育》，2010 年第 12 期。

［7］李海涛：《模块化教学条件下课程体系的构建》，《四川职业技术学院学报》，2007 年第 2 期。

［8］李宁宁：《模块化教学在羽毛球启蒙教学中的应用研究》，陕西师范大学，2016 硕士研究生毕业论文。

［9］李政：《职业教育模块化课程：内涵、开发与使用》，《中国职业技术教育》，2022 年第 14 期。

［10］马辉、郭汉丁：《工程项目管理实践教学模块化设计与实践平台构建》，《高等建筑教育》，2012 年第 5 期。

［11］青木昌彦、安藤晴彦编著：《模块时代：新产业结构的本质》，周国荣译，上海远东出版社，2003 年。

[12] 粟娟、尹华光:《旅游管理引进"绿色环球 21"实施模块化教学法研究与实施》,《当代教育论坛》,2005 年第 21 期。

[13] 谭晨:《基于模块化教学的高职院校课堂教学评价研究》,湖南农业大学,2010 硕士研究生毕业论文。

[14] 王岚岚:《模块化教学在中职〈图形图像处理〉课程中的实践研究》,广西师范大学,2023 硕士研究生毕业论文。

[15] 王姗姗、隋秀梅、张鑫等:《基于模块化教学的专业群人才培养模式改革研究与实践》,《中国职业技术教育》,2020 年第 35 期。

[16] 王素玉、刘桦:《模块化教学的应用设计与实践》,《山东工业大学学报(社会科学版)》,2000 年第 5 期。

[17] 王伟:《中职模块化教学模式的深度探究》,《科教文汇(下旬刊)》,2012 年第 3 期。

[18] 汪英:《模块化教学法教材的组织与选择》,《成都教育学院学报》,2003 年第 4 期。

[19] 吴璧纯、詹志禹:《从能力本位到素养导向教育的演进、发展及反思》,《教育研究与发展期刊》,2018 年第 2 期。

[20] 吴一凡:《CBE 在高职高等数学教学中的应用》,《河北理科教学研究》,2008 年第 4 期。

[21] 夏辉:《论模块化理论的演进脉络》,《经济与管理研究》,2008 年第 7 期。

[22] 徐国庆:《职业教育课程论》,华东师范大学出版社,2015 年。

[23] 徐克帅:《红色旅游和社会记忆》,《旅游学刊》,2016 年第 3 期。

[24] 徐理勤、赵东福、顾建民:《从德国汉诺威应用科学大学模块化教学改革看学生能力的培养》,《高教探索》,2008 年第 3 期。

[25] 杨黎明:《以能力为基础的教育体系(CBE)的长处及其不足之处分析》,《机械职业教育》,1998 年第 8 期。

[26] 张其仔:《模块化、产业内分工与经济增长方式转变》,社会科学文献出版社,2008 年。

[27] 张亦佳:《基于 MES 的活页式教材设计研究》,贵州师范大学,2023 硕士研究生毕业论文。

［28］赵晗舒:《模块化教学在中职学校网页设计课程中的应用调查研究》,吉林外国语大学,2021硕士研究生毕业论文。

［29］中华人民共和国教育部:《关于印发〈关于全面推进素质教育 深化中等职业教育教学改革的意见〉的通知》,中华人民共和国教育部政府门户网站,http://www.moe.gov.cn/srcsite/A10/s7034/201906/t2019061-4385804.html? eqid=c99daa2300002be9000000066497e142。

［30］中华人民共和国教育部:《教育部关于印发〈全国职业院校教师教学创新团队建设方案〉的通知》,中华人民共和国教育部政府门户网站,http://www.moe.gov.cn/srcsite/A10/s7034/201906/t20190614 385804.html? eqid=c99daa2300002be9000000066497e142。

外文文献

［31］"Traning Pakages", *ASQA*, https://www.asqa.gov.au/about/vet-sector/training-packages.

［32］C. Y. Baldwin, K. B. Clark, "Managing in an Age of Modularity", *Harward Business Review*, No. 9, 1997.

［33］B. S. Bloom, "Learning for Mastery", *Evaluation Quarterly*, No. 2, 1968.

［34］F. Dochy et al, *Modularization and Student Learning in Modular Instruction in Relation with Prior Knowledge*, Centre for Educational Technology and Innovation, 1989.

［35］G. Egodawatte, "An Analysis of the Competency-Based Secondary Mathematics Curriculum in Sri Lanka", *Educational Research for Policy and Practice*, No. 13, 2014.

［36］I. M. Halasz, T. Reid, *Overview of DACUM Job Analysis Process*, NIC Academy Division, 1994.

［37］M. Han et al. "Exploring the Transferability of Competency-Based Education Model to Social Work Education in Vietnam", *Social Work Education*, No. 6, 2016.

［38］S. Hodge, "The Origins of Competency-Based Training", *Australian Journal of Adult Learning*, No. 2, 2007.

［39］ILO, *Modules of Employable Skill（MES）: Handbook on Practices*,

ILO,1979.

[40] ILO, *Modules of Employable Skill*（MES）：*Principles and Practices*, ILO,1977.

[41] B. R. Joyce, "The Promise of Performance(Competency)-Based Education: An Analytical Review of Literature and Experience", *ed. gov*, https:// files. eric. ed. gov/fulltext/ED083147. pdf.

[42] C. W. Joyner, "The DACUM Technique and Competency-Based Education"//J. D. Dennison, *Challenge and Opportunity：Canada's Community Colleges at the Crossroads*, UBC Press, 1995.

[43] R. N. Langlois, "Modularity in Technology, Organization, and Society", *Working Papers*, No. 35,1999.

[44] R. Sanchez, J. T. Mahoney, "Modularity, Flexibility, and Knowledge Management in Product and Organization Design", *Strategic Management Journal*, No. 2,1996.

[45] H. A. Simon, "The Architecture of Complexity", *Proceedings of the American Philosophical Society*, No. 6,1962.

[46] E. Smith, "A Review of Twenty Years of Competency-Based Training in the Australian Vocational Education and Training System", *International Journal of Training and Development*, No. 1,2010.

[47] E. Smith, J Keating, *From Training Reform to Training Packages*, Social Science Press, 2003.

[48] M. K. Starr, "Modular Production – a 45-year-old Concept", *International Journal of Operations & Production Management*, No. 1,2010.

[49] K. Ulrich, "The Role of Product Architecture in the Manufacturing Firm", *Research Policy*, No. 3,1995.

后　记

近年来，国家高度重视职业教育教师发展，高水平、结构化教师团队建设成为推动职业教育高质量发展的关键着力点，国家级职业教育教师教学创新团队建设亟待加强。2019年，教育部印发《全国职业院校教师教学创新团队建设方案》，提出着力"打造一批高水平职业院校教师教学创新团队"，"辐射带动全国职业院校加强高素质'双师型'教师队伍建设，为全面提高复合型技术技能人才培养质量提供强有力的师资支撑。"而后教育部分别组织三批团队申报及建设并完成首批验收工作。2021年底，由浙江旅游职业学院牵头，成都职业技术学院、青岛酒店管理职业技术学院、无锡商业职业技术学院、沈阳市旅游学校、广西师范大学、青岛职业技术学院、山东理工职业学院、江西旅游商贸职业学院、海南经贸职业技术学院、北京市外事学校、苏州旅游与财经高等职业技术学校等12所院校共同组成国家级职业教育教师教学创新团队文体旅游（二）协作共同体（以下简称"共同体"），经过2年多的培育和发展，已形成固定而良好的沟通机制，项目及业务合作持续深化，协同开展师资培养与队伍建设，有效促进了职业教育教学改革。

在原有12所院校的基础上，"共同体"充分发挥辐射带动作用，拓展"共同体"合作院校。分四批吸纳了吉林省经济管理干部学院、湖州职业技术学院、黑龙江农业经济职业学院、华中科技大学出版社、太原旅游职业学院、云南旅游职业学院、长春职业技术学院、浙江育英职业技术学院、海南软件职业技术学院、辽宁经济职业技术学院、浙江安防职业技术学院、青岛幼儿师范高等专科学校、包头服务管理职业学校、南京旅游职业学院、广州番禺职业技术学院等15家院校及企业成为成员单位。目前"共同体"成员单位已有27家，形成涵盖中职、高职、本科、文旅企业、教育机构等多类型、多层次、多方位的成员结构，队伍不断发展壮大。未来将持续推进拓展合作，重点加强与企业行业的联系，助力院校深入产教融合与科教融汇，不断提升"共同体"的社会影响力。

积极搭建"共同体"的合作桥梁，持续深化项目业务合作。"共同体"积极推动院校间的合作交流，以模块化教学改革、"双师型"教师培训、专业数字化发展、国际合作、产教融合等主题召开交流研讨会议。广西师范大学作为"共同体"内唯一一所以培养职业院校师资为主要任务的本科院校，为"共同体"成员单位输送了相应的后备力量，成员单位也成为其职业技术教育专业旅游大类硕士研究生实践教学基地，实现了互利共赢。"共同体"指导智慧景区开发与管理专业国家级教学资源库的升级改造，共同促进专业课程标准的修订、课程知识树与知识图谱的设计、课程资源的共建与应用推广，构建"平台＋软件＋资源"的国家级教学资源库监测系统，目前正按计划稳步推进教学资源的更新工作。同时，"共同体"还指导了研学旅行管理与服务专业教学资源库、休闲服务与管理专业教学资源库、旅游管理专业教学资源库的建设与应用、推广。

模块化教学改革是教师教学创新团队和"共同体"建设周期内的重要任务之一。以学生为中心，健全德技并修、工学结合的育人模式，开展国家级团队教学改革课题研究，创新模块化教学模式，打破学科教学的传统模式，探索"行动导向"教学、项目式教学、情景式教学、工作过程导向教学等新教法，支持每位教师形成特色教学风格。本书根据旅游类专业模块化教学改革的创新设计和智慧景区开发与管理专业模块化教学改革实践两部分进行内容设计，全面推进模块化教学改革创新与实践，强化院校协同育人成效、构建校际协同创新机制。

本书由浙江旅游职业学院与海南经贸职业技术学院、无锡商业职业技术学院、江西旅游商贸职业学院、郑州旅游职业学院、山东理工职业技术学院、青岛酒店管理职业技术学院、青岛职业技术学院等课题负责院校共同完成高职旅游类专业模块化教学改革的路径与举措、模块化教学改革的保障措施等部分的内容，其他"共同体"成员单位也贡献了力量。正是协作"共同体"各成员单位凝心聚力、团结协作，才能积极推动模块化教学改革的前进，最终总结形成这本著作。未来"共同体"将继续坚持"自由开放、协作互补、分层分类、合作共赢"的原则，持续促进深度协作，按时并优质地完成团队建设和课题研究的工作任务，更好地促进旅游职业教育的发展和突破。

2024 年 8 月